ハヤカワ文庫 NF
〈NF502〉

黒い迷宮
ルーシー・ブラックマン事件の真実
〔上〕

リチャード・ロイド・パリー
濱野大道訳

HAYAKAWA NONFICTION

早川書房
8026

PEOPLE WHO EAT DARKNESS

The True Story of A Young Woman Who Vanished from the Streets of Tokyo —and the Evil That Swallowed Her Up

by

Richard Lloyd Parry

Translated by
Hiromichi Hamano
Published 2017 in Japan by
HAYAKAWA PUBLISHING, INC.
This book is published in Japan by
arrangement with
TOBY EADY ASSOCIATES LTD.
through THE ENGLISH AGENCY (JAPAN) LTD.

ブックデザイン：鈴木大輔・仲條世菜（ソウルデザイン）

本書への賛辞

過去一〇年で最も恐ろしい事件の謎に光を当てる衝撃の犯罪ルポルタージュ。一言で説明するのはむずかしい……忘れがたい傑作。

——ミネット・ウォルターズ（イギリスの推理小説家『氷の家』『遮断地区』）

衝撃的な作品。犯罪、捜査、裁判の描き方は洞察力に優れ、読者の心を強くとらえて離さない。とくに、悲劇の舞台である日本への筆者の知識と理解には類まれなものがある。織原《おばら》を理解しようとする試みは決して病的なものではなく、むしろ魅惑的だ。なによりも、ルーシー・ブラックマンとその一家への〝優しさ〟は非常に感動的である。

——デイヴィッド・ピース（東京在住のイギリス人犯罪小説家「ヨークシャー四部作」「東京三部作」）

想像を絶する悲劇に立ち向かう家族を見事に描き出す、心奪われるようなノンフィクション。リチャード・ロイド・パリーは、その卓越した調査能力と、物語を綴る天賦の才能を組み合わせ、最高傑作を作り上げた。いったん読みはじめたら、最後までページを繰る手が止まらない。それは保証する。

——モー・ヘイダー（イギリスの推理小説家『悪鬼の檻《トロール》』『喪失』）

傑作中の傑作であることは言うまでもないが、それだけではない。この作品は献身的で、情け深く、勇敢なジャーナリズムの結晶であり、われわれの考え方を変えるほどの力を持つ物語だ。誰かを愛し、相手を愛おしく思った経験を持つすべての人の心を震わせる感動作。

――クリス・クリーヴ（イギリスの作家・ジャーナリスト『息子を奪ったあなたへ』）

母と父に捧ぐ

この「眠れる美女」の家へひそかにおとずれる老人どもには、ただ過ぎ去った若さをさびしく悔いるばかりではなく、生涯におかした悪を忘れるための者もあるのではないかと思われた……その成功は悪をおかしてかち得、悪を重ねてまもりつづけられているものもあろう。それは心の安泰者でなく、むしろ恐怖者、敗残者である。眠らせられている若い女の素肌《すはだ》にふれて横たわる時、胸の底から突きあがって来るのは、近づく死の恐怖、失った青春の哀絶ばかりではないかもしれぬ。おのれがおかして来た背徳の悔恨、成功者にありがちな家庭の不幸もあるかもしれぬ。老人どもはひざまずいて拝む仏をおそらくは持っていない。はだかの美女にひしと抱きついて、冷めたい涙を流し、よよと泣きくずれ、わめいたところで、娘は知りもしないし、決して目ざめはしないのである。老人どもは羞恥を感じることもなく、自尊心を傷つけられることもない。まったく自由に悔い、自由にかなしめる。してみれば「眠れる美女」は仏のようなものではないか。そして生き身である。娘の若いはだやにおいは、そういうあわれな老人どもをゆるしなぐさめるようなのであろう。

——川端康成『眠れる美女』〈新潮文庫、六八刷改版：八三—八四頁より〉

MAP［英国南部］

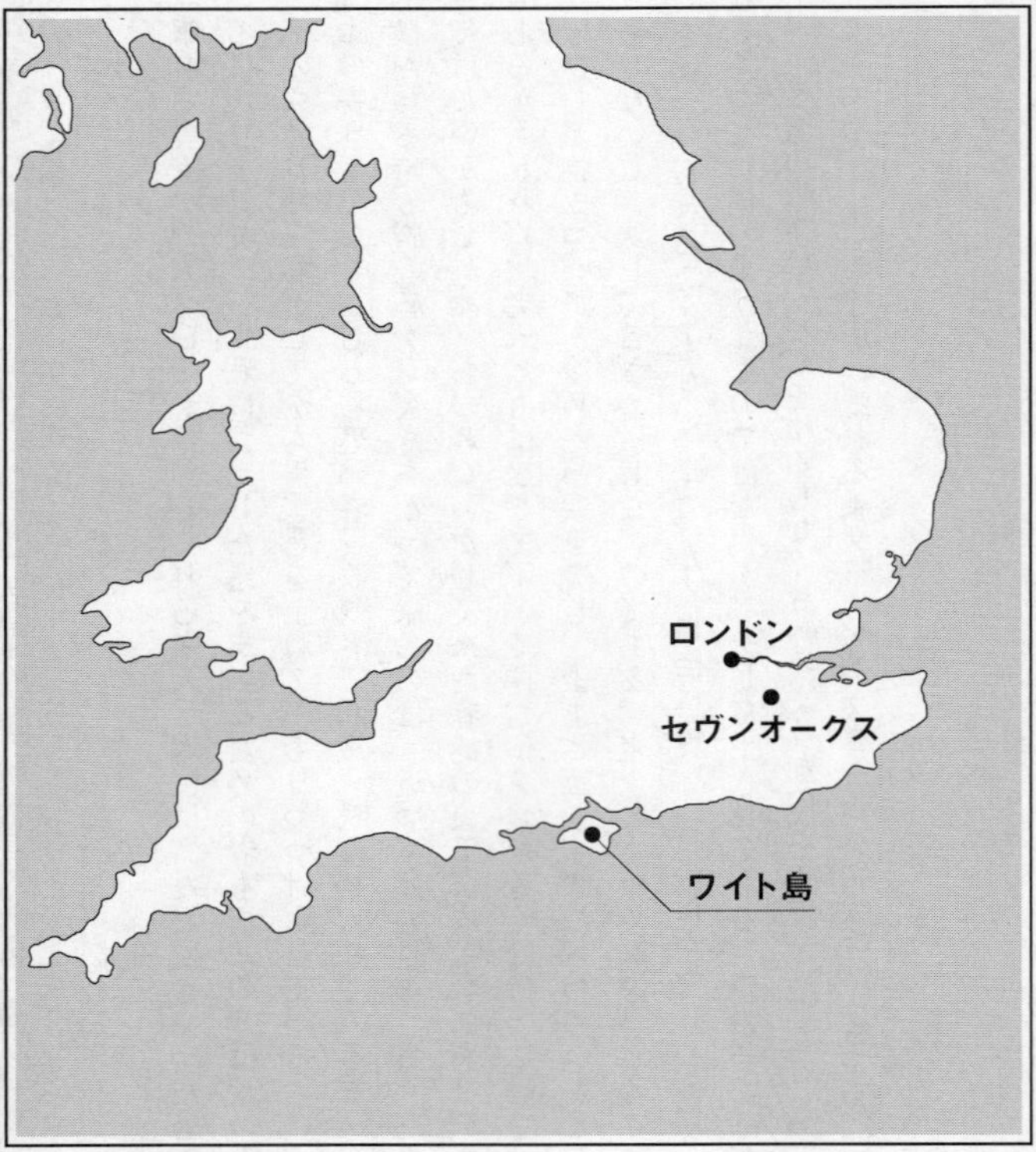

MAP［神奈川県三浦半島］

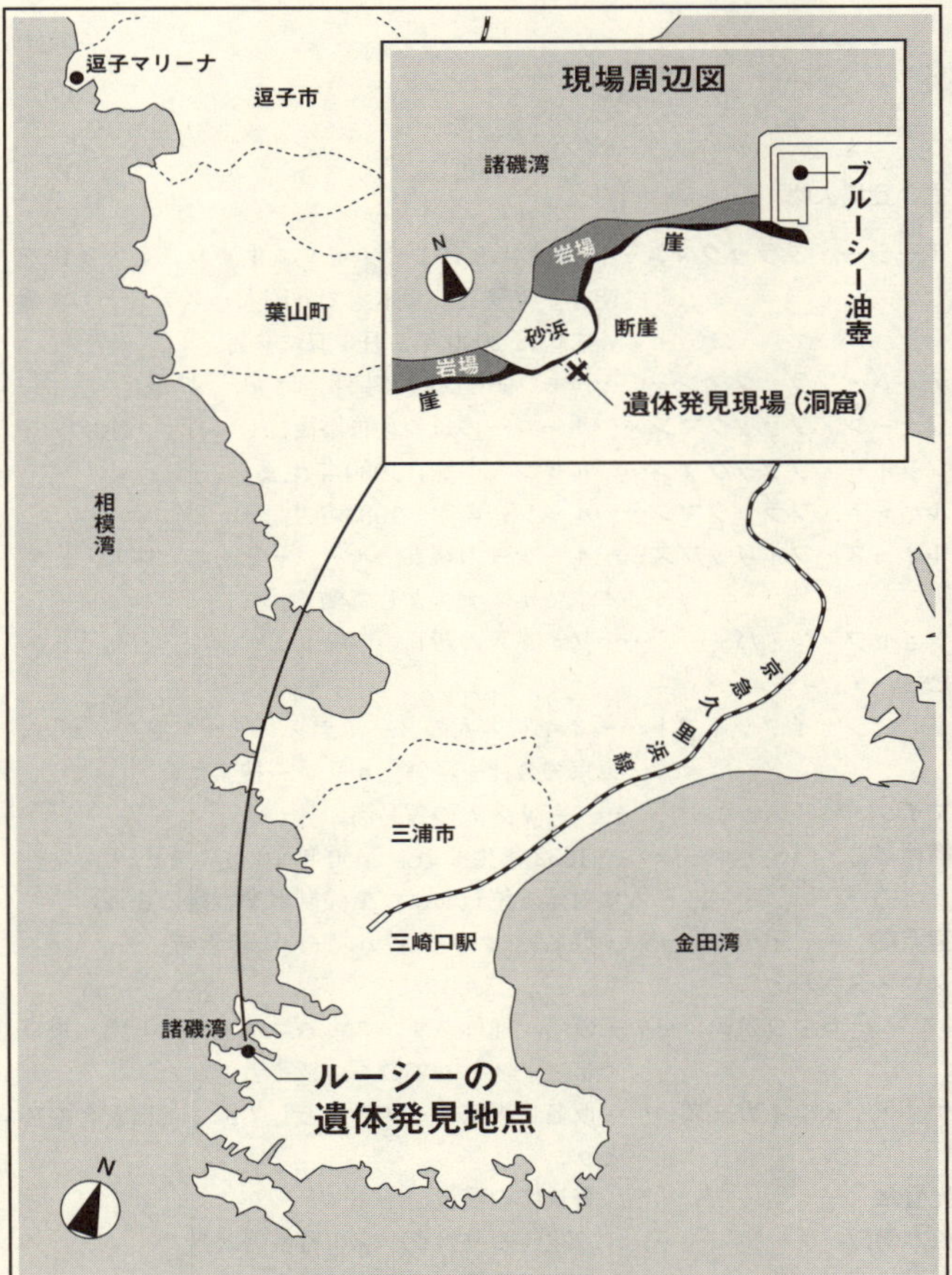

＊松垣透・著『ルーシー事件 闇を食う人びと』（彩流社、2007年）などをもとに作成。

主な登場人物

ルーシー・ブラックマン……1978年9月1日イギリス生まれ。もと英国航空客室乗務員。六本木で外国人ホステスとして働いていた2000年7月1日に失踪。

ティム・ブラックマン………ルーシーの父親（事件当時46～47歳）。

ジェーン・ブラックマン……ルーシーの母親。再婚後はジェーン・スティア。

ソフィー・ブラックマン……ルーシーの妹。1980年生まれ。

ルパート・ブラックマン……ルーシーの弟。1983年生まれ。

ルイーズ・フィリップス……ルーシーの親友。ルーシーとともに来日し、六本木でホステスとして働く。

ジョセフィン・バー…………父ティムの新しいパートナー。

ヒュー・

　　シェイクシャフト……イギリス人のファイナンシャルアドバイザー。東京で会社を経営。ルーシー捜索に協力。

マイク・ヒルズ………………イギリス人の貿易商。

織原城二………………………1952年生まれ。2000年10月にカナダ人女性に対する拉致および準強制猥褻容疑で逮捕。

宮沢櫂…………………………仮名。〈クラブ・カドー〉の経営者。

クリスタベル・

　　マッケンジー……仮名。通称クリスタ。スコットランド人。東京でホステスとして働く。被害者のひとり。

ケイティ・ヴィカーズ………仮名。東京でホステスとして働く。被害者のひとり。

光眞章…………………………警視庁の警視。

松本房敬………………………警視庁の警視正。麻布警察署署長。

有働俊明………………………警視庁の警視。刑事部捜査一課のナンバー２。

上巻目次

＊登場人物の肩書・所属・年齢、機関や企業の名称などは原書刊行当時のもの。
＊通貨単位は、二〇〇〇年前後は一ポンド＝一六〇円、二〇〇六〜〇七年は一ポンド＝二〇〇円で計算した。ともに、当時の平均的なレートを基にした。
＊訳注は〔　〕で示した。

下巻目次

黒い迷宮〔上〕

ルーシー・ブラックマン事件の真実

MISSING

行方不明の英国人女性をさがしています。

ルーシー・ブラックマン
Lucie BLACKMAN

年　　齢：21歳
身　　長：175cm
体　　格：中位
髪 の 色：金髪
瞳 の 色：青

7月1日(土)に、
東京で見かけられて以来、
行方が分かっていません。

Age : 21 years
Height : 175cm Medium Build
Hair Color : Blonde
Eye Color : Blue

She was last seen in Tokyo on Saturday July 1st. Since then she has been missing.

もし本人を見かけた方、または
何か情報をお持ちの方は
警視庁麻布警察署
tel. 03-3479-0110
または最寄りの警察宛ご連絡を
お願いいたします。

If anyone has seen her, or has any information relating to her, contact
Azabu Police Station
tel. 03-3479-0110
or your nearest police station.

ルーシー・ブラックマン（英国人女性）
Lucie BLACKMAN (British Female)

プロローグ 死ぬまえの人生

ルーシーはいつものとおり遅く眼を覚ます。仄《ほの》暗い部屋に、カーテンに覆われた窓の端から一筋の光が射し込む。天井が低く、狭苦しく、色のない部屋。壁にはポスターとポストカード。重量オーバーのハンガーレールには大量のブラウスやワンピース。床には二組の布団にふたりの人影。一方の髪はブロンド、他方は茶色。寝るときはTシャツ一枚のみか、あるいは裸の上にタオルケットをかけるだけ。夜になっても異常な蒸し暑さは変わらず、肌の上には布一枚が限界だ。部屋の外では、建物のあいだに張り巡らされた電線にカラスがとまり、うるさく鳴きつづける。ふたりが眠りについたのは午前四時。安物の目覚まし時計はすでに正午近くを示す。茶色の頭は枕に埋もれたままだが、その隣でルーシーはガウンを羽織り、バスルームへ行く。

彼女は東京の家を〝豚小屋〟と呼んだ。バスルームがその理由のひとつで、住人六人の共用のうえ、その友人が泊まりにくることも多く、とにかく汚れ放題。シンクの端には折れ曲がった空の歯磨き粉のチューブ、風呂の床にはふやけた石鹸、ぬるぬるとした排水溝に詰まっているのは髪の毛の塊、皮膚のかす、爪。ルーシーはバスルームに行くたび、くしやブラシなどと一緒に、大量の高級美容品を持っていく。彼女の身支度はいつも長く入念だ――シャンプー、リンス、コンディショナー。体を洗ってタオルで乾かすと、パッティング、スムージング、洗顔、保湿、浸透、毛抜き、ブラッシング、デンタルフロス、ブロードライ。ルーシーにとって、単に朝にシャワーを浴びることと〝グルーミング〟はまったく意味がちがった。遅刻ぎりぎりのとき、バスルームの先客がルーシーだったら――それは一巻の終わりを意味する。

鏡のなかにルーシーが見るものは何か？　ふっくらとした色白の顔、肩の下まで伸びる生まれつきブロンドの髪、少し尖った顎、強く滑らかな白い歯、笑うと口角が上がってえくぼができる頬、丸みのある鼻、念入りに整えられたシャープな眉、少し目尻が下がった濃い青の小さな眼。ルーシーは自分の〝垂れ眼〟を忌み嫌い、少しでも隠せるようにと願って鏡のまえで長い時間を過ごす。その眼は、彼女にはそぐわないものかもしれない。これほど色白で、眼が青く、手足がすらりと長い女性には不釣り合いな眼だ。

ルーシーは一七五センチの長身で、胸と尻も豊かでスタイルがよかった。しかし、増減が激しい体重をいつもひどく心配していた。五月、慌ただしい準備の末に日本へやってきて豚小屋に住みはじめ、仕事を見つけたときには、いまよりもずっとスリムだった。が、それから数週間、毎日のようにクラブで夜遅くまで働くうちに、酒の量は増えるばかり。気分が落ち込むと、彼女は自分のルックスが嫌でたまらなくなる。どうして私の体はこんなにたるみ、太っているの？　太腿に生まれつきある痣《あざ》や、眉間のほくろについて考え出すと止まらなくなる。客観的に見れば〝豊満〟や〝器量よし〟といった少し古臭い曖昧な言葉が彼女には似合うのかもしれない。一方、もう一組の布団で眠る茶色の髪の女性、ルーシーの親友ルイーズ・フィリップスは小柄で、スリムで、かわいらしい顔つき――いわゆる一般的な美人だった。しかしほとんどの場面で、自信と余裕を見せるのはルーシーのほうだった。少なくとも、他人の眼にはそう映った。彼女の笑い方、会話中の手の所作、髪を振る仕草、無意識に話し相手に触れる癖――そのすべてが、女性にも男性にも好かれる魅力を演出していた。

バスルームを出たルーシーは、次に何をしたのか？　日記を書いたわけではないことはわかっている。ここ二週間、彼女は日記をさぼっていた。恋人のスコット――アメリカ海兵隊員で、横須賀基地所属の航空母艦乗組員――に電話したわけでもない。のちにルーシーの家族は、所持品のなかから地元の親友サマンサ・バーマン宛ての未発送のポストカードを見つけることになる。もしかすると、彼女はそのときにポストカードを書いたのかもしれない。

大好きなサミーへ――

このあいだの夜は、電話で話せて本当に楽しかった。それを伝えようと思って、東京からポストカードを送ります。素敵な友達（それとも彼氏？　結婚相手？　なんて呼べばいいのかわからないけど）が見つかってよかったね。私はこっちに来て、すごく楽しい毎日を送ってるよ。いままでの生活とはがらりと変わったし、とくに日曜日なんてぜんぜんちがう。でも、やっぱりサミーがいないと、私の人生は完全なものじゃない。いつになるかわからないけど、またすぐに会えるよね。私がいる場所かイギリスで。いつまでも愛してるよ。会えなくて本当に寂しいし、この寂しさはずっと変わらない。愛を込めて。ルル

午後一時半、一階の電話が鳴る。同居人のひとりが電話に出ると、ルーシーの名を二階に向けて呼ばわった。男性客から携帯電話を贈ってもらったルイーズとはちがい、ルーシーは豚小屋の共有電話を使う必要があった。古い一〇円硬貨式のピンク電話は台所に置かれており、一階に誰かいれば会話は筒抜けだ。しかし、そんな不便な状況にルーシーが耐えなければいけないのも、もう少しだけ。あと数時間もすれば、自分の携帯電話が手に入る。

その頃にはルイーズも眼を覚まし、台所の隣にある居間の椅子に坐っていた。ルーシーはピンクの受話器を置くと「彼だったよ」と言った。待ち合わせは一時間遅れて三時に変更になり、彼が駅前近くに来たら再び電話をくれることになった、と。それから遅めのランチを食べ、約束の八時——ルイーズと同僚と三人でクラブにダンスに行く時間——までに余裕を持って戻ってくる。それが彼女の今日の予定だった。ルーシーはガウンを脱ぎ、洋服を選ぶ——黒のワンピース、ハート形クリスタル付きのシルバーネックレス、アルマーニの腕時計。サングラスは黒いハンドバッグに入れる。時間は三時をまわる。三時二〇分、ピンク電話が

また鳴り、ルーシーが呼び出される。彼があと一〇分で駅前に到着する。ルーシーが外に出ると、カラスが羽ばたき、一斉に不気味な鳴き声をあたりに響かせる。

東京に住むすべての外国人が知る小さな衝撃を今日も経験する。私は日本にいる――そんな当たりまえの事実にはっと気がつき、心臓が早鐘を打つ。毎朝、決定的なちがいをふと意識し、驚かずにはいられなかった。光の角度？　夏の音のせい？　あるいは、通行人、車や電車に乗る人々の振る舞いのちがい？　彼らはみな遠慮がちではあるが、強い意志を持って行動する。手際よく、礼儀正しく、落ち着いているが、常に真剣だ。まるで、秘密の命令に従っているかのように。

何年、何十年経っても、この興奮――外国人として日本で生きる独特の日々の感覚――は変わらない。

豚小屋の正式名称は〈代々木ハウス〉といい、その薄汚れた漆喰壁の建物は、路地の突き当たりにある。家を出るとルーシーは左へ曲がり、豚小屋以上にくたびれたアパート、木製の遊具が置かれた児童公園、オムライスとカレーを出す昔ながらのレストランの横を抜けていく。そんな冴えない景色のなかに、突如として厳かな能楽堂が眼に飛び込んでくる。現代的な美しいコンクリートの建物のまわりを取り囲むのは、彫刻のような生垣と石庭だ。

その角を右に曲がると、景色は一変する。家からわずか五分、それまでのむさ苦しい平凡な景色は途切れ、ルーシーは大都会の大通りを歩いている。頭上には電車と高速道路の高架橋。五〇〇メートルほどさきに千駄ヶ谷駅があり、バス路線、地下鉄路線、鉄道路線がそこで交わる。土曜日の午後、人や車の往来は激しく、半袖やワンピース姿の人々が駅やその向こうの〈東京体育館〉のあたりを動きまわる。彼は車を近くに停め、交番のまえでルーシーを待っていた。

ルーシーが出かける少しまえ、ルイーズが家を出る。電車で渋谷に行き、靴を交換してもらうのがその日の予定だった。渋谷は東京都心の南西部にある一大商業地域で、複数の路線が乗り入れる渋谷駅の一日の乗降人数は二五〇万人にも上る。そんな巨大駅に降り立ったルイーズは、すぐさま道に迷ってしまう。土曜日の雑踏のなか、途方に暮れた彼女はショップやレストランが建ち並ぶ道をさまよい歩く。多種多様な店があるはずなのに、なぜかどの店も一緒に見える。やっとのことで目的の店を見つけ、用を済ませると、疲れた足取りでまた駅に戻っていく。

五時過ぎ、携帯電話が鳴る。スクリーンには〝非通知《USER UNSENT》〟の文字。声の主はルーシーだった。定例の連絡だろう。そろそろ家に戻り、夜の外出の支度を始めるという報告の電話にちがいない。しかし、それは走行中の車からの電話だった。これから「海辺に行く」とルーシーは言う。彼とランチを食べ（ランチにしてはもう時間が遅すぎるが）、約束の時間までに家に戻るわ。夜の予定は変更しなくていい。また一、二時間後に、何時に戻れそうか連絡するね――その声は明るく楽しそうだが、誰かが近くにいることを意識しているときの声だ。彼女は最後に言う。彼の携帯電話からだから、あまり長く話せないの。

「この展開には驚きました」とのちにルイーズは語ることになる。男の人の車にひとり乗り込み、そのまま遠出するなんてルーシーらしくない。しかし、この電話をかけてきたのは実に彼女らしかった。ふたりは子供の頃からの幼馴染で、これが彼女たちのつき合い方だった――用事がなくても、とくに話すことがなくても互いに電話し、友情と信頼関係を確認し合う。

うだるような蒸し暑い真夏の午後。ルイーズはふたりのお気に入りのデパート〈ラフォーレ原宿〉に行き、今夜の外出のためにきらきらのステッカーとフェイス・デコレーション用グリッターを買う。太陽が沈むと、みすぼらしい住宅街を夜の帳《とばり》が包み込み、期待と喜びに満ちたすべての場所――レストラン、バー、クラブ――のネオンが輝き出す。

二時間経過。

七時六分、ルイーズが家に戻ると、携帯電話がまた鳴る。いかにもご機嫌で興奮気味のルーシーからだ。「彼、とっても優しいの。約束通り、新しい携帯電話をくれたわ。ドンペリのボトルももらったから、あとで一緒に飲もうよ」――ルーシーは確かにそう言った。どこからの電話なのか、正確にはわからない。しかし、ルイーズが場所を訊くことはなかった。どの道、ルーシーは一時間以内に戻るのだから。

七時一七分、ルーシーは恋人のスコット・フレイザーの携帯電話に電話をする。留守番電話に繋がると、翌日会うことを約束する短いメッセージを残す。明るい声で。

そこで、ルーシーは消える。

東京の街では土曜日の夜の騒ぎが始まっていたが、ダンス・パーティも、スコットとのデートも中止される。実際のところ、すべてが中止になる。電話会社のデータベースに保存され、数日後に自動的に消去される留守番電話のメッセージ――それが、ルーシーが生きていた最後の証だった。

謎の電話

ルーシーが約束通り戻ってこないので、ルイーズはにわかにすさまじいほどの不安に襲われた。皮肉なことに、これがのちに彼女が疑われる理由となった。なぜ、ルイーズがパニックに陥らなくてはいけないのか？　それも、そんなにすぐ。居間でマリファナを吸っていた同居人も、彼女の動揺ぶりに驚いたという。ルーシーの帰宅予定時刻の小一時間後、ルイーズはすでにイギリスの母親モーリーン・フィリップスに電話をかけ、「ルーシーに何か起きたみたい」(1)と告げている。それから彼女は六本木の歓楽街にある〈カサブランカ〉――ふたりが働くホステスクラブ――に行った。

「あの最初の日のことはとてもよく覚えていますよ。あの七月一日のことは」。店に居合わせた客のひとりがそう証言した。「その週の土曜の夜、ルーシーとルイーズは休みでした。そのはずなのに、まだかなり早い時間にルイーズがやってきて、こう言ったんです。『ルーシーがいなくなった。お客さんに会いにいったまま、戻ってこない』。まあ、驚くようなことでもありませんよ。まだ八時か九時でしたから。『大丈夫、いたって普通のことだよ、ルイーズ。なんでそんなに心配しているんだい？』と私が言うと、彼女は答えました。『ルーシーはいつも約束通りの時間に戻るの。それに、何かあれば絶対に電話をくれるはず』。彼女たちにとっては、本当にそのとおりだったんです。相手の行動は、もう一方が必ず把握する。そんな強い友情で結ばれていた。だから、何かおかしいとルイーズには直感的にわかったんでしょうね」

夜通し、ルイーズはクラブに何度も電話をかけ、ルーシーから何か知らせがないか尋ねつづけた。しかし、誰のところにも連絡はなかった。彼女は六本木を歩きまわり、ふたりがよく行くバーやクラブを片っ端から訪れた——〈プロパガンダ〉〈ディープブルー〉〈東京スポーツカフェ〉〈ジェロニモ〉。六本木交差点に行き、チラシを配る男一人ひとりにルーシーを見かけていないか尋ねた。それからタクシーで渋谷に向かい、その夜にふたりが行く予定だったクラブ〈フーラ〉に行った。ルーシーがいないことなどわかっていた。家に寄りもせず、少なくとも電話もせずにさきに行くはずがない。それでも、ほかに何をすればいいのかルイーズにはわからなかった。

その夜はずっと雨が降っていた。体にじとじと纏《まと》わりつく、生ぬるい東京の雨だった。日曜日の早朝、雨も小降りになった頃、考えつくバーを手あたり次第に探しまわったルイーズは〈代々木ハウス〉へと戻った。ルーシーは帰宅しておらず、伝言もなかった。

彼女は〈カサブランカ〉でウェイターとして働くカズに電話し、どうしたらいいかを相談した。カズは大きな病院のいくつかに電話をしたが、ルーシーが運び込まれたとの情報はなかった。彼はルイーズに訊いてみた。ルーシーはその〝優しい〟客と一晩過ごすことに決めて、連絡するのを忘れただけではないのか。しかし、ルイーズは言った。そんなこと考えられない、誰よりも私はルーシーと仲よしなんだから。

言うまでもなく、次にすべきは警察への通報だった。しかし、それはルイーズにとって大きな不安がともなう行動だった。彼女とルーシーは日本に旅行者として入国し、労働を禁じた九〇日有効の観光ビザしか持っていなかった。ホステスクラブで働くすべての女性——実のところ、六本木で働くほとんどの外国人——が同じ状況だった。つまり、ホステスも、彼女たちを雇うクラブ側も、法律を破っているのだ。

月曜日の朝、カズはルイーズを六本木の麻布警察署に連れていき、家出人捜索願を提出する。ふたりはこう説明した——ルーシーは東京を訪れていた観光客で、出会ったばかりの日本人男性と出かけたままいなくなった。ホステスの仕事のことも、〈カサブランカ〉のことも、客の男のことも話さなかった。

警察にはほとんど取り合ってもらえなかった。

午後三時、ルイーズは東京の英国大使館を訪れ、スコットランド人の副領事イアン・ファーガソンに洗いざらい打ち明けた。ファーガソンは、土曜日の午後にルーシーが姿を消した状況についてすぐに呑み込むことができなかった（その後も、多くの人が同じように戸惑うことになる）。「一緒に出かけたという顧客について訊いたところ、何もわからないと言われ、ただただ驚いた」[2]。翌日、彼は大使館の記録にそう書き留めた。「ルイーズによると、クラブの女性たちは日常的に——クラブも認めたうえで——顧客に名刺を渡すのだという。結果、顧客の多くが女性たちと店外で会う約束をすることになる。女性たちが勝手に顧客と会うことをクラブが許可するなど信じがたい、と私は述べた。しかし、ルイーズは嘘ではないと言い張った。さらに、ルーシーは客のことは何ひとつ言わなかったという。彼の名前も、車についても。海辺に行くと言っただけで行き先も不明だった……」

ファーガソンは、いなくなったルーシーの性格についてルイーズに事細かに訊いてみた。彼女は気まぐれか？　意外な行動を取るタイプか？　信頼できるのか？　あるいは、騙されやすいか？　人の影響を受けやすいタイプか？　「ルイーズの答えは一貫しており、それはあるひとつの人物像に繋がるものだった」と彼は綴った。「自信に満ち、知的で世慣れた人間。しっかりとした経験と判断力を備え、自らを危険にさらすような真似はしない人間」。ではなぜ、見ず知らずの男の車に乗り込んだのか？　「ルイーズは説明することができず、普段のルーシーの性格からは考えられない行動だと繰り返すだけだった」

海外のイギリス人による悪ふざけについて、大使館員より精通した人間はいない。それに、若者が姿を消すとき、どうせ月並みな理由に決まっていると誰もが考えるものだ——友人や恋人同士の喧嘩、ドラッグ、泥酔、あるいはセックス絡み。しかしその午後、ルーシーは二度ルイーズに電話し、状況を報告していた。一時間以内に帰宅する、と彼女は電話してきたのだ。もし計画が変わったのなら、当然また電話で連絡してくるにちがいない。そう考えたイアン・ファーガソンは麻布警察署に電話をかけ、英国大使館がルーシーの一件をひどく憂慮していることを伝えた。単純な行方不明ではなく、誘拐の可能性もあるのではないか、と。

ルイーズは大使館を出た。ルーシーの失踪から二日間、ほとんど寝ていなかった。彼女は大きな不安と緊張に苛まれ、ひとりでいることも、ルーシーとシェアする部屋で過ごすことも耐えられなかった。そんな彼女は、知り合いが集まる友人の部屋へと向かった。

午後五時半ちょっとまえ、携帯電話がまた鳴ると、ルイーズは急いで電話を拾い上げた。

「ハロー」とルイーズは言った。

「ルイーズ・フィリップスさんの電話ですか？」と声が聞こえた。

「ええ、ルイーズです。どなたですか？」

「私はタカギアキラという者です。とにかく、ルーシー・ブラックマンの代わりに電話しました」

「ルーシー！　なんてこと！　彼女はどこ？　とても心配しているんです。そこにいるんですか？」

「彼女は私と一緒にここにいます。心配は要りません」

「ああ、よかった！　ルーシーに代わってください。彼女と話をさせてください」

男の声だった。自信満々の英語ではあったが、明らかな日本語訛りが聞き取れた。話しぶりは常に冷静沈着で淡々としており、フレンドリーと言ってもいいほどだ。ルイーズがどんなに動揺して興奮状態になっても、男の態度はまったく変わらなかった。

「いまはそっとしておいたほうがいい」と声は言った。「とにかく、彼女はわれわれの寮に入って、新しい生き方を学び、実践するための修行中です。今週は学ぶことが非常に多いので、邪魔しないほうがいい」

〝あの男よ〟――ルイーズは大あわてで声を押し殺して友人たちに伝え、身振りで紙とペンを要求した。

「あなたはどなたですか？」と彼女は言った。「土曜日にルーシーと一緒に出かけた方ですか？」

「私がルーシーに会ったのは日曜日です。彼女が土曜日に会ったのはグル――われわれの団体のリーダーです」

「グル？」

「ええ、われわれのグル。とにかく、ふたりは電車で出会ったそうです」

「でも……ルーシーと電話で話したときは、車のなかだって」

「渋滞がそれはそれはひどくて、どうしてもあなたとの約束に遅れたくなかったので、電車で行くことに決めた。そして電車に乗る直前にグルに出会い、一世一代の決断をしたわけです。とにかく、彼女はその夜にグルのカルトに入信すると決めました」

「カルト？」

「ええ」

「カルトってどういう意味？　いったい……ルーシーはどこ？　そのカルトはどこにあるんですか？」

「千葉です」

「え？　もう一度言って。スペルは？」

「千葉です。スペルを言いますよ──C、H、I、B、A」

「チバ、チバね……カルトの名前は？」

「ザ・ニューリー・リズン・リリジョン」

「ザ……何？　もう一度」

「ザ、ニューリー、リズン、リリジョン」

男は落ち着き払った口調で一文字ずつスペルを言った。

ルイーズは完全に混乱していた。「ルーシーと話をしたいの。話をさせて」

「あまり体調がよくないんです」と声は言う。「とにかく、いまは誰とも話をしたくないと言っています。週末になれば、話せるようになるかもしれません」

「お願い」とルイーズは言った。「お願いだから、彼女と話をさせて」

電話が切れた。

「もしもし？　もしもし？」とルイーズは言ったが、電話の向こうにはもう誰もいなかった。

彼女はただ手中の小さな銀色の携帯電話を見つめるしかなかった。

すぐに、また電話が鳴った。

彼女は震える指で通話ボタンを押した。

「申しわけありません」と同じ声。「電波が切れてしまったようです。とにかく、体調がよくないので、ルーシーはあなたと話ができません。週末には話せるようになるかもしれない。しかし、彼女は新しい人生を歩みはじめたんです。もう戻ってはきませんよ。彼女は大きな借金を抱えているでしょう？　六、七〇〇〇ポンドの。これからはよりよい方法で返済していきます。ただどうしても、あなたとすこっとに無事だと伝えてほしいとのことでした。これから彼女は、よりよい人生を生きていきます」

彼女ははっきりと〝すこっと〟と言った。言い慣れない英語の名前〝Scott〟〔英語では「スカッ（ト）」に近い発音〕を日本人が発音するときの典型例だ。

「すでに〈カサブランカ〉にも、仕事を辞めると手紙で知らせました」

沈黙。ルイーズは泣き出した。

「とにかく、あなたの住所は？」

ルイーズは言った。「私の住所……」

「千駄ヶ谷のアパートの住所です」

「どうして……どうして私の住所を知りたいの？」

「ルーシーの所持品の一部をお送りしたいので」

ルイーズは急に怖くなった。それまでは友人の話だったのが、突如として自分のことになったのだ。住所を知りたがっているということは、今度は私が狙われるかもしれない。「ルーシーが知ってるはず。彼女に訊けばいい」

「体調が悪くて思い出せないと言っています」

「私も思い出せないわ」

「では……家の近くに何があるか覚えていますか？」

「いいえ、思い出せません」

「では、通りは？　通りの名前は？」

「いいえ……」

「とにかく、彼女の所持品を送り返さなくてはいけないのですが」

「思い出せません……」

「問題があるならかまいません」

「いまは住所を確認できるものがないんです……」

「わかりました。けっこう」

ルイーズは感情の嵐とパニックに圧倒されていた。彼女は泣きながら、電話を友人――数年前から日本に住むオーストラリア人男性――に渡した。

「もしもし」と友人は日本語で言った。「ルーシーはどこです？」

少しすると、彼は電話をルイーズに返した。「英語でしか話してくれない。君以外とは話さないと言ってるよ」

なんとか落ち着きを取り戻したルイーズは、あることに気がついた――会話を引き出さなくては、ルーシーの居場所を突き止めなくては。

「もしもし」と彼女は言った。「ルイーズです。私も、あなた方のカルトに入信するわ」

声の主は戸惑っているようだった。「あなたの宗教は？」

「カトリックです。でもルーシーも同じカトリックよ。私は改宗してもかまわない。私も人生を変えたいんです」

「とにかく、ルーシー次第です。彼女がどう思うか。私も考えてみましょう」

「お願いだから、ルーシーと話をさせてください」とルイーズは懇願した。

「グルに訊いてみます」

「話をさせてください！」とルイーズは絶叫した。「どうかお願いですから、話をさせて！」

「とにかく、そろそろ切らなくては」と声は言った。「すみません。彼女とはもう会えないということをお伝えしたかっただけなんです。さようなら」

再び、携帯電話の回線は切れた。

失　踪

二〇世紀最後の年の半ば、二〇〇〇年七月一日の土曜日にルーシーは失踪した。この事件が世界じゅうで大々的に報道されたのは、それから一週間後のことだった。第一報は、発生翌週の七月九日の日曜日。ルーシー・ブラックマンという名の旅行者の行方不明を伝える、イギリスの新聞の小さな記事だった。翌月曜、イギリスと日本の新聞にさらに詳しい記事が掲載される。記事には、親友ルイーズ・フィリップスの名前とともに、すでに来日していた妹ソフィー・ブラックマン、東京に向かう途中の父ティム・ブラックマンの名前も含まれていた。ルイーズにかかってきた脅迫電話についても報道され、カルト集団に誘拐された可能性が示唆されていた。記事のうち二本では、売春のために人身売買された恐れに触れていた。当初、ルーシーは〈英国航空〉の元客室乗務員と紹介されたが、翌日になると〝東京の風俗街〟で働く〝バー・ガール〟あるいは〝ナイトクラブ・ホステス〟と報道されるようになった。日本のテレビ局もこのニュースに飛びつき、撮影班が六本木じゅうをうろついては、手あたり次第にブロンドの外国人に声をかけた。行方不明の女性の若さ、国籍、髪の色、彼女の仕事につき纏うさまざまな意味合い――そんな組み合わせが、この話を徐々にセンセーショナルなものに変えていった。もはや、無視することはできない事件に。第一報から二四時間以内に、二〇人ものイギリス人記者とカメラマン、五社のテレビ撮影班が東京へと飛んできて、日本在住の特派員やフリーランス記者一〇人ほどの輪に加わった。

その日、三万枚のポスターやチラシが印刷され、東京と千葉を中心に日本全国で配布された。

ポスターの文言はすべて英語と日本語の併記だった。上部には〝MISSING――行方不明の英国人女性をさがしています〟と書かれ、下部には〝ルーシー・ブラックマン（英国人女性）〟と名前と国籍が印刷されていた。

年　齢：二一歳
身　長：一七五㎝
体　格：中位
髪の色：金髪
瞳の色：青

7月1日（土）に、東京で見かけられて以来、行方が分かっていません。
もし本人を見かけた方、または何か情報をお持ちの方は――警視庁麻布警察署、または最寄りの警察宛ご連絡をお願いいたします。

ポスターの大部分を占めるのは、黒のミニワンピース姿でソファーに坐る若い女性の写真だった。髪はブロンドで、はにかむように笑う口元に白い歯がのぞく。写真は斜め上のアングルから撮られており、顔がやけに大きく写り、子供っぽく見えた。大きな頭、長い髪、がっしりとした顎――ポスターに写る女の子は、不思議の国のアリスにしか見えなかった。

大都市に潜む異様な何か

ルーシー・ブラックマンはすでにこの世にはいなかった。私がその存在を知るまえに、もう死亡していた。事実、死んでいなければ——当時の情報としては、行方不明になっていなければ——私が彼女に興味を抱くことはなかっただろう。当時、私はイギリスの新聞社の特派員として東京で生活していた。ルーシー・ブラックマンは、同じ東京で姿を消した若いイギリス人女性。つまり、私が真っ先に思い浮かべた言葉で言えば、彼女は〝特ダネ〟だった。当初はちょっとしたパズルだったこの事件は、時が経つにつれて難解なミステリへと変貌を遂げた。悲劇の被害者ルーシーは、最後には、日本の法廷での激しく苦々しい論争の主人公になった。事件は日本とイギリスで大きな注目を集めたが、人々の興味には波があった。誰も事件に興味を持たない時期が何カ月もあるかと思えば、新しい展開によって突如として再び脚光を浴びる時期もあった。概要だけを聞けば、ありふれた事件でしかなかった——若い女性が失踪し、男が逮捕され、死体が発見される。しかし詳細を調べてみると、それが非常に入り組んだ事件であることがわかってくる。異様で不合理な展開の連続で、型通りの報道ではすべてを伝えることなどできない。それどころか、ほとんど何も解決できず、新たな疑問を増やすだけだった。

そんな不明瞭さ、一般的なニュースの範疇《はんちゅう》に収まらない感覚こそ、この事件に惹かれた理由だった。新聞紙上の四本立てのコラムや三分間のニュース映像では、真相など何もわからない。それがこの事件の醍醐味だった。そのうち、事件のことが私の夢にまで出てくるようになった。何カ月経っても、ルーシー・ブラックマンのことが頭から離れなかった。そこで私は、この事件を発生からその後の各段階まで、順に追ってみることにした。複雑に縺《もつ》れ合う糸から、明瞭で一貫性のある何かを紡ごうとした。私はそれに一〇年を費やすことになる。

大学卒業後、私はほとんどの時間を東京で暮らし、アジアを中心に世界各国を取材してまわった。自然災害や戦争を報道する記者として、深い悲しみや社会の暗い闇を何度も目の当たりにしてきた。しかしルーシー事件の取材では、それまで眼にしたことのない新たな人間の側面を垣間見ることになった。まるで、普段いた部屋に隠し扉があり、その鍵を見つけたような感覚だった。秘密の隠し扉の奥には、それまで気づきもしなかった、恐ろしく暴力的で醜い存在が隠れていた。それを知った私は、人知れず自分を恥じ、なんと浅はかだったのかと感じずにはいられなかった。経験豊かな記者であるはずの私から、大都市に潜む異様な何か——職業柄、知っていてしかるべきだった何か——が、すっぽりと抜け落ちていたかのような気分になったのだ。

事件についての人々の関心が薄れていく頃、私はルーシーのことをニュースの主人公としてではなく、初めてひとりの人間として見るようになった。家族が来日したときには、彼らにも何度も会いにいった。事件を担当する記者である私に対して、家族も初めは不信感を抱いて慎重に対応していた。しかし時が経つにつれ、慎重さは残るものの、関係は徐々に友好的なものになった。いまでは私がイギリスに行き、彼らが住む家を訪ねるまでになった。さらに私は、ルーシーの人生のさまざまなステージにおける友人や知り合いを訪ねて歩いた。ひとりからまた別のひとりへと繋がり、初めは口が堅かった人たちも、少しずつ話をしてくれるようになった。ルーシーの両親、妹、弟には何年にもわたって繰り返し話を聞いた。こういったインタビューの録音は、いまや数十時間に及ぶ。

当初、二一年で幕を閉じた人生の輪郭を捉えることなど、簡単な作業だろうと私は考えていた。一見したところ、ルーシー・ブラックマンと、彼女と同じような境遇のほかの数百万人を隔てるものはとくに見当たらなかった――イングランド南東部で中流階級の家に生まれ育ち、人並みの裕福さと学歴を持つ若者。ルーシーの人生は〝平凡〟かつ〝普通〟で、ずば抜けて突出している点と言えば、その終わり方だけだった。しかし調べれば調べるほど、彼女の人生は私の好奇心を掻き立てていくのだった。

自分の人生を思い返して考えてみればすぐに気づくことだが、二一年という年月を経たルーシーの性格や人格は、あらゆる色を帯びた多面的なものだった。誰かが――たとえ最も親しい人でさえ――完全に理解することなどできない。人々の頭のなかのルーシーは、みな微妙にちがうルーシーだった。物心ついて数年後の彼女の人生は、すでに忠誠心や感情、夢、そしてしばしば矛盾が密接に絡み合うものだった。ルーシーは素直で、正直で、嘘つきだった。自信家で、頼りがいがあり、傷つきやすかった。わかりやすく、謎めいていた。オープンで、秘密主義だった。私は伝記作家の無力感に苛まれた。この事件を仔細に調べ、矛盾のないようにまとめ上げることなどできるだろうか？　彼女の生涯の本当の価値を引き出すことなどできるだろうか？　しかし、私はまったく知らなかった誰か、知り合うこともなかった誰か、事件がなければ気にも留めなかった誰かの人生の軌跡を辿るプロセスの虜になっていった。

失踪から数週間のうちに、多くの人がルーシー・ブラックマンの名前を耳にし、彼女の顔を知ることになった。少なくとも、新聞やテレビに何度も登場した尋ね人のポスターに写るアリスの顔を知る人は多い。そんな人々にとって、彼女は被害者であり、ある種の〝被害者意識〟の象徴でさえあった——異郷の地で、恐ろしい最期を迎える若い女性の象徴。そこで私は、死ぬまえの彼女の人生を描くことによって、ルーシー・ブラックマンに、あるいは彼女の記憶に、何か貢献ができないかと望むようになった。本書によって、普通の人間としてのルーシーの地位を回復させ、彼女は彼女なりに複雑で、愛すべき女性だったことを証明したいと思う。

第一部

ルーシー

第一章　正しい向きの世界

父と母

ルーシーの母ジェーンは、夫ティム・ブラックマンの長所を思い出すことができなくなったあとでも、彼が娘の命を救ったことへの感謝を忘れることはなかった。

生後二一カ月。ルーシーは、イギリス南東部サセックスの小さな村の借家で、父親と母親によって育てられていた。生まれた直後から彼女はひどい扁桃腺炎《へんとうせんえん》に何度も罹《かか》り、そのたびに高熱と咽喉《のど》の腫れに苦しんだ。両親は水を含ませたスポンジで彼女の体を冷やしたが、熱は長引くことが多かった。症状が治まったかと思うと、数週間後にまた発症する。その繰返しだった。ある日、ティムは仕事から早く戻り、病気の赤ん坊の世話をするジェーンを手伝った。その夜のこと、ルーシーの様子を見にいった妻の叫び声にティムは眼を覚ました。

彼が子供部屋に入ったときには、ジェーンはすでに一階へと階段を駆け下りていた。

「ルーシーはベビーベッドで動かなくなっていました。体は冷たく、湿っていました」とティムは言った。「私は赤ん坊の体を抱えて床に寝かせました。すると肌から血の気がみるみる引いていくんです。ひどい状態だとすぐにわかりました。血液が体を巡っていないのは明らかで、肌がどんどんどす黒くなっていく。ジェーンがすでに救急車を呼びに一階に駆け下りていたので、残された私は何をすればいいのかわからず、床に寝かせたルーシーをただ抱きしめるしかありませんでした。ルーシーはまったく音を発することもなく、息もしていません。そこで、私はなんとかその口を開けさせようとしました。きつく閉じられた口を両手でこじ開け、親指で押さえて、指を入れて舌を引っ張り出したんです。正しい行動かどうかなんてわかりません。それでも、とにかくやりました。それから頭を横にして、口に空気を吹き入れ、また押し出しました。それを何度も繰り返したんです。するとそのうち、自分で呼吸するようになりました。私はただただ不安でした。そのときです。ルーシーの肌に赤みが戻ってきたんです。ちょうど救急車も到着して、救急隊が狭苦しい階段を大急ぎで上がってきた。どでかい装具を身に着けて、がちゃがちゃ音を立てながら。家に入るのもやっとという感じの図体のでかい筋骨隆々の男たちですよ。彼らが担架にルーシーを固定して、階段を下り、救急車へと運んでいった。そのあと、娘はなんとか回復しました」

診察の結果、ルーシーは熱性痙攣《ねっせいけいれん》――発熱と脱水が誘発する筋肉の痙攣――を起こしていたことがわかった。そのせいで自分の舌を飲み込み、呼吸が完全に遮断されてしまっていた。処置があと少し遅ければ、死亡していた可能性もあった。「当時、子供は絶対にふたり以上欲しいと思っていました」とティムは振り返る。「ルーシーが生まれたとき、そう考えたんです。けれどそのとき、こう感じました。もしルーシーの身に何か起こり、そのあと別の子供が生まれなかったら、これは大変なことになるぞ、と」

少女時代

一九七八年九月一日、ルーシーはこの世に生を受けた。彼女の名前はラテン語の〝光〟に由来するものだったが、その名のとおり、大人になってからも明るい光や照明を好んだ。暗闇が嫌いで家じゅうの電気をつけ、寝るときも部屋のランプをいつもつけたままだった、と母親は語る。

ルーシーの出産は楽なものではなかった。ジェーンは誘発剤を飲んだにもかかわらず、陣痛が一六時間も続いた。さらに胎児の後頭部が母体の背中側を向いており（後方後頭位という位置異常）、分娩は通常以上の痛みがともなうものだった。しかし、三六〇〇グラムの健康な赤ん坊が生まれたときには、第一子の誕生に両親は深い――同時に複雑な――喜びを覚えた。「本当に、本当に嬉しかった」とジェーンは語る。「でも、母親になったとき……自分の母親にもそばにいてほしかった。子供を産んだ喜びを伝えたかった。でも、母親はいなかった。そのことは、とても悲しかったんです」

ジェーンの子供時代の記憶は悲しみに満ちたものであり、大人になってからの人生もまた、辛く苦しい喪失の連続だった。そんな彼女は、ドライで暗いユーモアの持ち主となり、自虐的で怒りっぽく、自己防衛的な性格になった。私が初めて会ったとき、彼女は四〇代後半で、細身の魅力的な女性だった。髪は濃いブロンドのショート。小ざっぱりとした控えめな服に身を包み、鋭く用心深い顔つきが印象的だった。長く繊細なまつ毛が少女の面影をかすかに残してはいたものの、強い正義感、愚か者やスノッブへの不寛容がそれを打ち消すかのように見えた。ジェーンのなかでは、常に自尊心と自己憐憫が闘っていた。彼女はキツネのような女性だった。濃紺のスカートとジャケットを着た、意志の固い優雅なキツネだった。

ジェーンの父親は〈エルストリー映画撮影所〉のマネージャーで、ジェーンと弟妹はスタジオのあるロンドン郊外で育ち、厳格で単調な中流階級の生活を送った。親は宿題やテーブル作法《マナー》にうるさく、夏休みには決まって寒々としたイギリスの海辺のリゾート地を訪れた。ジェーンが一二歳のとき、一家はロンドン南部へと引っ越す。転校初日の朝、別れのキスをするために両親の部屋へ行くと、頭痛と不眠の夜を乗り越えた母親がぐっすりと眠っていた。

「何か恐ろしいことが起こる予感がしました」とジェーンはそのときの様子を振り返る。「それで、『ママ、死なないよね？』って父に訊いたんです。そうしたら父は『なんて馬鹿なことを言うんだ。そんなわけないだろう』って。でも学校から帰ったら、母親は死んでいました。脳腫瘍《のうしゆよう》でした。その日以来、父親は弱り切って完全に壊れてしまった。私はただ気丈に振る舞うしかありませんでした。その日、私の子供時代が終わったんです」

ジェーンの母親は四一歳で死んだ。「それから、平日は祖母、週末は父が私たちの面倒をみてくれました」とジェーンは言った。「でも、父はいつも泣いてばかり」。しかし一五カ月後、父親が二〇代半ばの女性と再婚。ジェーンは愕然とした。「でも仕方ありません。父には子供が三人いて、ひとりで家族を世話することなどできなかった。本当に大変な状態でしたから。正直、子供の頃のことはよく覚えていないんです。ひどい悲しみのあとに、あれほどの辛い日々が続いたんです。脳が自動的に記憶を抹消してしまうんですよ」

一五歳で学校を辞めたジェーンは秘書養成コースに通い、大手広告代理店での仕事に就く。一九歳のときには、スペインのマヨルカ島に女友達と旅行に行き、洗車のアルバイトをしながら六カ月過ごしたこともあった。イギリス人の観光客がスペインに押し寄せるまえのことで、当時のバレアレス諸島はまだ知る人ぞ知る秘境だった。同じ時期に、マンチェスター・ユナイテッドの人気サッカー選手ジョージ・ベストも島を訪れていたという。「言葉を交わしたことはありませんけど、バーにいる彼をよく見かけました。いつも美女に囲まれてね」とジェーンは語った。「当時の私はとにかく真面目でした。〝分別〟って言葉が体に染みついていたんでしょうね。まわりの全員が馬鹿騒ぎしていても、私は騒ぎません。要するに、とてもつまらない人間だったんですよ」

このマヨルカ島で、清廉潔白なジェーンに試練が訪れる。ある日、会釈する程度の間柄だった若い男性が戸口に現れ、彼女に突然キスしようとしたのだ。「屈辱的でした。ほとんど知らない人だったし、それに真っ昼間だったんです。確か、相手はスウェーデン人でした。それまで私は、彼に気のあるような素振りなんて見せたこともありませんでした。だから、そのあとはいままで以上に用心深くなってしまったんです。太陽も海もアウトドアも好きでした。でも、馬鹿騒ぎはできなかった。なんと言っても、私は分別の塊でしたから。もちろん、初体験も夫でした」

ジェーンがティムと出会ったのは、二二歳のときだった。当時、ジェーンは父親と継母とともに、ブロムリー・ロンドン特別区のチズルハーストという町に住んでいた。友人の兄だったティムについては、あれこれと噂が飛び交っていた。「みんなが〝ティムは理想の人〟だって言っていました」と彼女は言う。「〝女性にとって理想的な男性〟だって」

そのとき、ティムはフランス人のガールフレンドと過ごしていた南フランスから戻ってきたばかりだった。「それなのに、私に言い寄ってきたんです。私はいつもの冷たい視線を送ってやったわ」とジェーン。「きっと、簡単に落ちなかったのは私が初めてだったんだと思います。それで、向こうも躍起になった。でも正直に言うと、当時の私には自信がなかったんです。美人の女友達はみんな、男たちをまわりにはべらせて遊んでいました。私はと言えば、ディスコに行ってもいつも荷物番。ティムにしてみれば、私がどうして簡単に引っかからないのか理解できなかった。私のほうは、誰かが自分を好きになるなんて理解できなかった。それで、彼と結婚することになったんだと思います」。出会ってから一八カ月後、ティムの二三歳の誕生日である一九七六年七月一七日、ふたりは結婚した。

その頃、ティムは隣町オーピントンの靴店の店長として働いていた。彼の父親がイングランド南東部に展開していたチェーン店の数少ない生き残りだった。しかし結局、その店も閉店となり、六カ月のあいだティムは失業保険を受け取ることになった。その後は、友人から依頼された雑用や、塗装工や内装の日雇いの仕事で日銭を稼ぎながら、できたばかりの家族をなんとか養っていった。「まさにその日暮らしの生活でしたね」と彼は語る。「八〇年代初めは、ぎりぎりの生活が続きました。次の五〇ポンドがいつ手に入るか、それもわかりません。けれど、赤ん坊と一緒にすばらしい家に住んでいました。ルーシーが幼かった頃の生活は〈ローラアシュレイ〉風のコテージにね。金はなくても、生活は充実していました。本当に楽しかった」

一九八〇年五月、第一子の誕生から二年もしないうちにジェーンはソフィーを出産し、その三年後にはルパートが生まれた。ティムはビジネス・パートナーを見つけ、塗装の仕事から土地開発へと職を変えた。そして一九八二年、一家は数キロ北の高級ベッドタウン、ケント州セヴンオークスに引っ越した。苦しかった生活も終わりを告げ、ジェーンは自らが幼い頃に望んだ幸せな生活を子供たちに与えることができるようになった――花が咲き乱れる田園風景、かわいい服、小さな子供たちの笑い声が響く毎日。

ジェーンが〈デイジー・コテージ〉と名づけたその新居は、〈グランヴィル・スクール〉――あるいは、有名校であるという誇りとともに〈ザ・グランヴィル・スクール〉と呼ばれる――という私立初等学校を見下ろす丘の上に建っていた。その学校こそ、ジェーンのあらゆる空想が現実になる場所だった。自意識過剰なまでの気取った雰囲気に包まれた学校で、当時のことを思い出すと、元生徒たちの顔には必ず笑みが浮かぶほどだった。まだ三歳の小さな女子児童たちは、青いチェックのワンピースとボンボン付きの灰色の毛糸の帽子という恰好で学校に通いはじめる。春祭りでは〝チャプレット〟と呼ばれる花輪を頭につけるのがしきたりだ。学校のカリキュラムには、膝を曲げたお辞儀の作法、リボンを持って踊るメイポールダンスなども含まれていた。「ベッドルームから学校のグラウンドが見渡せたんです」とジェーンは回想する。「とにかく完璧でした。休憩時間になると、ルーシーがグラウンドに出てきて手を振るんです。私も手を振り返しました」。歴史が止まった場所――まさに絵本から飛び出してきたかのような学校だった。「おとぎ話のなかに生きているようで、現実の世界とは思えませんでした」

小さな頃からルーシーは心優しい大人びた女の子で、その健気な真面目さが大人たちを笑顔にさせた。母親にグリーンピースの莢剝《さやむ》きを頼まれると、彼女は一つひとつ豆をじっくり調べ、少しでもおかしなところを見つけると横によけたという。人形が大好きで、妹ソフィーに母乳を与えるジェーンの隣に坐っては、プラスチックの赤ちゃん人形に母乳を飲ませる真似をして遊んだ。「ルーシーはとても繊細で、きれい好きで、几帳面な性格でした」とジェーンは語る。「私の子供の頃にそっくり」。一方、妹のソフィーは気むずかしい性格だった。癇癪《かんしゃく》を起こすたびに、姉ルーシーが妹を優しく巧みになだめた。そんなふたりの姉妹は、大きな古めかしいベッドでいつも一緒に眠っていた。ある年のイースターには、そのベッドの下で食事をし、絵本を読み、おもちゃで遊んで一日じゅう過ごしたという。

ルーシーの当時の学習ノートを読むと、母親のジェーンが子供たちのために、いかに喜びに満ち溢れた純真な世界を築き上げていたか、その様子がひしひしと伝わってくる。

名前：ルーシー・ブラックマン
題名：ニュース
5月20日（月ようび）

今日はパパが学校におむかえにきてくれて
いっしょにおうちにもどったら
ローラ アシュレイのおようふくをきて
青っぽくて、グレーもあって
小さなお花もあるワンピース
それからテスコのところに行って
もどってきてまたおようふくをきがえて
ジェマのたんじょうびプレゼントをかいにいくの
でも、かうものはきめてない
おたんじょうかいには4人が行くの
あたしとセリアとシャーロットと

ジェマの学校のおともだち
グランビルからはわたしひとりなの
おともだち、おともだち、おともだち、おともだち

別の学習ノートには、次のような書き込みもあった。

名前：ルーシー・ブラックマン
題名：実験

光

私は大きな鏡を使った。
鏡を覗き込んだ。
鏡に映る自分を見た。
私は片眼を閉じた。
片眼をつむって自分を見た。

私は鼻に触れた。
右手で鼻を覆い、自分を見た。
私は手を叩いた。
叩く手を見つめた。

鏡

鏡

私は大きな鏡を使った。
鏡を横に置いた。
私は正しい向きの世界を見た。

「子供時代が悲しいものだったから、私は幸せな家庭生活を心から望みました」とジェーン。
「子供たちが学校から戻る時間になると、スリッパをストーブのまえに置いて温めておきました。ルパートがラグビー部に所属していた頃は、湯たんぽと温かい紅茶の魔法瓶を持って学校に迎えにいきました。私がとにかく恐れていたのは、子供たちを失うこと。子供たちが幼い頃から、ずっとそれだけが不安でした。昔、かわいいウサギの絵がついた革の迷子ひもをルパートにつけていたんです。息子には迷子ひもをつけて、娘ふたりには『手をつなぎなさい』と言いつけました。スーパーマーケットに行って子供の姿が見えなくなると、もうパニックで……失うこと、それが私にとっていちばん恐ろしいことでした。子供の頃の経験がありましたから。子供を失うこと——それが最大の恐怖でした。私自身が母親を失ったから、子供がいなくなるなんて考えることさえ耐えられませんでした。だから、私は少し過保護な——いや、とても過保護な母親でした」

ルーシーは奨学金を得て〈ウォルサムストウ・ホール〉に進学した。豪奢な赤レンガ造りのその学校は、キリスト教宣教師の娘たちのために一九世紀に創設されたミッション・スクールだった。ルーシーは根っからのがんばり屋で、やる気さえ出せば、高い大学進学率を誇るその有名校で成績上位に食い込んでもおかしくはなかった。しかし、彼女は最後まで学校に馴染むことができなかった。「〈ウォルサムストウ・ホール〉はかなりのお嬢様学校だったんです」とジェーンは言う。「誕生日に両親から車の鍵が渡される、なんていうことも珍しくないようなところでした。つまり、車が誕生日プレゼントなんです。私たち一家とは住む世界がちがうというわけ」。しかし、一〇代のルーシーを最も困らせたのは、金ではなく病気だった。

一二歳のとき、彼女は珍しい形態の肺炎であるマイコプラズマ肺炎に罹り、数週間にわたる安静を余儀なくされた。「かわいそうなくらい具合が悪そうでした。でも、誰にも原因はわかりませんでした」とジェーンは言った。「ルーシーはベッドに枕をいくつも重ねて寄りかかって寝ていました。私はあの子の背中を強く叩いて、粘液を取り除く処置を繰り返しました。あの子が息を吸うと、肺からゴロゴロと音が聞こえるんです」。その後、脚に激しい痛みが発症して歩くのもままならない状況になり、学校の勉強が二年間も遅れることになった。ある時期など、何週間も体に力が入らない症状が続き、階段を下りるだけで極度の疲労に襲われたこともあった。彼女がいつ回復するのか――あるいは回復自体するのか――何人の医者に診てもらっても、答えは見つからなかった。

ジェーン・ブラックマンは精神の神秘の力、自らの予言力と直観力の存在を強く信じていた。足裏マッサージの専門家であるリフレクソロジストとして働く彼女は、直近の未来の出来事を予言したことが何度もあった。高齢の親戚の死を予感し、本人よりさきに女性客の妊娠を見抜いたこともあった。「仕事をしていると、物事について不思議な感覚が芽生えてくるんです」と彼女は言う。「声が頭に入り込んできて、お告げのようなものを教えてくれる。すると、それが実際にあとで起きるんです。私のバランス感覚に起因するものかもしれませんね。私には人の痛みがわかるんです。ほかの人の気持ちに自然と寄り添うことができる――みんな私のことをそう言ってくれますが、いろいろな経験を積むと、人って自然とそうなるものですよ」

娘ルーシーが超自然的な能力を初めて発揮したのも、この長い闘病生活のあいだのことだった。そう、ジェーンは語る。

あるときティムとジェーンは、ルーシーが病室として使う主寝室から独特なにおいが漂ってくることに気がついた——葉巻のようなにおいだ。家族は誰も葉巻を吸わない。ティムはわざわざ隣家を訪ね、両隣の住人が葉巻を吸わないことを確認した。数日後、ジェーンはそのにおいのことをルーシーに話してみた。そのときの彼女は寝たり起きたりをひたすら繰り返し、非常に重い症状に苦しんでいた。そんな精神状態を考慮したとしても、ルーシーの答えは驚くべきものだった。「ベッドの端に坐っている男の人だわ」

「男の人？」とジェーンは訊いた。

「ときどき夜になると、おじいさんがやってきて、ベッドの端に坐って葉巻を吸うの」

「まったく」とティムが当時を回想して言う。「みんな、ルーシーの頭がいかれちまったのかと思ったよ」

しばらくあと、体調が戻ったルーシーは祖父母の家——ジェーンの父親と継母の家——を訪ねた。彼女はふと食器棚に置かれた年配の男性の写真を見つけ、それが誰かと訊いた。その日はルーシーの曾祖母（ジェーンの実の祖母）も家に来ており、写真の男性は曾祖母の夫で、何年もまえに死んだホリス・エスリッジだった。

「この人よ」とルーシーは言った。「部屋にきてベッドの端に坐ったのはこの人」

ホリス・エスリッジは人生を通して、葉巻の愛好家だったという。

ルーシー・ブラックマンの失踪、何ヵ月にも及ぶ不安の日々、そして最後に訪れた最悪の結末によって、ティムとジェーンの関係はいっそう険悪になっていった。しかしそれは、そのときに始まったことではなかった。ルーシーが死ぬまえの五年間、両親の辛辣なやり取りは、もはや日常的なサウンド・トラックのようなものだった。

ジェーンの説明によると、結婚生活が破綻したのは一九九五年一一月のある特定の日だったという。当時の一家が住んでいたのは、セヴンオークスにある6LDKのエドワード王朝様式の一軒家だった。その家は、ジェーンが夢に描いた家庭生活がついに実現した場所だった。「夢の大型コンロがある理想の家のはずでした」。幸せな家庭の姿を想像したのか、彼女は自嘲するような笑みを浮かべて言った。「すべてが揃う場所のはずでした。私はキッチンに立って、大型コンロで料理する。子供たちがまわりにいて、将来は孫たちがやってきて……でも、そんなふうにうまくはいきませんでした」

ある日曜日の午後、家族五人は、暖炉に火を焚いた居間で一緒にくつろいでいた。ジェーンは子供たちのために、特製の〝色付きトースト〟――マーマイト〔ビールの酵母を主原料とするペースト状の食品〕、アプリコット・ジャム、苺ジャムを三色のストライプにしたトースト――を作った。「私たちは『素晴らしき日々』を見ていました。当時、私がハマっていたドラマです」とジェーンは振り返る。「家族もみんな好きでした。そのとき、ルパートを膝にのせたティムが言った言葉を、私は決して忘れません。みんなのまえで彼はこう言ったんです。『家族で一緒にいられるのは最高だ』って。忘れることなどできません。『家族で一緒にいられるのは最高だ』。確かに彼はそう言ったんです。なのに次の日、すべてが終わりました」

月曜日の朝、ジェーンのもとに見知らぬ男性から電話が入った。その男性の妻とティムが浮気をしているというのだ。その夜、問い詰められたティムは初めこそ否定したものの、最後には浮気を認めた。ジェーンは、すぐに家を出ていくように夫に迫った。叫び声と怒号が飛び交う修羅場だった。その晩のうちに、ジェーンはティムの服や所持品を黒いごみ袋に詰め、窓の外に放り投げた。「ティムは家族思いの優しい人間だと信じていました」とジェーンは言う。「でも一九年の結婚生活を経て、突然、見知らぬ人間と一緒に暮らしていたことに気づかされたんです」

妻を裏切ったことについては、ティムも自らの非を認めた。しかし、一見幸せな結婚生活が突如として崩壊したわけではない、と彼は説明する。長い時間を経て徐々に会話が減り、互いに嫌悪感を抱くようになった、と。「私に何か不満があると、ジェーンはただ無視するんです」と彼は言う。「無表情でひたすら無視——そんな週末が何度あったことか。ときにはそれが何週間も続き、そのうち何カ月も続くようになった。法律や公的な手続きだけを見れば、悪いのは私のほうです。誰ひとり、結婚生活の崩壊に至るまでにどんな歴史があったかなんて気に留めようとはしない。子供たちにしても、家族をぶち壊したのは私のほうだと思っているんでしょう。けれど、そんな白黒はっきりしたことじゃないんです。似た経験をしたことがある人であれば、理解できるでしょうが」

　その年、ジェーンと三人の子供たちは四人だけの不幸なクリスマスを過ごした。大きなエドワード王朝様式の家で、まだこの世にいない将来の孫たちの亡霊に囲まれながら。時を同じくしてティムの会社が倒産し、事実上、養育費が支払われることはなかった。そこでジェーンは家を売却し、セヴンオークスのあまり高級とはいえない地区にあるレンガ造りの安普請の小さな家を借りることにした。その家はいわゆる〝訳あり物件〟だった。以前の所有者、四四歳のアルコール中毒者ダイアナ・ゴールドスミスは、子供たちを車で学校に送ったあと、忽然と姿を消した。ジェーンと子供たちが引っ越したときには、指紋採取用の粉の痕がまだ窓に残っていた。「子供たちと私はよく『その人がバスタブの下に埋められていなきゃいいけどね』って話していました」とジェーンは語る。「半分本気でね」

　翌年、ダイアナ・ゴールドスミスの遺体が、ブロムリーのある家の庭の地中から発見された。容疑者として元恋人が逮捕されたが、殺人罪においては無罪となった。「みんな、あの家が大嫌いでした」とジェーンは言う。「きたなくて不潔で、忌まわしい過去がある家。私は物欲が強いほうではありませんけど、それでも眼を楽しませる美しいものが好きなんです。あの家にいると、美的感覚が穢《けが》される気分になりました。ルーシーもあの家が嫌いだったんです」

　それが、彼女の最後の家だった。

第二章　ルールズ

離婚

「両親が離婚すると、あらゆることに疑いを持つようになるんです」とソフィー・ブラックマンは言う。「子供にとっては家族がすべてです。この人がママ、この人がパパ、こっちが弟で、あっちがお姉ちゃん。そういう関係性のなかで子供は成長する。その関係性が変わると、大きな疑問が眼のまえに現れる――自分は何者なのか、なぜ存在するのか。弟のルパートはまだ一三歳で、よく泣いてはいましたが、なんとか乗り越えました。私は一五歳で、当時はすべてがパッとしない時期だったので、頭が混乱して何がなんだかわからない状況でした。一七歳のルーシーは、やはり対応も少し大人でしたね。ルーシーがママの味方についたというわけではありません。どちらの味方につくとかそういう問題じゃなかった。でも、姉はママの気持ちをよく理解していました。ルパートと私にとって、ルーシーがいつも母親のようなものでした。だから、ルーシーもママの気持ちもよくわかったんだと思います」

私が取材した人間のなかで、ソフィー・ブラックマンはルーシー・ブラックマンに最も近い人物だった。ふたりの誕生日は二年も離れておらず、生まれたときから同じ屋根の下でずっと一緒に暮らしてきた。彼女たちを知る人はみな、瓜ふたつの姉妹だったと口を揃える。見かけはもちろんのこと、普通のきょうだい以上に所作や話し方のリズムが似ていたという。ソフィーはドライで毒舌だが、とても誠実な女性だ。そして、彼女は姉ルーシーのいちばんの理解者だった。ルーシーを必要とし、頼りにした人々は数多《あまた》いても、ソフィーほど姉を理解していた人間はいない。私はそう思う。

しかし、ふたりの性格は正反対だった。幼少時代からルーシーは女の子らしく、柔和で、母性的だった。一方のソフィーは頑固で、元気いっぱいで、男勝り。一〇代になると、ソフィーは口うるさい癇癪《かんしゃく》持ちになり、クールで皮肉屋な一面が目立つようになった。母ジェーンのように、彼女は愚かな人々に我慢できない性質《たち》だった。しかし同時に、迷信や超自然の世界を崇拝する母にとことん批判的だった。もともと彼女は父ティムと仲がよく、母親のジェーンとは子供の頃から喧嘩が絶えなかった。両親の離婚後、母娘の対立はさらに激しさを増していった。それもまた、離婚がもたらした暗い影響のひとつだった。

エドワード王朝様式の家での快適な生活——そんなジェーンの夢は離婚とともに崩れ去り、同時に家族にも変化が訪れた。それまで厳しく過干渉な母親だったジェーンは、驚くほど寛容で甘い親に変わった。子供の恋人が家に来ることも赦すようになり、そのまま泊まるのを自ら勧めるほどだった。一〇代のルパートは、母親にコンドームの箱をプレゼントされ、恥ずかしくてたまらなかったという。

一家の友人たちは、ルーシーとジェーンの親密さについてよく言及する——母娘というよりは姉妹のようだった、と。「お互いに話をする姿や、ルーシーが母親に電話をしてげらげら笑ったりするのを見ると、本当に仲がいい親子なんだと思いました」と語るのは、ルーシーの同級生キャロライン・ローレンスだ。「ふたりは洋服も共有して、夜に一緒に遊びに出かけることさえありましたよ。私も母と仲がいいのである程度は理解できますが、一緒にクラブに行こうとは思いません」

年頃の子供が三人もいる家では、喧嘩は日常茶飯事だった。その多くは母ジェーンと妹ソフィーによるもので、仲裁役を務めるのはいつもルーシーだった。なかには、ルーシーとジェーンの関係が逆転していたと語る人もいるほどだ。「あの家では、ルーシーが母親のような存在だったんです」とジェーンの友人ヴァル・バーマンは証言する。「ソフィーが母親のジェーンに向かって叫んだり怒鳴ったりすると、問題を解決するのは決まってルーシー。ティムが家を出たあと、彼女は一気に成長しました。ルーシーが一家の母になり、ジェーンがその子供になったというわけです」

ルーシーはスリム体型でもなく、目鼻立ちがくっきりしているわけでもなく、一般的な美人とは言いがたかった。それでも彼女について最も印象的だったのは、その見かけだった。ルーシーにとって、自分という人間の考え方の中心にあったのが〝お洒落〟だった。近所の店に行くときも、朝のジョギングのときも、髪型と化粧は常に完璧だった。そんな彼女を友人たちは微笑ましく思っていたという。ルーシーは笑うとき、長い髪をうしろに払って肩を震わせた。その美しいブロンドの髪に加え、かなりの長身だったせいもあり、ルーシーは同世代のなかでも目立つ存在だった。「あの子がいるだけでその場が明るくなった」というのがジェーンの口癖だ。「初めて会ったときから、私は彼女に心を奪われました」とヴァル・バーマンは言った。「彼女の話を聞くのが楽しくて楽しくて。言葉のセンスがいいんです。話題も豊富で、みんな彼女と話をしたがる。角砂糖について話せって言ったとしても、ルーシーならおもしろおかしく話しますよ」。そんな流れるような会話のあいだ、ルーシーは指を絶え間なく動かしつづける。その指先には滑らかに磨かれた爪が光っていた。「髪とネイル、それが彼女のすべてでした。まるで、手で会話しているみたいに」とキャロライン・ローレンスは言う。「とにかく目立つんですよ。あのきれいな髪……あるとき、町の〈ドーセット・アームズ〉というパブでルーシーと待ち合わせしたときのことです。パブの窓の向こうに、道を渡ってくる彼女の姿が見えました。その瞬間——冗談じゃありませんよ——パブ全体の時間が止まったみたいに、客の全員が彼女のほうを向いたんです。背が高いブロンドの美人が気取って歩いているだけなのに」

ルーシーはファッションや買い物が大好きだった。母親のジェーンと同じように、彼女もまた居心地のいい家庭を愛し、整理整頓を好んだ。そんな贅沢や家の快適さを愛するルーシーにとって、学生生活はあまり魅力的には映らなかった。彼女は必要な試験にはきちんと合格し、シックス・フォーム〔イギリスの中等教育最後の二年間のこと。日本の高等学校に該当し、大学進学のための受験勉強をする〕にも進学し、大学合格に必要なAレベルの勉強もした。しかし〈ウォルサムストウ・ホール〉のほかの多くの勉強好きな女子生徒とはちがい、大学を受験しようとはしなかった。卒業試験のあと、彼女はピザ・レストランでしばらく働いたのち、地元の私立学校で授業助手を務めた。その後、家族の知人の紹介で、ロンドンの金融街シティ・オブ・ロンドンにあるフランス系投資銀行〈ソシエテ・ジェネラル〉、通称〈ソジェン〉での仕事に就くことになった。

ルーシーはディーラーのアシスタントとして、トレーディング・フロアからの注文をシステムにインプットする仕事を担当した。トレーダーたちは若く、血気盛んで、高給取りばかりだった。会社は活気に満ち溢れ、がつがつした雰囲気に包まれていた。そんな職場にやってきた若いブロンドの新人、ルーシーはすぐに男性社員の注目の的となった。男たちは、その豊かな胸にちなんで〝バップス〟〔ハンバーガーのバンズに似たスコットランドの丸いパン〕とルーシーを呼んだ。彼女はまだ一八歳だったが、男にちやほやされることに興奮と喜びを覚えるようになった。ルーシーは洋服とジュエリー、そして仕事終わりにシティのバーで飲むシャンパンを愛した。「ほかの同級生はみんな大学生なのに、私たちだけは社会人でした」と、同じく〈ウォルサムストウ・ホール〉卒業後にロンドンで働きはじめたキャロライン・ローレンスは語る。「大金を稼いでいるわけではありませんでしたが、一七か一八の私たちにしてみれば、金持ちになった気分でした。ルーシーは〈ソジェン〉を気に入っていました。セヴンオークスの外で初めて経験する生活も、シティの男の子たちに囲まれた生活も楽しんでいました。毎日、電車で会社に通勤すること自体が、私たちにとってはすごく大人っぽい行動だったんです。ラッシュの電車で見かけるルーシーは、いつも立ったままフレンチネイルをしていました。フレンチネイルというのは、普通のマニキュアの塗り方ではありません。爪にナチュラルカラーを塗ったあと、先端部分だけを白く塗る方法です。家でもそう簡単にはいかないのに、ルーシーは立ったままやるんですよ。それも電車のなかで」

儲けた金は使うこと――それがシティの掟であり、ルーシーもそのルールが好きだった。彼女は黒のルノー・クリオを買い、毎朝、金融市場が開くのに間に合うよう、夜明けまえにセヴンオークスからロンドンへと車を飛ばすようになった。週末になると決まって、サロックにある〈レイクサイド・ショッピング・センター〉へと買い物に出かけた。あるとき、ルーシーは友人とともに女王陛下御用達の下着ブランド〈リグビー&ペラー〉にふらりと立ち寄り、オーダーメードの高級ブラジャーを一〇枚も衝動買いしたことがあった。しかし彼女の年収は約二万四〇〇〇ポンド（約三八〇万円）で、同僚の男性ディーラーたちの足元にも及ばない金額だった。ルーシーが初めて借金したのは、この〈ソジェン〉時代だった。クレジットカード、ストアカード、当座貸越《オーバードラフト》、分割払い――どれもシティで働く人にとっては日常生活の一部だったが、ルーシーは当初そんな金の使い方になかなか馴染むことができなかった。「私のほうが、彼女よりもはるかに多額の借金を抱えていました」と、ルーシーの同僚だったキャロライン・ライアンは語った。「でも、ルーシーは心配性で、数ポンドでもオーバードラフトになるとパニックになるんです」

〈ソジェン〉に勤めて一年が過ぎた頃、ルーシーは次第に居心地の悪さを覚えるようになった。仕事自体にもやりがいを感じなかった。さらに、年下のトレーダーとの恋愛が後味の悪い最後を迎え、涙に暮れる辛い日々を送っていた。ルーシーは常々、世界を旅してみたいと考えていた。が、ある程度の快適さと優雅さがあることが最低条件だった。「ルーシーはまさにそういう性格でした」とソフィーは言う。「バックパッカーみたいな貧乏旅行にはまったく興味がなかった。ドライヤーが使えないし、メイクもできないでしょ？　ルーシーが愛するのはきれいなネイルや髪、ローヒールの靴。姉は身なりをひどく気にする人だったので、バックパッキングや薄汚れたホステルというのは駄目なんです。それでも、ちがう文化を見て、人々に触れ、珍しい食べ物を食べてみたいという気持ちはありました。ただ、姉にとって快適な方法で、ということですが」。シティで働きはじめて一年後、そんな彼女にぴったりの解決策が見つかった。ルーシーは〈英国航空〉の客室乗務員の仕事に応募し、見事に合格したのだ。

かわいらしいルックスに人好きのする性格、さらに会話レベルのフランス語力を持つルーシーにとっては完璧な仕事のように思えた。一九九八年五月、彼女は二一日間の訓練コースを受け、客室乗務員の業務に必要なさまざまなスキルや知識を学んだ⑴——出産の介助方法、手錠の扱い方、機内に仕掛けられた爆弾の処理手順（キャビンの最後部、出口の隣に爆弾を移動し、爆発の衝撃を吸収するために濡らしたクッションで包み込む）。訓練後の一八カ月、彼女はイギリス国内やヨーロッパ各都市への短距離路線に搭乗。最初の勤務はジャージー島への四〇分のフライトだった。「私はいつも自分に言い聞かせていました。飛行機は道を横切るより安全なんだ。飛行機に乗ることより、空港に行く道のりのほうが危険なんだって」とジェーン・ブラックマンは当時を振り返る。「それでも最初のフライトのときは胸が苦しくなりました」。ジェーンは、フライト後に必ず電話を寄こすようにルーシーに指示をした。また、彼女が〈英国航空〉に勤務していた期間はずっと、テレビの文字多重放送《シーファクス》の発着情報を欠かさずに確認した。娘の搭乗する飛行機が無事に着陸したことを確かめたときだけ、ジェーンは心を休めることができた。

ボーイフレンドたち

一〇代の頃に長期の病気療養を強いられた影響からか、まだ若いにもかかわらず、ルーシーは規則正しい生活、日々の規律や生活管理の徹底に取り憑かれていた。怠惰な暮らしを打破する呪文であるかのように、彼女はやるべきことや達成すべき事柄のリストを書き出した。さらに、自己啓発や自己改善本——借金の管理方法、お腹のひっこめ方、自尊心の高め方——を見つけては、友達のあいだで回し読みしたという。一九九九年初めのルーシーの日記を読むと、当時の彼女がフィットネス、美、健康、金に夢中だったことがわかる。

新年の抱負！
（1）ジムに週三～四回行く。
（2）ふたつ新しいアクティビティをする。

（3）二台の電話を使うのをやめる。
（4）三月から貯金する。
（5）ルールを守る。
（6）W＋G、H＋Jともっと一緒に過ごす。
（7）睡眠時間を増やす。
（8）イタリア語を勉強する。
（9）すべての手数料を節約する。
（10）スクラブと日焼けを一日おきに。
（11）定期的にローションを塗る。
（12）もっと水を飲む。

（5）の抱負は一般的なルールを指すものではなく、ルーシーが行動指針とするアメリカのベストセラー恋愛啓蒙書『ルールズ』のことだ。『ルールズ』では、〝感情の食事制限〟を女性に薦め、フェミニズム以前の伝統的な求愛方法――男性は報酬を得るまえに、持続的で精力的な求愛行動を取るべき――の復活を提唱している。日記のなかで、ルーシーは『ルールズ』の概要を自ら次のようにまとめた。

（1）冷静さを保つ。

（２）相手に行動させる――電話やその他もすべて。
（３）手の内は見せない――こちらの気持ちが知りたければ、相手から訊いてくるはず。
（４）重い会話は避ける。

簡単に人を好きにならないこと!!

男性から人気があったルーシーは一〇代半ば以降、恋人がいない時期がほとんどなかった。しかし〝浪費しないで貯蓄する〟や〝電話の時間を減らす〟という抱負が示すように、『ルールズ』が求める抑制と冷静さこそが、ルーシーの性格に欠ける部分だった。「ルーシーは誰かに出会うと、いつも全力なんです。それで、何度かひどく傷ついたこともありました」とソフィーは語る。「姉は心の内をさらけ出すタイプで、〝これが私。これが私という人間。受け容れるか拒むか、どちらかにして〟という感じの人でした。男の人たちは、しばらく受け容れて、それから拒む。その繰り返しです」。ルーシーの友人たちも、彼女の恋愛のパターンは心得ていた――新しい男に出会い、あっという間に夢中になり、すぐにどちらか一方が興味を失う。「姉は猛烈に恋に落ちるタイプなの」とソフィーは続ける。「でも二カ月もすると、彼の名前を聞くだけで拒絶反応を起こしちゃう。ルーシーが心から望んだのは、誰かと出会い、結婚し、子供を作り、田舎で暮らすことだった。でもそのためには、何人ものダメ男と出会う必要があったというわけです」

たとえば、ジム[2]。彼は一八歳の誕生日当日にルーシーを振るという赦しがたい行動のせいで、彼女の女友達から憎まれることになった。地元のピザ・レストランの階上に住むロバートは、ルーシーを振って彼女の親友に乗り換えた。〈ソジェン〉の同僚グレッグは、ルーシーが会社を辞めて〈英国航空〉に転職するきっかけを作った男だ。そして、最も魅力的で危険だったのが、美しく、ワイルドなイタリア人――絶望的なマルコだった。

初めにマルコを見つけたのは、セヴンオークスのロイヤル・オーク・ホテルでバーテンダーとして働いていたソフィーだった。背が高く、筋肉質で、イケメン――マルコを見るなり、ルーシーのタイプだと直感的にわかったという。「マルコは元モデルで、超カッコよかった」とソフィーは振り返る。「三〇歳と少し歳はいっていましたが、ルーシーの彼氏はたいてい年上だったので問題ありません。外見だけ見れば、彼は完璧でした。ルーシーもそれはそれは夢中になっていましたよ。でも、中身が最低の男だったんです」

〈英国航空〉時代のルーシーは、月一〇日の休みのほとんどをマルコと一緒に過ごした。ふたりは〈ミニストリー・オブ・サウンド〉や〈クラブ9〉といったロンドンの人気クラブに遊びにいき、〈ヴァイン〉〈チムニーズ〉〈ブラック・ボーイ〉などの地元セヴンオークスのパブで酒を飲んだ。マルコは何度もひどい風邪に罹り、そのたびに治るまで長いあいだ家にこもることがあった。夜、ルーシーとのデート中には、別の友人と一緒に短時間だけどこかに消えてしまうこともよくあった。「そのあいだ彼が何をしているのか、私たちにはよくわかりませんでした」とソフィーは言った。「本当に馬鹿で、世間知らずでした」

周囲の友人たちは、マルコをうぬぼれの強い冷たい人間だと感じたが、ルーシーはますます惹かれていった。ある週末、マルコはルーシーをヒースロー空港まで送り届け、そのまま彼女の車で走り去った。翌日、仕事終わりにまた迎えにくる約束だった。しかしルーシーが戻ったとき、マルコはいなかった。「彼はルーシーを迎えにいかなかった。姿を現しもしなかったんです。姉は少し混乱していました」とソフィーは続けた。「連絡も取れなかったんです。自分の車がどこにあるのか、彼がどこにいるのか、何もわからなかった。最終的に、マルコのいとこか誰かにやっと電話が繋がりました。それで、その親戚がこう言ったんです。『二度とこういうことが起きないようにって願っていたんだけど……マルコはそういう男なんだ。彼は君にどんな嘘をついた？』。それで、マルコが完全な嘘つき野郎だと発覚したんです」

マルコはモデルの仕事などしたことはなかった。それどころか、彼は重度のコカイン中毒者だった。パブから短時間だけ姿を消すこと、すべての点と点が繋がった。〝風邪〟に罹りやすい体質、回復に長期間を要すること——突然、すべての点と点が繋がった。激昂したソフィーはマルコの部屋に乗り込んだ。彼はベッドに横になり、大量のドラッグと酒のせいで完全にラリっていた。ルーシーの車の鍵は、ベッド横のテーブルの上。ソフィーは鍵を摑むと、マルコにお別れのパンチをお見舞いし、部屋を飛び出した。取り戻した車はどこかに衝突したらしく、ドアとリアパネルが傷ついて凹んでいた。

髪やネイルと同じように、ルーシーは車のケアも怠ることはなかった。その愛車をめちゃくちゃにされたのだ——それが、マルコとの別れだった。彼女の悲しみは深いものだったが、長くは続かなかった。数カ月後、衝撃的なニュースが舞い込んだ。マルコが自殺した。あるいは別の説によれば、ドラッグの偶発的な過剰摂取によって死亡。真実はなんであれ、その日、ルーシーのハンサムな元彼はこの世から姿を消した。

第三章　長距離路線

東京行きの計画

客室乗務員としての生活は、ルーシーにとって理想とはほど遠いものだった。働きはじめて一年半後の二〇〇〇年初めには、彼女はすでに罠にはまったかのように感じ、すぐに脱出しなければと考えるようになった。同僚にとって、それは理解しがたいことだった。そのときの彼女は〈英国航空〉の客室乗務員であれば誰もが夢見ることを成し遂げていたのだ――ヒースロー空港ベースの短距離路線から、ガトウィック空港ベースの国際線乗務への昇格。長距離路線の目的地はどこも、よりエキゾティックで魅力的だった。なにより、給料が上がる。当時のルーシーの基本給は低く、税引き前の年収はわずか八三三六ポンド（約一三三万円）だった。しかし行き先や搭乗する便の種類などによって、年収と同額程度の〝手当〟が加わる。たとえば、早朝便、深夜便、長距離線、到着から出発までが短時間の便――そういったフライトごとに手当が支給された。さらに、朝食、昼食、夕食のための食事手当もつき、現地の五つ星ホテルで提供される三品コース料理に相当する額が支給された。当然ながら、ほとんどの従業員は安い食事で済ませ、差額を懐に入れていたにちがいない。つまり、最も魅力がないのはイギリス国内の短距離線で、最も報酬が高いのはアジアやアメリカの物価の高い都市へのフライトだった——マイアミ、サンパウロ、そしていちばん儲かるのが東京便だ。

長距離線に異動となり、ルーシーの月給は手取り約一三〇〇ポンド（約二一万円）に上がった。しかし、どんなに節約しているつもりでも、彼女の借金は増える一方だった。ルーシーの収支メモによれば、一九九八年末のある月のダイナースクラブカードの支払額だけで、収入の半分以上となる七六四・八七ポンド。自動車ローンが月二〇〇ポンド、銀行ローンの支払いが月四七ポンド、ビザカードの引き落としが八九・九六ポンド、〈マークス＆スペンサー〉のクレジットカードが一〇ポンド、母ジェーンへの家賃の支払いが七〇ポンド、ジムの会費が三二ポンド、携帯電話代が一四〇ポンド。これらに加え、仕事に必要な化粧品やシャンプー、洋服を買うと、毎月の収支は二～三〇〇ポンドの赤字となる。借金の利子もかさみ、日ごと返済はむずかしくなるばかりだった。

疲労困憊の日々が続くと、ルーシーの体調にも影響が出はじめた。長距離の深夜便はとくに重労働で、楽しいことなどひとつもなかった。〈英国航空〉には一万四〇〇〇人あまりの客室乗務員が在籍しており、初対面の人たちとチームを組んで働くことがほとんどだった。ときどき、友人の同僚と同じフライトに当たることもあったが、そんな喜びも、仕事の退屈さに勝るものではなかった——トマトジュースをプラスチックのカップに注ぎ、チキンかビーフかをただ訊きつづけるだけの仕事。「どの国に行っても、ホテルの部屋の風景は一緒だった、と姉は言いました」とソフィーは当時を振り返る。「朝にはパリ、午後にはエジンバラ、翌日はジンバブエ……なのに、姉はずっとホテルの部屋にこもりきり。いつも時差ぼけに苦しみ、現地の生活や文化、食事を楽しむことなんてできなかった。常に疲れていたんです。最後のほうは、本当に辛そうでした。体力が限界に近づいて、いかにも憂鬱そうで。とくに、フライトごとに新しいスタッフと働かなくてはいけないのが大きなストレスだったようです」

ルーシーの極度の疲労には、どこか不吉なところさえあった。「家に戻ると、姉は一五時間もひたすら眠りつづけました」とソフィーは続ける。「気分も優れず、体調も悪化するばかり」。次第に、八年前の状況——ウィルス性の病気に罹り、何カ月も病床に就いたあの不安定な日々——に似てくるようになった。そんな不安と疲労に押しつぶされそうな日々のなかで、ルーシーは日本行きを語り出すようになる。

その計画が最初に持ち上がったのは、一九九九年末から二〇〇〇年初めにかけてだった。しかし、いつ頃、どのように出てきた話なのかは誰も正確には覚えていない。真相はどうあれ、最初に言い出したのがルイーズ・フィリップスであることはまちがいなかった。

一三歳からの幼馴染であるルイーズは、ルーシーにとっていちばんの親友だった。ふたりの外見は対照的だった。ルイーズは背が低く細身でダークヘア。ルーシーとはちがい、現代的なかわいらしさに満ちた女性だった。一二歳のときに突然の癌《がん》で父を亡くし、彼女もまた父親のいない青春時代を過ごした。しかし、共通点はそれだけに留まらなかった。立ち居振る舞い、話し方、メイクアップとネイルへの愛――ふたりはまさに似たもの同士だった。ルーシーとルイーズ――名前さえ似ていた。母ジェーンは、ふたりは〝ソウルメイト〟だったと語った。父ティムはもう少し現実的だ。「ルーシーに似て、ルイーズはくだらないおしゃべりを延々とできるタイプなんですよ」と彼は言った。「ふたりはいつもガールズトークばかり。ひたすら、きゃあきゃあ笑い合ってね」

ふたりのキャリアの軌跡を辿れば、その親密ぶりはあまりに明らかだ。人生の各段階で、ルーシーはルイーズのあとを追ってきた。ルイーズは一六歳で学校を離れ、シティの投資銀行で働きはじめる。その二年後、ルーシーも同じ行動を取る。ルイーズが〈英国航空〉の客室乗務員として働き出すと、ルーシーも真似をする。東京に行き、ルーシーの悩みの種である借金を清算しようというのも、ルイーズ主導の計画だった。

事件後のルイーズの言動は、とくにルーシーの友人や家族たちに悪印象を与えるものだった。しかし実のところ、日本に行くまえから彼女の評判は決して抜群とは言えなかった。ジェーンの友人ヴァルの娘で、ルーシーの親友サマンサ・バーマンも、ルイーズには警戒心を抱いていた。「彼女は私よりもルーシーとずっと長いつき合いだったから、あえて忠告はしませんでした。でも、ルーシーはいつも劣等感を抱いていました。ルイーズは自分よりかわいいし、自信満々。私は彼女よりブスだから、陰でこっそりしてよう、と。ルーシーがそんなふうに感じているのに、ルイーズは何もしようとしませんでした」

学校を離れて以来ずっと社会で働いてきたふたりにとって、休暇を取って一緒に旅行に出かけるのが夢だった。タイ、バリ島、オーストラリア――バックパッカーお決まりのルートを辿りたい、とよくふたりは語り合った。しかし、貧乏旅行というのはルーシーの好みではなかったし、かといって豪勢な旅行に行く金もない。それどころか、どんな類の旅に行く金もなかった。そんなときに東京の話を教えてくれたのが、二年前まで日本にいたルイーズの姉エマだった。東京に行けば、独創的で刺激的な生活を送りながら大金を稼げる、とエマは請け合った。

二年前、エマは東京でどんな仕事をしていたのか？　ルーシーの友人たちの証言はそれぞれ食いちがうものだった。エマは〝バー〟で働いていた、というのがサマンサ・バーマンが聞いた話だ。ソフィーの記憶は〝ウェイトレス〟。ルーシーの当時の彼氏、若い投資銀行家のジェイミー・ガスコインの意見は〝舞踊団のダンサー〟だった。

〈英国航空〉を辞めるときにルーシーが同僚たちに回覧した別れの手紙には、日本行きの計画に彼女自身が積極的に関わっていないかのような文章が並んでいた。「今回、親友のルイーズが日本に行って親戚の家に住むことになり、私も運よく一緒についていけることになりました。日本で何をするのか、とくに計画はありません。文化に触れて、日本語を学ぶかもしれません。あるいは、お金持ちの高級ゲイシャ・ガールになるかも（笑）！　とにかく、何カ月か休んで、何かちがうことを経験したいと思います。〝気分転換は休暇と同じ効果がある〟ってよく言うしね」

女友達が聞いた話では、ルイーズには東京に住む叔母がおり、無料で滞在できるとのことだった。だとすれば、東京行きの計画も安全であり、納得のいくものだった。エマ・フィリップスが東京で実際にどんな仕事をしていたのか、ルイーズと彼女が何を企んでいるのか、ルーシーは母親だけに打ち明けていた。「ルイーズと一緒に日本へ行って、ホステスとして働いて借金を返す、とあの子は言いました。絶対うまくいくから心配しないで、みたいな言い方でしたよ。仕事の内容は、ルイーズのお姉さんから聞いただけだと言うんです。ただお客さんに酒を注いで、話を聞くだけで、あとはカラオケで歌を歌うんだって。ルーシーは歌が大好きでしたから、楽に稼げるとでも思ったんでしょう」

ジェーンとしては、仕事の詳細に興味などなかった。彼女が望んだのは、ルーシーの東京行きをなんとしても阻止することだけだった。「あの子は何度も私を安心させようとしました。馬鹿なことは決してしない、くれぐれも注意するからって。でも、何か恐ろしいことが起きる、私にはわかっていました。不安が頭から離れなかったんです。私は日本のことなんて人生で一度も具体的に考えたことがなかった。それなのに、あの子が〝日本〟と口にした瞬間に、頭のなかで声が響いたんです──〝何かひどい事態になる〟。あるいは、声ではなくて考えだったのかもしれません。考えが頭を巡ったのかもしれない。とにかく、悲しくてたまらなかった。あの子のまえでは泣きませんでしたが、ひとりになるとずっと泣きっぱなしでした」

ジェイミー・ガスコインもまた、ジェーンと同じくらいの衝撃を受けた。恋人として一緒に過ごす数カ月のあいだに、彼はルーシーにすっかり心を奪われていた。いっときでも彼女と離れるなど、想像することさえ耐えられなかった。ある夜のこと、映画館の列に並んでいるとき、ルーシーはジェイミーに告げた。日本にいるあいだは関係を解消したい、と。「あまりのショックに、壁際で坐り込んでしまいましたよ」と彼は当時について語った。「なんて答えればいいかわからなかった。喧嘩も口論も何もありません。別れるまえの一週間で、彼女は人が変わってしまったんです。まるで、誰かの指示で行動しているみたいに」

日本に発つまえの数週間のルーシーの行動は、多くの人にとって理解できないものだった。出発日が近づくにつれ、周囲の当惑はさらに増していった。実家でも、彼女は不思議な行動に出た――突然の大掃除を始めたのだ。整理整頓に対する彼女自身の高い理想に鑑みても、その掃除の徹底ぶりは異常だった。「何から何までチェックして、大量にモノを捨てて……」とジェーンは言う。「古い手紙や個人的な思い出の品、洋服など、たくさん処分していました。単なる大掃除なんて生半可なものではありません。もともと、あの子の部屋はきれいだったんですから。数カ月だけ出かけるというよりも、二度と戻らないような勢いで部屋を整理していました」

ルーシーは友人と過ごす時間を減らし、いとこ、代父母〔洗礼の立会人〕、遠い親戚など、普段なかなか会う機会のない人々を自ら訪問してまわった。「いろんな人をわざわざ訪問していました。ちょっと妙でしたね。普段のルーシーはそんなことをするタイプじゃないので」とソフィーは回想する。「出発前、姉はできるだけ多くの人に会おうとしました。無事に戻ってきていれば、どうってことない出来事なのでしょうが、結局、姉は帰ってこなかった。そう考えると、やっぱり何かを暗示していた気がするんです」

ルーシーが再会を強く願ったひとりが、父親だった。一九九五年のジェーンとの離婚後、ティム・ブラックマンはジョセフィン・バー——ティムの出身地であるワイト島ライド出身で、四人の一〇代の子供を持つシングルマザー——と出会い、同棲を始めた。実の子供とは離れて生活していたティムだったが、ソフィーとルパートとは頻繁に連絡を取り合っていた。母親との関係がこじれたときには、ソフィーがワイト島に行ってしばらく父親と暮らした時期もあった。また、ティムは定期的にケントまで車を走らせ、ルパートをラグビーの練習に送っていったり、一緒にパブでランチを食べたりした。それに比べて、ルーシーと会う回数はずっと少なかった。どうしてそんな事態になったのか？ ここでもまた、ジェーンとティムの意見は食いちがうのだった。


父親に会わなかったのはルーシー自らの決断だった、とジェーンは断固として主張する。

「ルーシーは父親にひどく失望していたんです。だとしても、子供たちが彼と会うことを私が拒んだりはしません。絶対にそんなことはありません。だって、みんな彼の子供なんですから。ルーシーが父親と会おうとしなかったんです。私が止めたわけではありません。そもそも、幼い頃ならまだしも、成長した子供を止めるなんて無理ですよ。ルーシーが何年か父親と会わなかったのは、あの子自身が会いたくなかったからです。父親に対して怒っていたからです。私たちふたりはとても仲がよかったので、あの子は私を守ろうとしてくれたのかもしれません」

ルーシー自身が友達に打ち明けたように、母親の心を傷つけたことについて、彼女が父親に批判的な感情を抱いていたことはまちがいない。しかし、もっと微妙な問題があることにティムは感づいていた。「私の行動について釈明や正当化をしても、子供たちにはなんの得にもなりません」とティムは語った。「そんなことをしても、誰のためにもならない。とにかく、離婚前の私はとても不幸だったとでも言うしかありません。私はこう考えました――時間が解決してくれる、物事はいつか変わる、いずれ子供たちは私に会いにきてくれる。ルーシーとの問題も、やはり時間が解決してくれました。クリスマスに二度ほど島を訪ねてきてくれましたし、夏には一緒に水上スキーを楽しんだこともありましたよ。セヴンオークスで会うことも何回かありましたし、完全に縁が切れたわけではありません。ただ正直、初めの二、三年はむずかしい時期が続きました。

ここが、問題が複雑になるところです。私はジェーンという人間のことはよく知っています。いかに人の感情を操るかもわかっています。彼女はとことん私を否定しようとした。そんなとき、ジェーンは必ず状況を陰で操作しようとするんです。たとえば、週末にルーシーがワイト島に遊びにくる約束をしたとします。その週の木曜日になると決まって、やっぱり行けそうもないという話になる。まあ、家を簡単に離れられない状況にでもなったんでしょう。とにかく、私が犠牲になるのが手っ取り早かったんですよ。長女であるルーシーは、精神的に落ち込んだ母親をサポートするという微妙な立場にいた。あの子自身が窮地に立たされていたんです。私としても理解はできましたが、会えない辛さに変わりはありません」
ルーシーが両親からどれだけ重圧を感じたにしろ、出発が迫るにつれてそれも和らいでいった。ジェーンも、父親に会うべきだとルーシーに強く勧めるほどだった。そして四月中旬、制服を返却するために〈英国航空〉を最後に訪れたあと、ルーシーはティムとセヴンオークス郊外のパブで落ち合い、夕食をともにした。数日前、彼女は父親に携帯メールを送った――ルーシーが失踪したあとも、ティムはそのメールを消さずに保存しつづけた。さらに、ルーシーの数少ない形見として、彼は文面を書き出して保管するようになった。

二〇〇〇年四月一四日一二時三八分　××××××××××　おはよう！　私の大好きなパパ！　心から愛してる&火曜日にパパの笑顔を見るのが待ちきれないよ。たくさんの愛とハグを込めて……ルーラ××

もともと心配性のジェーンではあったが、ルーシーの日本行きに対する不安、それを阻止しようとする一連の行動には常軌を逸したものがあった。まるで、親が死ぬことをいたずらに恐れる子供だった。ルーシーが日本に行く理由は、借金を清算するためだった。そこで、ジェーンは日本の不景気に関する新聞記事を切り抜き、ルーシーのベッド上にさりげなく置いた。それが無視されると、今度はルーシーの名前で霊媒師との面会の予約を取った。ジェーン自身の祈りは届かなくても、あの世からの言葉であれば娘を説得できるのではないか、と願ったのだ（ルーシーは予約をキャンセル）。打つ手がなくなったジェーンは、東京への飛行機が発つ数時間前に最後の手段に出ようとした。ルーシーのパスポートを隠す、という荒技だ。ルパート・ブラックマンによると、ジェーンは階段に立ってパスポートを振りかざし、ルーシーに向かってわめき散らしたという。「そのときふと思ったんです」とジェーンは言った。「もしパスポートを隠したとしても、あの子は再発行してでも日本に行く。それに、きっと怒るだろうなって。私に腹を立てたまま行ってしまうのだけは嫌でした」

友人のヴァル・バーマンは、ジェーンの動揺ぶりに苛立ちを覚えたほどだった。「いったいどうしたっていうの？」と彼女はジェーンに言った。「ルーシーは死ぬわけじゃないのよ」

ジェーンは答えた。「いいえ、死んでしまうような気持ちよ」

日本へ

ルーシーの悪い癖は治っていなかった。三月、彼女はさらに借金を一五〇〇ポンド増やし、〈マークス＆スペンサー〉で巨大な鋳鉄製ベッドを買った。しかし、いかにもルーシーらしいこの行動は、ある意味で友人たちを安心させた。少なくとも東京から戻ってくる予定なのだ、と。「ルーシーはそれを〝お姫様ベッド〟と呼びました」とサマンサ・バーマンは語る。「古風なデザインで、金属フレームの大きなダブルベッドです。マットレスはふかふかで、ベッドリネンもベッドとぴったりのものを揃えていました。家に戻ると、ルーシーは時間さえあれば、ベッドで横になって過ごしたそうです。その頃はいつもベッドの話ばかりしていました」

しかし、人生におけるもうひとつの新たな展開――最近の彼女の怪しげな行動の一部を解明する手がかり――について、ルーシーは多くを語ろうとしなかった。何を隠そう、出発まで残り一ヵ月を切った頃、彼女は新たな恋人アレックスに出会っていたのだ。彼は〈ブラック・ボーイ〉というパブで働く若いオーストラリア人で、ルーシーよりも三歳年下の一八歳だった。「茶色いくせ毛で、サーファー風」とソフィーは言った。「元気いっぱいの男の子で、ルーシーは夢中でした。完全に夢中だった」。ルーシーの死後しばらく、ジェイミー・ガスコインは自分が振られた本当の理由――ルーシーに新しい彼氏ができたから――を知らなかった。ふたりの共通の親しい友人であるサマンサ・バーマンでさえも、この事実を知らなかった。

この時期のルーシーにまつわるもうひとつの謎が、五月二日の火曜日、イギリス最後の夜の出来事だ。彼女がその日、誰とどのように過ごしたのか？　親友や近親者たちの証言はそれぞれ異なる。ティム・ブラックマンは、その夜はルーシーと一緒に過ごしたと明言した。ソフィーとルパートとともに、セヴンオークスのレストランで一緒に夕食を食べた、と。ソフィーはというと、ルーシーはその夜のほとんどをアレックスと過ごしたと証言。ジェーンの記憶――娘と過ごした最後の数時間――は極度の不安から曖昧なものだったが、ティムやアレックスはその場にはいなかったと語った。ルーシーのイギリス最後の夜について最も鮮明に記憶していたのは、サマンサ・バーマンとその母親ヴァルだった。

その夜、まちがいなくルーシーはふたりと一緒にいた、と彼女たちは言った。「ルーシーはママの家に来たんです」とサマンサ。「彼女がまだやるべきことをリストアップしていないと知って、私たちはとにかく驚きました。いくつか荷物はまとめたようだけど、パッキングも準備もぜんぜん進んでなかった。几帳面な性格の彼女としては珍しいことでした。ルーシーはどこか寂しげで、少し後悔しているみたいでした。否定的なことを言い出したかと思うと、また自分で大丈夫だと言い聞かせて。その繰り返し。まだ踏ん切りがついていなかったのね。でも、いったん約束したんだからもう後戻りできない――そういう感じでした。ルイーズをがっかりさせたくなかったんだと思います」

「ルーシーは、ジェーンのことや最近の家族の雰囲気について話していました」とヴァルは語った。「あの頃のルーシーの家は言い争いばかりだった。ジェーンとソフィー、ソフィーとルーシーのあいだで喧嘩が絶えなかったんです。もしルーシーが残っていれば、数年のあいだに正常に戻って、すべてがいい状況になっていたかもしれません。でも当時は、ルーシーが大人で、ジェーンが子供でした。重圧を感じる、とルーシーは言いました。日本行きについての言い争いも多かったようで、それが逆に彼女の決心を強めたんだと思います。おそらく、出口が見えなかったんでしょう。当時のルーシーにとって、日本に行くことが逃げ道だった……彼女には休息が必要だった。そのためには、ジェーンと離れる必要があったんです」

その夜はアレックスがルーシーに会いに家にやってきた、というのがソフィーの記憶だ。「自分の部屋に戻ってベッドに入ったあと――」と彼女は言った。「出発前に姉に何を伝えようか考えました。で、書き出してみることにしたんです。最初はちょっとした別れの挨拶のつもりだったのですが、だんだんと内容が重くなっていきました。まず、いつもそばで見守り、守ってくれた姉にどんなに感謝しているかを伝えました。私が辛いときに助けてくれて、ありがとうって。最終的に、一八枚もの手紙になりました。書いている途中、涙が止まらなくて……一時的に感情が高まったのではなく、ずっと泣きどおしです。こう思うたびにぞっとするんですけど、まるで姉に最後の手紙を書いているような気分でした。それほど苦しい経験だったんです。姉はたった三カ月いなくなるだけなのに。それまでも家を離れたことはあったのに。でも、その手紙を書いたときは、胸が張り裂ける思いだったんです。なぜか〝最後〟という感覚が頭を離れませんでした。ルーシーが客室乗務員の仕事で家をしばらく空けるとき、私たちは別れの挨拶もしましたが、同時に次に遊ぶ約束もしたんです。でも姉が日本について話すとき、帰国後の様子を思い浮かべることができなかった。姉が戻ってくる姿をどうしても想像できませんでした」

東京への飛行機は正午に出発した。その日の朝早く、ルイーズの母親モーリーン・フィリップスがルーシーを車で拾い、ふたりをヒースロー空港まで送っていった。家を出るまえ、ルーシーはソフィーの部屋に行き、暗闇のなかで妹にキスをして別れを告げた。「ルーシーはグリーティングカードをくれました。私は手紙を渡して、『飛行機が離陸するまで絶対に開けないでね』と言いました。姉はベッドに横になり、私を抱きしめてくれた……ふたりともかなり感傷的になっていました。最後に私が『愛してる』と伝えると、姉は部屋を出ていきました」

ルーシーが永遠に家を離れたのは、二一歳のときだった。彼女は誰からも愛される人間だった。友人からも、トラブルを抱えた家族からも愛された。弟ルパートと妹ソフィーにとって、さらには母ジェーンにとっても、ルーシーは姉であり、母だった。仕事柄、彼女は幾度となく飛行機に乗ったことがあった。が、これほど遠くに、知り合いもいない場所に行くのは初めてのことだった。さらに、行き先は鏡の反対側の世界だった。彼女を知る誰にも想像がつかないほど遠く、おぼろげな世界だった。彼女を愛する人はみな不安に駆られた。イギリスを発つまえの最後の数週間、いつも素直で隠しごとをしないルーシーが、突如として秘密主義になった。ふたりを日本で待ち構えているものとは？　ふたりは何をするつもりなのか？　質問をしても、はっきりと満足のいく答えは返ってこなかった。すべての答えを知るのはルイーズだけだったのかもしれない。ルーシー・ブラックマンの真実の物語は、このときからすでに霞みはじめていた。

第二部

東京

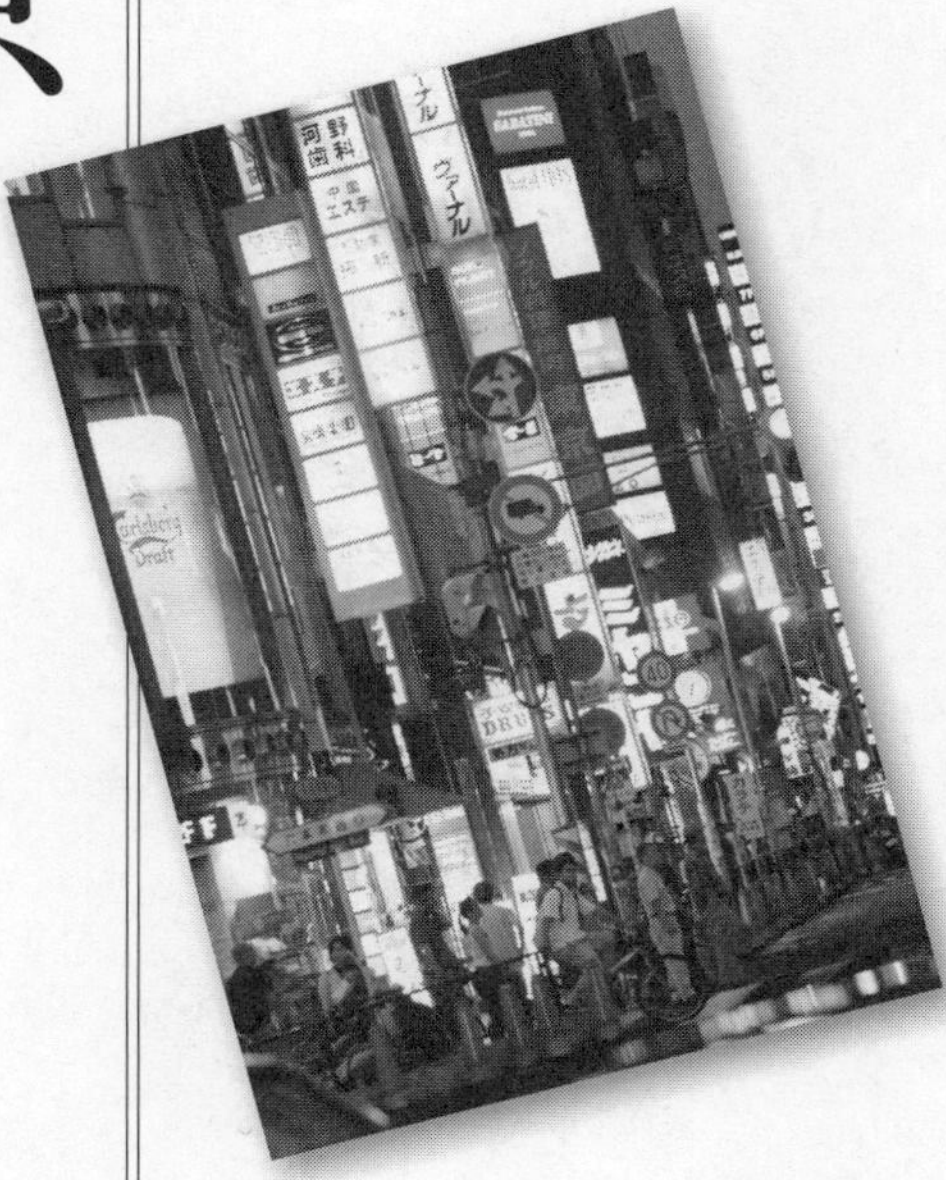

（前頁：六本木。©PA Images）

第四章　HIGH TOUCH TOWN

異質で好奇心をそそる国

ヒースローから成田空港までの所要時間は一二時間弱。しかし、これほど目まぐるしい変化をともなう移動は珍しい。出発直後、ルーシーとルイーズは眼下に広がるイギリスの景色を眺めたことだろう。ロンドンの家々の屋根、イースト・アングリアの平原、そして北海。昼食が終わり、最初の映画が始まる頃にはロシアに入り、飛行機はそのまま七時間シベリア上空を飛びつづける。どの方向を見渡しても、一万二〇〇〇メートル下に広がるのは信じがたいほど圧倒的な空っぽの景色だ。果てしないツンドラの大地、雪を頂く長大な山脈、陽光に輝く漆黒の大河。旅行者にとって、それはまさに時空を超えた旅だ。ルーシーとルイーズは正午にロンドンを出発し、長い午後と夜を経て、体内時計では就寝時刻――日本は光まぶしい朝――に成田に到着した。

「東京は朝九時一三分。イングランドは深夜の〇時一〇分頃」。到着直後、ルーシーは日記に書き込んだ。「いま、地下の駅でスーツケースに坐って電車を待っているところ。何から何までちんぷんかんぷん。体は疲れ切って……それに怖くて、心配&戸惑い&とにかく暑い！　ただ願っているのは、あとになって振り返ったときに、いまの自分の無知を笑えること——何が待ち受けているのか、ぜんぜん知らない自分を」

ルーシーとルイーズは客室乗務員として数々のフライトに搭乗してきたものの、これほどまでに異質で好奇心をそそられる国に来たことはなかった。成田空港の建物を囲う有刺鉄線の反対側には、緑の水田が広がり、家々の瓦屋根の上に鯉《こい》を模した黒、赤、青の幟《のぼり》がはためいていた。しかし、こういった東洋の標《しるし》も、電車が大東京圏——行政区分を超えて、貪欲なアメーバのように衛星都市を呑み込んでいく——に入るとすぐに消えてしまう。銀白色のオフィスビル、金属の非常階段が設置された低層マンション、〈マリー・セレスト〉や〈ワンダーランド〉というネオンサインを輝かせる窓のないラブホテル。そんな無機質な風景のなかを電車は抜けていった。流れの遅い幅広の川に架かる橋をいくつか越えると、南に東京湾が広がり、ガラスやアルミニウムの建物が並ぶ埋立地の島々が出現する。曇った日には、油まみれの水は暗く、寂れた建物がくすんで見える。しかし晴れた日には、すべてが銀色に輝く——堅牢な高層ビル、巨大な眼球のようなガスタンク、発電所や石油工場の雑然とした送電線や円筒状の貯蔵タンク、レインボーブリッジの優美な曲線。

このメガロポリスには、三〇〇〇万以上の住民が暮らしている。自然と言えば皇居、公園、神社、寺院が点在する程度で、西に六〇キロ離れた奥多摩までひたすら市街地が続く。東京の最高層ビルから眺めても、雲ひとつない快晴にでも恵まれなければ、見えるのはそれだけだ――東京、それからまた東京。どの方角にも、灰色、茶色、銀色が無造作に並ぶだけ。

そんな規模と密度にもかかわらず、東京は無秩序とは正反対の場所だ。街はどこも清潔で整然としており、ほかのアジアの大都市のような喧噪や薄汚さはどこにも見当たらない。この街を包む無関心で静謐なフィルムの下には、機械のエネルギーと精密な効率性が隠されている。この地を初めて訪れる外国人の多くは、それまで経験したことのない空気感に驚くという。体を包み込むのは単純な昂揚感ではなく、謎だらけの可能性への曖昧模糊《あいまいもこ》とした興奮だ。「すでに別世界」と、ルーシーも成田空港駅のプラットホームで日記に書き記した。まだ日本に数百メートルほどしか足を踏み入れていない段階で。「こんなきれいな車両、人生で初めて。その電車が、紺色の制服姿で純白の手袋をした小柄な男の人の合図で動き出した。さっき、初めての買い物をした――上から下まで日本語しか書かれていない水のペットボトル……坐っていると、どこかから温かい風が吹いてきて、顔に優しく当たる。私は顔を上げ、それが〝変化の風〟であることを願う。夢をすべて叶えてくれる風だと」

東京を訪れる外国人は、自分が肉体的に変身したかのような感覚を経験する。まずは、時差ぼけによる疲労――それまで真夜中だと骨の髄で感じていたものが、昼間になるのだ（または、その逆）。さらに大きな打撃となるのが、突如として言語を失うことだ。会話や理解ができなくなるだけではない。一瞬にして、読み書きの能力も剝ぎ取られる。また、日本人の比較的小柄な体格、低いドアや天井、狭い椅子、さらには量の少ない料理までもが、あたかも自分の体がひとまわり大きくなったかのような幻想を作り出す。ウサギの巣穴に落ちたアリスのように。二一世紀直前の東京で、通行人があからさまに外国人を凝視するようなことはほとんどない。それでも、日本の全国民から注目を浴びる対象であることを、外国人は常に感じている。人々は直視するわけでも、明確な好意や非難を示すわけでもない。単にちがうということを控えめに示すのだ。日本では、外国人は新たな国の市民――ガイジン――になる。もちろん刺激的ではあるが、精神的な重圧になる場面も多い。「当たりまえに生きられないのがここでの生活[1]。いつも何か発見がある」と、晩年まで日本に在住したアメリカ人作家ドナルド・リチーは著書に綴った。「そんな活き活きとした繫がりとともに、外国人がこの国に警戒しながら住んでいるのだ。起きているあいだは、電流が常に流れているようなもの。彼または彼女はいつも何かに気がつき、それを評価し、発見し、結論づける……私は、そんな当たりまえに生きられない人生が好きなのである」

　しかし、ルーシーとルイーズがこんな経験をすることはなかった。自分たちでも気づかぬうちに、ふたりは自ら日本の日本らしさから眼を背けていた。ルーシーが日本で暮らしたのはわずか五九日。彼女はそのほとんどを東京の数百平方メートルの内側で過ごすことになる。ガイジンの快楽と利益のための街、六本木で。

　昼間に六本木を車で通り抜けたとしても、その場所に注目する人は少ないだろう。渋谷と皇居を結ぶ片側四車線の道路の途中にある、普通より交通量の多い交差点――車内から見えるのはそんな景色だけだ。首都高速道路というコンクリートの天蓋《てんがい》の下には、黒ずみとひび割れが目立つ大通り。その六本木通りと外苑東通りが垂直に交わる場所が、六本木交差点だ。頭上の巨大スクリーンにはCM映像がひたすら流れ、〈マクドナルド〉、ピンク色の喫茶店、銀行、寿司屋が交差点を取り囲む。まわりを見渡す余裕のある歩行者であれば、外苑東通りの両側に八～一〇階建てのビルが林立することに気づくだろう。各ビルの壁面には最上階から地上まで細長い看板が延び、入居するバー、クラブ、カフェの名前が並ぶ。古びたビルの多くはコンクリート造りかベージュのタイル張りで、建物正面の消えたネオン管はどれも埃や排気ガスで薄汚れたままだ。周囲の至るところには、横断歩道や地下鉄の出入口。そして交差点の上、首都高の南と北側の外壁に貼られているのが、六本木の謎のキャッチフレーズ――〝HIGH TOUCH TOWN〟――のプレートだ。

オフィスアワーの六本木は、昼間の人々――ショップやレストランの店員、制服姿の小さな子供たち、交差点北側の塀で囲まれた建物で働く防衛庁の公務員――のための街だ。午後から夕方になり、スーツ姿の人々がオフィスを離れて通勤電車に乗り込む頃、街に変化が訪れる。暗くなるにつれ、ビルの側壁の看板のライトがひとつ、またひとつと瞬き出し、若い外国人女性たちが麻布警察署裏のフィットネス・クラブに集まりはじめる。彼女たちが再び通りに現れる二時間後、六本木は吸血鬼の眠りから眼を覚ます。本格的に夜が始まると、街の音、におい、外観、雰囲気は一変する。

ルーシーとルイーズが到着した五月上旬は、涼しい春から暑い夏へと移り変わる時期だった。週を追うごとに、春の空気は熱と湿気の量を徐々に増し、そのうち夜になっても気温が下がらなくなる。六月には梅雨が始まる。その一ヵ月、湿気を大量に含んだ空気が体にねっとりと纏わりつく。そして夏が始まると、地中浅くに埋められた下水管から汚水のにおいがあたりに漂い出す。そんな予期せぬ第三世界の汚臭は、ピザや焼き鳥、魚、香水のにおいと混じり合っていく（不思議なことに、日本で人の汗のにおいを嗅ぐことはない）。六本木交差点の巨大なスクリーンには車、洋服、酒、食品、女性と次から次へと映像が切り替わり、命が吹き込まれた看板のネオンがコンクリート・ビルのみすぼらしさを覆い隠す。そして、頭が痛くなりそうなほどの高速の騒音も、歩道の喧噪――六本木という街の命と個性を決定づける人々の往来――に掻き消される。

交差点のまわり数百平方メートルの範囲に凝縮されているのは、日本のほかの場所には存在しない、多様性に富んだ人間と民族の群れだった。二〇〇〇年当時、六本木は流行の洒落た街というわけではなかった。高級感、多様性、お得感のどれを考えてみても、東京にはほかに興味深い歓楽街がいくつもあった。たとえば、格式あるデパートが建ち並び、大人の気品が漂う優雅な銀座。危険な香りが魅力のヤクザと風俗店の街、新宿。そして、流行の最先端を行く若者の街、渋谷。もちろん、東京じゅうに外国人はいた。しかし、彼らが主役として君臨するのは六本木だけだった。六本木の人口のほとんどは日本人だったが、この街で最も目立つのは日本人ではなく外国人だった。そんな外国にいるかのような雰囲気が、六本木を六本木たらしめる特徴であり個性だった。

六本木に集うのはこんな人たちだ。外国人と遊びたい外国人。外国人と遊びたい日本人。日本人（ほとんどが外国人男性目当ての女性）と遊びたい外国人（主に男性）。六本木では、ほかの場所では決して知り合えない人々に出会うことができた。ここは日本で唯一、ガイジンであることの疎外感——刺激的ではあるが、ときに残酷な感覚——が体と頭から離れる場所だった。

地下鉄の出口から出て、人でごった返す横断歩道を渡るのは、世界各国から来た人々だ——ブラジル人バーテンダー、イラン人レンガ職人、ロシア人モデル、ドイツ人銀行家、アイルランド人留学生。理由は不明だが、六本木では特定の商売を特定の人種が独占する風習があった。たとえば、額入りの写真や絵（夕焼け、笑顔の赤ん坊、プードル犬を散歩する美女）を売りつけようとするのはたいていイスラエル人だ。〝マッサージ店〟の店先にたむろするのはロングドレス姿の中国人と韓国人女性で、通りすぎる男たちの袖を摑んでこう囁く——〝マッサージ、マッサージ、マッサージ……〟。航空母艦〈キティホーク〉号が米軍横須賀基地に入港すると、飲み屋はどこもアメリカ人水兵と海兵隊員の筋骨隆々の体でひしめき合った。そんなとき、六本木以外の場所ではめったに起きない現象が多発する——乱闘《バーファイト》だ。

当時の六本木でとりわけ目立ったのは、三つの集団だった。

ひとつ目はアフリカ人。日本在住の黒人が属するのは、白人とはまた別の彼ら独自のガイジン・カテゴリーだった。東京のど真ん中にいても黒人は人々の眼を惹いたが、そんな彼らがこれほどまでに集結するのは、日本でここ以外にはなかった――六本木交差点の南側、外苑東通り沿いの四〇〇メートルの範囲。ほかの民族集団と同じように、彼らにも六本木という社会機構における専門の役割があった。男性通行人をストリップクラブ、ホステスバー、ラップダンス・クラブに誘い込む客引きとしての役割だ。スパイキーヘアで洒落た身なりの若い日本人の客引きも少なからずいたが、通りを支配するのはガーナやナイジェリア、ガンビアなどから来たアフリカ人だった。その多くは長期滞在者で、流暢な日本語を操る者も珍しくなかった。彼らは人をあからさまに脅かすようなことはしない。優しく微笑みながら男性歩行者に近づいて声をかけ、片手を親しげに相手の肩に置き、別の手で淫《みだ》らなチラシを差し出す。通りには何百メートルにもわたって客引きが何人も立っており、ひとりが離れるとまた別の黒人がやってきて、バリトンの声で囁いた。「こんばんは、社長さん」という挨拶で始まることが多い。「六本木でいちばんのストリップバーはいかがですか？　トップレスバーですよ、社長。かわいい女性がたくさん。セクシーな女の子がいっぱい。トップレスにノーパン。おっぱいとお尻ですよ、社長。おっぱいとお尻がいっぱい。おっぱいいっぱい、いっぱいおっぱい。ちょっと覗くだけでもどうですか？　七〇〇〇円ぽっきり。よし、今日は三〇分三〇〇〇円の出血大サービス。ちょっとでいいから寄ってみてよ」

警察としては、こういった男たちを逮捕・強制送還したいところだろう。が、アフリカ人の客引きのほぼ全員が、日本人女性と婚姻関係にあった。もちろん、偽装結婚の場合も多々あり、女性に一定額を現金で支払うことで、契約が毎年更新される仕組みだった。しかし偽装結婚だったとしても、外国人夫たちには、日本に在住して自由に好きな仕事をする権利が与えられる。それに対し、警察はどうすることもできないのだ。

ふたつ目の主な集団は、夜の六本木に集まる多くの男性のお目当てである〝六本木ガールズ〟——外国人狙いの日本人女性だ。日本のメディアでは、彼女たちの露出度の高い洋服や大胆な行動に関するモラルの問題がたびたび取り上げられることもあった。そんな六本木ガールズの外見は、東京のストリート・ファッションの流行にあわせて変わっていく。一九九〇年代初め、いまは無き伝説のディスコ〈ジュリアナ東京〉がボディコンという新たなファッション・スタイルを生み出した。女性たちは競うようにしてタイトで露出の激しい〝ボディ・コンシャス〟な服をまとい、かの有名なお立ち台に立って派手な服を自慢し合った。ルーシーとルイーズが到着した二〇〇〇年代初頭にはボディコンはすでに廃れ、「ガングロ」ブームが世の中を席巻していた。濃い褐色の日焼けメイク、アッシュグレーに染めた髪、白の口紅とアイシャドーを組み合わせた過激なファッション・スタイルだ。毎週木、金、土曜日になると、ガングロメイクの若い女性たちのグループが六本木に集結した。竹馬《たけうま》と見紛うほどの厚底靴でよろめきながら歩くその姿は、眼が眩むような蛍光メイクを施した真っ黒な人形だった。彼女たちは、東京郊外や近県のベッドタウンから電車に乗ってやってくる。そして〈モータウン・ハウス〉〈ガスパニック〉〈レキシントン・クイーン〉といったクラブやバーで夜を徹して遊んだ。金、土、日曜日の朝になると、相手を見つけることのできなかった不運な女性たちは始発電車に乗り、憂鬱そうに帰宅の途に就いた。

六本木を代表する三番目の集団は、ダンサーやストリッパー、ホステスとして働く若い白人女性たちだ。夜も半ばになると、フィットネス・クラブでの運動を終え、髪を湿らせた白人女性たちが通りに姿を現しはじめる。ジーンズとTシャツ姿の彼女たちは、クラブやバーに出勤して身支度するまえに〈マクドナルド〉や〈ケンタッキー・フライドチキン〉、交差点の寿司レストランでその夜のための腹ごしらえをする。遠慮がちな観光客とはちがい、女性たちは誰もが目的意識を持って道を闊歩《かっぽ》した。オーストラリア、ニュージーランド、フランス、イギリス、ウクライナなど国籍はさまざまだが、若くて美人ということ以外に、彼女たちには共通点があった——はっきりと定義するのはむずかしいものの、その表情や所作には、抵抗や苛立ち、さらには怒りのようなものが含まれていた。フレンドリーな日本人の六本木ガールズとはちがい、白人女性たちには他を寄せつけない威圧感があった。ルーシーとルイーズもこの集団の一員となった。

実際、ルイーズには日本人の叔母（母親の弟の妻）がいた。しかし叔母が住んでいたのはロンドン南部で、東京ではなかった。叔母の家に滞在するという話は、ジェーン・ブラックマンの不安をなだめるための嘘でしかなかった。ルイーズの姉エマには東京に住む友人がまだ何人かおり、そのひとりであるスコットランド人のクリスタベルが〈代々木ハウス〉の部屋を予約してくれたのだった。空港からの電車移動は、何度もの乗り換えと急な階段の上り下りがともなう骨の折れるものだった。スーツケースはずしりと重く、ハイヒールは苦痛以外の何物でもなかった。最寄駅からの最後の行程だけは無駄に高いタクシーを使ったが、新しい家に到着し、トランクから荷物を引っ張り出すときには、ふたりの体は悲鳴を上げ、汗まみれだった。

ルーシーとルイーズは一般的なホステルに到着するものだと考えていた。糊のきいた寝具が備わり、愛想のいい女性マネージャーがいるようなホステルに。しかし、ふたりが行き着いたのは〝ガイジンハウス〟と呼ばれる宿泊施設だった。東京に一時滞在する外国人バックパッカー、英語教師、露天商人、水商売に携わる人々などに個室を提供するゲストハウスだ。到着したガイジンハウスの建物の外には、枯れかけた鉢植えが置かれ、数台の自転車が壁に立てかけられていた。頭上で絡み合う電線には巨大な黒いカラス。「とても気味悪かった」とルイーズは当時を振り返る。「とにかくショックでした。共用の居間を覗いたら、ソファーのふたりがマリファナをキメているんですよ。二階の部屋に行くとクリスタがいて、どろどろのオイルを髪に塗りたくっていました。とにかく、全員がマリファナを吸っているから、すごいにおい。それに煙が充満して、室内がぜんぜん見えないんですよ」

ふたりに用意された狭い部屋の窓にはカーテンがなく、ルーシーとルイーズは巻きスカートで窓を覆い、なんとか朝の光を遮った。とはいっても、窓の向こうに見えるのは隣の家のセメント壁だけで、日当たりは決してよくなかった。布団にはシーツがなく、鏡はひび割れ、和式トイレについては衝撃で言葉も出てこなかった。そこでふたりは、ポスターやポストカード、蠟燭《ろうそく》やカーテンを用意して〝豚小屋〟をなんとか住みやすい場所に変身させた。それが、東京での一週目に彼女たちが成し遂げたことだった。その部屋は、ふたりがこれまで住んだなかでも最もみすぼらしい部屋だった。それはまちがいなかった。

到着翌日の金曜日は、暑さと時差ぼけのせいで体が動かず、ルーシーとルイーズは日中のほとんどを寝て過ごした。その夜、仕事獲得のかすかな期待も抱きつつ、彼女たちは借りた自転車に乗って初めて六本木に向かった。ホステスとして働くクリスタから、すでにクラブの名前をいくつか聞いていた。しかし六本木に到着するなり、ハンサムな若い日本人男性が、何か手助けできないかと丁寧な口調で声をかけてきた。仕事を探しているのか？　ホステスとして働く気はないか？　一緒についてくれれば、仕事探しを助けてくれる人を紹介してあげるよ。

用心しながらも、ふたりは男のあとについて外苑東通りを進み、ネオンの看板が灯るビルへと入っていった。一軒目のクラブはホステスを募集していなかった。が、二軒目には温かく迎えられた。西《にし》という暗い表情の店長は、案内してくれた若い男と知り合いのようだった。店長はふたりを見やると、基本的なことをいくつか尋ねた――年齢、国籍、宿泊場所。そして、その場で即採用となった。かくして日本に到着してわずか数日後、ルーシーとルイーズは六本木の小さなナイトクラブ〈カサブランカ〉でホステスとして働きはじめたのだった。

第五章　ゲイシャ・ガールになるかも（笑）！

ホステスという仕事

店のことを事前に知らなければ、ビルの前を一〇〇〇回通りすぎたとしても〈カサブランカ〉がこの世にあること自体、誰も気づかなかっただろう。クラブがひっそりと入居するのは、個性のない茶色いビルだった。道路から見える店の唯一の存在の証は、ビル側壁の看板だった。が、それも〈カサブランカ〉以上にエキゾティックで魅力的なほかの店名のなかに埋もれてしまっていた。〈ラキラキ〉、〈ゲイ・アーツ・ステージ〉、そして東京最大のストリップクラブのひとつ〈セヴンス・ヘヴン〉。ビルの正面を占領するのも、このストリップクラブの派手なネオンサインだった。〈カサブランカ〉は六階にあった。エレベーターが開くと、正面に店のドア。詰め物が入った、革張りの重厚なドアだ。その中央に、クラブの名を刻んだ真鍮プレートが飾られていた。

ドアの奥の薄暗い室内は、六メートル×一八メートルほどの広さがあった。左側には低いバーカウンターがあり、そのうしろの壁際に並んだボトルが照明の光を受けて輝いていた。右側には一段高くなったステージがあり、電子キーボード、カラオケマシンのモニターやスピーカーが並ぶ。壁際には淡いブルーのソファーと肘かけ椅子、そして低いテーブルが一二台。壁には額入りの写真や絵が飾ってあったが、暗くてぼんやりとしか見えなかった。

年齢も国籍も不明のアジア人の男が、客を席へと案内する。テーブルの上には複雑な構造のガラスのサイフォンが置かれており、そのポンプを通して水が出てくる仕組みだった。客が席につくと、アイスバケットや金属のトング、大きなデキャンタが運ばれてくる。年配のサラリーマンが好んで飲む〝水割り〟を作るための道具と飲み物だ。いかにも仰々しいディテール——革張りのドア、ウェイターやバーテンダーの黒い蝶ネクタイ——にもかかわらず、店に華やかさはなかった。デキャンタのウィスキーは味の薄い安物。電子キーボードは音が不安定なガラクタ同然の代物。趣向を凝らした水用のサイフォンも、客を困らせるだけだった。落ち着いた高級感を醸し出そうとする店側の努力は見て取れるものの、その雰囲気は〝洗練〟というよりも〝アットホーム〟に近かった。気取り方がやけに惨めで、喩えるなら、安めのクルーズ客船の二等船室用ラウンジ、倒産寸前のラスヴェガスのカジノ、一九七〇年代のイギリス郊外の中流階級の町といったところだろう。次にウェイターが何を運んでくるか、席についた客は薄々感じていたにちがいない——爪楊枝が刺さったパイナップルとチェダーチーズのプレートだ。

しかし、店はあくまでも日本人向けであり、一部の日本人の眼には少しは魅力的に映ったようだ。そんな彼らの目的は、バーカウンター横のふたつのテーブルに坐って待機する外国人ホステス（ほとんどが白人）から接客を受けることだった。「照明がかなり暗く、どこか奇妙な雰囲気の漂う店でした」と出版社に勤める井《い》村《むら》一《はじめ》(1)は語る。ルーシーが〈カサブランカ〉に在籍した期間中、彼は何度か来店したことがあった。「謎めいた感じで、ちょっと怪しい雰囲気でした。いろんな肌の色の女の子がいて、たしかイスラエル人もいたかな。黒と青を基調とした室内は薄暗くて、椅子やテーブルも暗めの色でした。何人かいたウェイターはフィリピン人でしょうか——アジア系の顔です。ホステスは一〇名ほど」

客が最初の水割りに口をつけて落ち着いた頃、店長が外国人女性のテーブルに合図を送る。そのうちの二名が立ち上がって客の席につくと、いよいよホステスの接待が始まる。

ホステスの仕事とは具体的にどんなものなのか？　欧米人の耳には、その言葉は滑稽なほどいかがわしく婉曲的だ。〝コールガール〟——安物の香水をぷんぷんにおわせ、ソーホーやタイムズスクウェアあたりの薄汚れた地下室で客を相手にする女性たち——とほとんど変わらないようにも聞こえる。「話を聞いたときはぞっとしました」と語るのはサマンサ・バーマンだ。彼女のもとに、日本に到着して数日後のルーシーから電話があった。「〝ホステス〟の仕事がどんなものか尋ねましたが、電話で話すのを少しためらっているようでした。行くまえの話とだいぶ実情がちがっていたので、恥ずかしかったんだと思います。それで、私たちが心配するんじゃないかって不安に思ったんでしょう。ルーシーは、私たちに心配だけはかけたくなかったんです」

妹ソフィーは、ホステスの仕事の印象についてこう語った。「退屈でくだらない会話をしながら、嫌な顔ひとつせずに笑顔を保ちつづける仕事——そう思いました。〝おっぱい見せて〟とか〝一晩いくら？〟という客を相手にするわけじゃない。そういうのとはまったくちがう」。事件後、ホステスの仕事が本当はなんなのか、イギリスのタブロイド紙で議論になったことがあった。懐疑的なジャーナリストを納得させるために、ソフィーはこんな説明を思いついた。「〈英国航空〉の仕事も、〈カサブランカ〉の仕事も同じホステス。ちがうのは高度だけ」

数カ月後、ティム・ブラックマンは渡辺一郎《わたなべいちろう》(2)という老紳士から、誠意のこもった長い手紙を受け取ることになる。彼は〈カサブランカ〉の常連客で、ルーシーの失踪にひどく心を痛めていた。「〈カサブランカ〉は、マスコミで言われているような店とはほど遠いものです。マスコミの無責任な報道は低俗なゴシップの類でしかなく、根拠のない憶測に基づくものです」と彼は几帳面な斜体の文字で綴った。「クラブの女性たちの仕事は、客のタバコに火をつけ、水割りを作り、カラオケをデュエットし、話し相手になることだけです。ほかには何もありません。ルーシーがお母様に伝えたとおり〝ウェイトレスのようなもの〟なのです」。彼は最後にこうつけ加えた。「私は自分を弁護するために言っているわけではありません。彼女の名誉のために、この事実をお伝えしたいのです！」

彼の言葉はすべて真実だった。

〈カサブランカ〉の開店は夜九時。その直前、店の奥の狭いドレッシング・ルームでは、一

○人ほど（多いときで一五人）の若い女性たちが化粧を施し、Tシャツとジーンズを脱いでドレスへと着替える。クラブには世界各国の女性が在籍していたが、二〇〇〇年のその夏にはイギリス人の割合が比較的高かった。ルーシーとルイーズのほかにも、ランカシャーから来たマンディー、ロンドンのヘレンがいた。ほかには、オーストラリア人のサマンサ、スウェーデン人のハンナ、アメリカ人のシャノン、ルーマニア人のオリヴィアなど。クラブには三人の男性も働いていた。あばた顔の五〇代の店長・西、日本人バーテンダーのカズ、誰も名前が思い出せないフィリピン人歌手。どのホステスを客につかせるかを決めるのは西とカズの役割で、ふたりは各テーブルのホステスを戦略的に交代させた。ホステスの仕事について、彼女たちに簡単な指導をするのもふたりの役目だった。指導のほとんどは、禁止行為の説明だった――客に手酌《てじやく》させないこと、タバコの火をつけさせないこと。あとはとにかく仕事、つまり会話をすること。

これが簡単なようで、一筋縄ではいかなかった。在籍するホステスのほとんどは「はい、ありがとうございます」や「すみません」程度の日本語しか話すことができなかった。言うまでもなく、〈カサブランカ〉の常連客の多くは英語を理解したが、その流暢さと自信の差にはかなりの開きがあった。一部の客にとって、外国人ホステスと過ごす数時間は、それ自体が英会話レッスンのようなものだった。なかには熱心にメモを取って勉強する男性客もいて、初対面の人と交わすような浅い会話では相手にしてもらえなかった。また、客はあくまで客であり、反論、否定、無視はご法度だった。日本でホステスとして働いた経験を持つイギリス人推理作家モー・ヘイダーは、(3)仕事の中身についてこう説明する。「たいして興味のない職場の同僚にも、愛想よく接しなければならないことに似ています……客には仕事のことや、東京に出張に来た理由などを尋ねます。相手にお世辞を言って、『素敵なネクタイですね』などと言うんです。いったい何本のネクタイを褒めたことか！」

「ただただ、くだらない話をするだけです」と、ルーシーとルイーズと同時期に〈カサブランカ〉に在籍したヘレン・ダヴ(4)は言った。「『今日はどんな一日でしたか？』とか、あとは相手のご機嫌を取るようなことを言うだけ。『お客さん、とってもハンサムね。歌を歌ってほしい』。向こうは決まって『君は本当にきれいだ』とかなんとか言ってくる。それからイギリスの話をしたり、ロンドン出張の話を聞いたり。二、三週間も経つと、もう仕事が嫌になってきました。本当に退屈で疲れる仕事でした。来る日も来る日も同じ会話の繰り返し。どうでもいいような相手とつまらない会話の連続。女の子のなかには、すごくフレンドリーで会話がうまい子もいました。でも、私は苦手でした。完全に偽物の会話ですから。私は歌も下手だったので、それも不利に働きました。お客さんはみんなカラオケが大好きだから、ホステスも積極的にデュエットを歌わなくてはいけないんです」

お決まりの〝下ネタ〟も多かった。「セックスの話はよく出たと思います。私はできるだけ避けるようにしました」とヘレンは言った。しかし〈カサブランカ〉に在籍した四週間で、彼女が本気で危険だと感じた相手はただひとり、オードリー・ヘップバーンに取り憑かれた男だけだったという。「とにかく、ヘップバーン似の子を追いかけていました――ダークブラウンの髪で、色白で眼の大きな子です」と彼女は続けた。「その客があまりに気持ち悪いので、二週間でお店を辞めた子もいました。その人、彼女の隣に坐って『君は私のものだ！』とか『俺は金を払ったんだから、君を自由にできる！』とか言って、腕をぎゅっと強く摑むんです。その子が辞めると、今度は私を指名するようになりました。私ははっきりと拒絶して、絶対に体を触らせませんでしたが」

気味の悪い客よりさらに煩わしいのは、退屈な客だった。どのホステスも、ふと気づく瞬間があったという——なぜ自分はこんな空虚なバカバカしい会話をしているのだろう。ほかの人がこの会話を聞いていたら、きっと笑いが止まらなくなるだろう、と。編集者の井村一は、イカ釣りの釣果についてルーシーと話を楽しんだことを教えてくれた。「昔、大量のイカを釣ったことがあって、その話を彼女にしました」と彼は言った。「そのあと、ぷっつり連絡が来なくなりましたが……」。ある客は、火山活動のメカニズムについてルーシーに解説した。客はひとり盛り上がり、テーブルの備品を使って活火山の縮尺模型を作り上げた。アイスバケットが山、サイフォン内の水が溶岩。さらに、タバコで煙まで再現した。

老齢の渡辺一郎がティム・ブラックマンに宛てた手紙によると、彼は話題には事欠かなかったようだ。〈カサブランカ〉のホステスたちもみな、渡辺——かなりの高齢で、格別の品のよさを持ち合わせ、頻繁に店を訪れてくれる上客——を慕っていた。女性たちは、渡辺を〝フォト・マン〟と呼んだ。彼は数えきれない枚数の写真を撮っては、次に来店したときに写真を几帳面に収めたアルバムを持ってきて、女の子たちに見せたという。そんな渡辺は、払った金に見合う接待をルーシーから受けた。「私たちは三時間ほど、興味深く、実に有益な会話を楽しみました」と、彼はある夜のルーシーとの会話について手紙に綴った。「話題はさまざまでした。イギリスの歴史、文学、芸術、作家、アーティスト。日英関係の歴史、国民の気質や思考の類似性や差。そして、私が大好きで尊敬してやまないイギリス人独特のユーモアについても語り合いました」。平均的な二一歳の女性にしてみれば、これほどまでに洗練された真面目な話題についていくことは容易ではなかっただろう。

女性たちにとって〈カサブランカ〉の仕事は退屈で、ときに異様にも思えるものだった。しかし同時に、どこか落ち着く仕事でもあった。仄かに青い繭《まゆ》の内側で、カズと無表情の西に見守られていると、働く女性たちはほっと安心することができたのだという。

〝水商売〟

すべての物事がきっちりとした意味を持つ日本では、ホステスの仕事、ホステス、そしてホステスクラブにも決められた居場所がある。六本木に見られるような夜の商売は——低俗であれ高級であれ、まっとうな店でも怪しい店でも——美しく示唆的な〝水商売〟という言葉で一括りにされる。水商売というこの熟語は実に謎めいたものだ。この〝水〟とは何を意味するのか？　セックス、出産、溺死などを連想する人も多いだろう。夜遊びには欠かせない酒かもしれない。あるいは、水の流れのような快楽の儚さを暗示するのか？　そんな水商売の一端をなすのが芸者である。並外れた技能と教養を兼ね備えた芸者による伝統的な歓待は、現在では京都や東京の限られた昔からの花街に残るだけとなった。もう一端を担うのは、ハードコアなSMクラブや拷問部屋などで、ここでは金を介して陋劣《ろうれつ》で残虐な行為が繰り広げられる。そんな幅広いスペクトルのあいだに、下品なものから優雅なもの、安いものから高級なもの、オープンなものから排他的なものまで、多種多様な水商売が存在する。

広義では、一般的なバーやパブ、カラオケスナックなども水商売に含まれることもあるが、女性から男性に対する（少なくとも概念上の）魅惑的な接待が存在する場合、それを水商売と定義することが多い。この定義では、近所の小さなスナック――カウンター四席だけで、色気も失せ気味の中年ママさんの店――も水商売に含まれることになる。スナックのなかには、若いウェイトレス兼ホステスが在籍する店もあり、彼女たちはママさんの指示のもと、酒を注ぎながら客と談笑する。このスナックがより大規模になったのが、大都市圏に多いホステスバーやクラブで、酒やつまみとともに、女性による会話やカラオケの接待が有料で提供される。一方〝ストリップバー〟は、女性店員がテーブルについて会話し、さらにステージでポールダンスを披露しながら裸になり、個室で一対一の〝プライベート・ダンス〟を提供する形態の店を指す。ダンサーは、客にまたがって身もだえしながら腰をまわす。客はストリッパーの女性に触り、乳首や胸を舐めまわす。追加料金で、さらに過激なサービスを提供する店もある。したがって、水商売の女性と一口に言っても、場末のスナックのホステス、ホステスクラブのホステス、ホステス兼ストリッパー、そして売春婦などさまざまな段階と種類があるのだ。

世界のどこを探しても、これほどの豊かな想像力と創意工夫で性産業を発展させてきた国は、日本以外にはないだろう。彼らが想像力を働かせる理由となったのが、中途半端で法的拘束力の弱い日本の売春防止法だ。日本の法律で唯一厳しく禁じられているのは、男女間の挿入、いわゆる〝本番〟のみである。フェラチオや自慰行為であれば、どんな形でも赦される。しかし現実的には、射精が不法な膣への挿入によってもたらされたものではなく、法律通り挿入以外の手段によるものだと証明することは到底不可能だ。核となる真実を覆い隠すため、性産業はありとあらゆる名前をつけてサービスを展開することになる。その数と内容はあまりに膨大で変化が激しく、全容を把握するのは一部の専門家くらいのものだろう。

六本木には数多くの〝マッサージ店〟が存在する――投げやりな体へのマッサージは、最後のハンドサービスへの前戯にすぎない。〝ファッションヘルス〟は、挿入以外の幅広いサービスを提供する。〝ソープランド〟では、本番行為もサービスに含まれる（こちらの前戯は、女性の体がスポンジ代わりとなる全身洗浄）。〝デリヘル〟（デリバリー・ヘルスの略）では、自宅やホテルに女性が出向いて性的サービスを行なう。〝エステ〟（英語のエステティック・サロンに由来する）は、多種多様なジャンルの性的マッサージを提供するサービスだ。〝韓国エステ〟（マッサージと手コキ）があれば、〝韓国式エステ〟（韓国エステと同じだが、マッサージ師が裸）もある。ほかにも微妙な差によってさらに細分化されたサービスが多数存在する――〝中国エステ〟〝台湾エステ〟〝シンガポール・エステ〟〝セクシーパブ〟〝ランジェリーパブ〟〝のぞき部屋〟〝おさわりパブ〟、極めつきは〝日本人の人妻による韓国式マッサージ〟。また、〝ノーパン喫茶〟はウェイトレスがほぼ全裸で、決まったチップを支払うと射精サービスを受けられる。〝ノーパンカラオケ喫茶〟では、パンツを身に着けていない女性が、射精サービス前後、あるいは最中に一緒にデュエットを歌ってくれる。〝ノーパンしゃぶしゃぶ〟では、半裸の女性がコーヒーではなくしゃぶしゃぶを運んでくる。

水商売の世界では、料金の張る高級店になるほど、在籍する女性は日本人が多くなる。一方の安い店には、タイ人、フィリピン人、中国人、韓国人が多い。一般的に、西洋人女性（ヨーロッパ、ロシア、アメリカ、中南米、オセアニア）が活動するのは、ホステスからストリッパーの中間ゾーンのみで、体への性的な接触をともなわない会話と踊りでのサービスが主となる。ちなみに、私は水商売をゾーンや範囲という観点から区分けしてみたが、色合い――明るく目立つかどうかではなく、グレーの濃淡――で区分けするほうがより正確と言えるだろう。

女性の接待に対して金銭を支払う日本の風習には、長く気高い歴史がある。(5) 芸者（踊り、音楽、衣装、化粧、会話の技術に卓越した女性歓待者）の誕生は、一八世紀にまで遡る。当時、芸者はその高い教養と社会的地位によって、花魁《おいらん》（高級売春婦）や置屋《おきや》や茶屋で活動する一般の売春婦と区別されるようになった。一方、一九二〇年代に加速した西洋化のさなか、日本最初のホステスが誕生した。当時流行のダンスホールで料金を取って踊りの相手をする

〝タクシーダンサー〟や、コーヒーを買った客と会話（ときにはそれ以上の行為）をする〝カフェガール〟だ。同じ頃、より庶民的な芸者による歓待――着物の代わりに現代的な洋服を着て、三味線の代わりにピアノやギターを演奏――が行なわれたこともあったが、人気が出ずにすぐに消滅したという。「今日のナイトクラブの芸人たちやバーの女性たちが、はたして昔の芸者ほどの高度の芸を身につけているのかどうか、人によって意見の分かれるところかもしれないとしても、昔流の芸者がしだいに地歩を失い、こうした新しいエンターテイナーに席を譲ることになった事実は疑いようがない」とアメリカの著名な日本学者エドワード・サイデンステッカーは主張する。「過去一世紀の夜の歓楽世界の歴史は、一方が敗退し他方が勝ち誇る過程と呼ぶこともできよう」

日本の水商売に初めて参加した外国人は、戦前の大日本帝国の被植民者である朝鮮人と中国人の娼婦だった。一九四五年に終戦を迎え、七年にわたるアメリカによる占領が始まると、性産業の新たな買い手となる大量の西洋人男性が日本にやってきた。六本木が歓楽街として発展を始めたのも、ちょうどその頃のことだ(6)。文字通り〝六本の木〟を意味する六本木は、戦前、日本の帝国陸軍の兵舎が建ち並ぶだけの平凡な住宅地だった。日本の降伏後、兵舎はアメリカ軍に接収され、その入口周辺に勤務時間外の兵士を相手にする小さなバー――〈シルクハット〉〈グリーンスポット〉〈チェリー〉など――が出現するようになった。六本木の奇妙なスローガンが生まれたのはこの時代のことだ。アメリカのGIたちが頭上で掌を互いにぶつけ合って挨拶する姿は、日本人の眼には珍しく映った。おそらく、夜遅くの酒場でこんなやり取りがあったのだろう。掌をぶつけ合う挨拶のことが気になった日本人バーテンダーが、アメリカ人の軍人に尋ねる。すると、酔っぱらった軍人たちはその〝ハイファイブ〟の意味ややり方について滔々《とうとう》と説明する。それを聞いた日本人は誤って〝ハイタッチ〟と暗記してしまう——そういった経緯があり、六本木交差点の高速道路の側壁のスローガンが〝HIGH TOUCH TOWN〟となったにちがいない。(7)

一九五四年、東京で最初のイタリア料理レストランが六本木に開店し、ピザやキャンティワインといった西洋料理ブームに火をつけた。その四年後、東京タワー——エッフェル塔に似た巨大な赤い電波塔——が六本木の南側に誕生。その後、民間テレビ局〈テレビ朝日〉が社屋を六本木に建設し、一九六四年には地下鉄駅が開業。さらにこの年には、東京オリンピックが開催された。日本が戦後の貧しさから脱却し、国際的な影響力を持つ豊かな国へと変貌を遂げたことを象徴する出来事だった。当時、東京にはすでに多くのホステスバーが存在していたが、働くのは日本人女性のみだった。一九六九年、さらなる経済成長の証として、東京で最初の外国人ホステスクラブ〈カサノヴァ〉が六本木に誕生した。

ホステスと時間を過ごすために（多くの場合、会社の経費で）金を払う日本人男性は山のようにいた。というのも、当時のホステスクラブは、立派な社交場と見なされていたのだ。顧客を接待し、契約交渉を行ない、社員の忠誠と働きに報いるための場所だ、と。そんな風潮のなかでの〈カサノヴァ〉の誕生は、新たな水商売の客層が生まれたことを示すものだった——外国人クライアントを相手にし、外国人ホステスと英語で会話できるだけの教養と自信を持った裕福なサラリーマン。

〈カサノヴァ〉は、一時間の料金が六万円という眼が飛び出るほどの高級店だったが、その誕生から三〇年のあいだに、この店を真似した低価格の金髪クラブがいくつも生まれることになった。たとえば、一九九二年に開店した〈クラブ・カイ〉やその後継店〈クラブ・カドー〉のセット料金は一時間で約一万円だった。当初、外国人ホステスクラブは、六本木を偶然通りかかった女性バックパッカーをスカウトしてホステスとして雇っていた。そのうち需要が増えると、クラブのオーナーたちは外国語の新聞や雑誌に広告を出すようになった。さらには海外にスタッフを派遣し、ホステス向きの若い女性を採用して日本に連れてくることさえあった。しかしどの時代においても、ストリップ劇場を除けば、六本木の外国人ホステスバーの数は決して多いとは言えなかった。ルーシーがいた頃に存在したのも、わずか六店舗だった――〈カサノヴァ〉〈クラブ・カドー〉〈クラブ・ヴィンセント〉〈Jコレクション〉〈ワン・アイド・ジャック〉（ストリップクラブ〈セヴンス・ヘヴン〉の姉妹店で、外国人ホステスバーとしては最大規模の店）、そして〈カサブランカ〉。

ノースカロライナ州デューク大学ロバート・O・コヘイン研究室のアン・アリスン教授は、(8)異色の経歴を持つ文化人類学者だ。一九八一年、博士課程の学生だった彼女は四カ月間、六本木の日本人ホステスクラブで唯一の外国人として働いた。この実地調査は彼女の博士論文の核となるもので、のちに『夜の仕事――東京のホステスクラブにおける性、快楽、組織内の男らしさ』〔未訳〕というタイトルでアメリカで出版された。

　この本は緻密な研究に基づく密度の濃い学術研究であり、〝男根化した自己像〟といった難解な言いまわしを用い、自己顕示欲などの日本的概念についての議論に多くのページを割いている。しかし同時に、読者の笑いを誘う場面も多い。たとえば、冷静沈着で分析的な文化人類学者アリスンが、現実社会で大きな不満とストレスを抱えた常連客と遭遇する場面は次のように綴られている。


　私が担当したのは、四〇代前半の四人組のテーブルだった。彼らは物静かではあったが、米日関係、大学時代、旅行などについて楽しそうに会話をした。途中、ママがご機嫌伺いにテーブルにやってくると、男性客のひとりに向かって「店に来るたびにハンサムになるわね」と語りかけた。ママは四人に親しげに笑いかけ、楽しいひとときを過ごすように伝えると、隣のテーブルに移っていった。

　男性のひとりが、このようなホステスクラブでカラオケを歌うことの意味について語り出した。楽しいから歌うのではなく、歌わなくてはいけない、「しょうがない」のだ、と彼は言った。その後、客のひとりが私の身長を尋ねると、四人組の男たちは順番に自分たちのペニスの大きさを発表しはじめた。ひとりの男は、自分のペニスは五〇センチメートルだと言った。別の男は、腕を使って六〇センチメートルだと示した。別の男は、自分のペニスは縄跳びできるほど長く、歩くのが大変なのだと語った。

そのとき、別のホステスがテーブルに来て、私は別のテーブルへと移動した。

アリスン教授は——あたかも別の人類学者がミクロネシアの成人式について解説するかのように——サラリーマンの団体が来店したときの流れについてこう説明する。まず、緊張の張り詰める沈黙のなか、会社の同僚たち（上司と部下、中年と若手）は所定の〝楽しみ〟のためにテーブルにつく。ビールや水割りが運ばれてきて、開放感に包まれた彼らは、一杯目も飲みおえていない段階で酔ったかのような振りを始める。本格的な盛り上がりを示すのは、避けては通れない〝胸〟の話題が始まったときだ。男たちは、にやにやしてホステスの胸について話し出す。なかには、くっくと笑いながら胸にタッチする客もいた（教授はそれを〝殴打《バップ》〟と呼ぶ）。「胸についての話は、楽しい時間が始まったことを示すものだ」とアリスン教授は主張する。「胸に関する話が出るたび、必ず同じ反応が起きた——驚き、歓声、そして開放感」

にもかかわらず、クラブは肉欲が渦巻くような場所ではない、とアリスンは断言する。

「仕事を始めるまえ、私たちホステスは三つのことを教えられる——タバコの火のつけ方、ドリンクの注ぎ方、テーブルに肘をつかないこと[9]。また、客のまえで食事をすることは服従心に欠ける失礼な行為だと指導される。こういったルールを別とすれば、ホステスの仕事はただ客の空想を満たすことだ。客が元気な子が好きであれば、ホステスも元気に振る舞う。知的な子が好きであれば、知的に振る舞う。エッチな子が好きであれば、エッチに振る舞う。

強欲な女も、下品な女も演じなくてはいけない。しかしただひとつ言えるのは、クラブは白人奴隷貿易の場ではないということ。ホステスバーはセックスとは無縁だということだ」

東京の公衆電話ボックスはどこも売春を宣伝する安っぽいチラシで覆われていたが、ホステスクラブが提供するのはもっと専門的で、もっと高価なものだった。意外にも、料金の高い高級クラブになればなるほど、女性の体へのタッチは厳しく規制される。「ほかの形態の水商売の店では、男性を性的に射精に導くサービスが提供される」とアリスン教授は述べる。「一方のホステスクラブで提供するのは、自我の射精のみである」

日本社会と同じように、日本の〝性〟もまた規則と秩序に支配されている。日本人男性はどんな状況においても、自分に何が求められ、どんな態度を取るべきかを事前に把握することを好む。そして、ホステスクラブで提供されるのが〝快い刺激〟でしかないことを彼らは知っている……（私のクラブを）所有・経営するママは次の点を明確に述べた——客にときどきタッチするくらいはいいが、セックスをしたら即解雇。しかし、ほとんどの客——少なくとも日本人の客——が求めるのはセックスではなく、〝いちゃいちゃ〟とお世辞だった。それこそが、ホステスクラブで提供されるものだった。

その範囲内であれば、ホステスはあらゆることに耐えなければいけない。楽しい会話もあれば、不愉快な会話もある。しかし、何がなんでも避けるべきは沈黙。ある夜、魅力的な礼儀正しい紳士とチャイコフスキーについて語り合ったとする。しかし次の夜、同じ男がこんなことを訊いてくるかもしれない。セックスのとき何回くらいオーガズムに達する？　初体験はいつ？　あるいは、テーブルにつくほかのホステスと胸の大きさを比べ出すかもしれない。それでも、ホステスの仕事はただ笑顔を作り、楽しい振りをすること。あなたこそ世界一すばらしい重要な人間だ、とその客に思わせなくてはいけない。私はあなたとベッドに一緒に飛び込むことを願っているのだ、と。すると、客の男はこう考えるようになる──この長身の美しい西洋人の女は、すっかり俺の魅力の虜だ。今夜から、おまえを愛人にしてやろう。そんな男性客はセックスの話が大好きで、会話はときに過激で際どいものになる。だとしても、夜が終われば、客とホステスは別々の道を行く。誰も驚いたり失望したりしない。なぜなら、どちらもそれ以上のことは何も期待していないのだから。

あなたの愛人になりたい、とホステスは言う。今夜は俺の家に来ないか、と男は言う。ホステスはこう返す──そうしたいのは山々なんだけど、いま妹が旅行で来ていて、このあと街を案内しなきゃいけないの。それこそ、客が期待する答えなのだ。それ以外の返答をすれば、客のほうが怯えてしまうかもしれない。

このルールが理解できず、従おうとしないのは外国人だけだった──日本人の儀式やロールプレイへの強いこだわりの意味がわからない西洋人男性だ。一度、ホステスがホテルに一緒に来ないことに、フランス人男性が激怒したこともあった。「俺とセックスしたくないなら、どうして一晩じゅうそんなに言い寄ってきたんだ？」と彼は怒りを爆発させた。

アリスンが著書で強く訴えたのは、ホステスクラブは性的なサービス提供の場ではなく、仕事の場だったということだ。日本企業は、社員が（自宅で妻や子供と過ごすのではなく）同僚やクライアント、ホステスと夜を過ごすことを奨励し、金銭的な援助をする。そうやって社員のストレスと不満を解消し、社員同士の結束を固め、クライアントとの良好な関係を築くことこそが、会社の利益に繋がると考えたのだ。つまり、ホステスクラブは娯楽であり仕事である。労働時間だけでなく勤務後の時間まで支配された社員は、家族よりも仕事を優先することが大切なのだと考えるようになる。「来店時のサラリーマンはすでに疲れ切っており、自ら機転を利かせてクライアントや女性を接待することだけは避けたいと考えている」とアリスン教授は論じる。「ホステスがその問題を解決する。ホステスはクライアントを楽しませ、支払いする者を褒め立て、その男が大人物だと他者に見せつける……同じ男がディスコに行っていたら、おそらく女性をナンパできず、敗北感と拒絶感を胸に帰宅することになるだろう。ホステスクラブに行けば、そんな失敗のリスクはなくなるわけだ」

この構図のなかで、西洋人女性はどんな役割を果たしたのか？　アリスンによれば、白人女性が提供するのは物珍しさにすぎないという。「日本人男性は西洋人女性とのセックスを妄想するが、実際に妻や愛人にするには恐怖心がある。白人女性は彼らの好奇心を掻き立てる。確かに、西洋人が自分の腕に寄りかかる姿は誇らしいことだろう。しかし、多くの日本人男性はこう考える——西洋人女性は自己主張が強く、淑《しと》やかさや従順さが足りない」。日本人ホステスクラブにしろ、外国人クラブにしろ、クラブ内で過ごす時間は、関係者全員の同意によって実現する一夜限りの夢なのだ。そんなクラブは、店長やウェイター、場を取り仕切るママさんによって厳しく監視される。「ホステスの仕事は決して楽しいものではなかった」とアン・アリスンは述べる。「仕事はきつく、惨めに感じる場面も多い。小便するときに放屁するかと訊かれても、ホステスはただじっと坐って礼儀正しく微笑まなければいけない。そう一〇回訊かれて内心うんざりしていても、笑顔を絶やしてはいけない。しかし、私自身は危険を感じたことも、心が深く傷ついたこともなければ、対処できない状況に陥ったこともない。何か困ったことがあれば、ママがいつでも助けにきてくれる。東京では、風俗街にいても、ニューヨークよりずっと安全だと感じることができた」

ノルマ

ホステスの仕事が本当にクラブ内だけで完結していれば、ルーシー・ブラックマンはまだ生きていたことだろう。しかし、話はそんな単純なものではなかった。いったん水商売の世界に足を踏み入れると、女性は激しい誘惑とプレッシャーにさらされる。そして、本人が気づくかどうかにかかわらず、それが日本での生活に影を落とすことになるのだ。

そういった誘惑やプレッシャーは〝システム〟に根差すものだ。各クラブでは、顧客へのチャージと、ホステスへの報酬額がそれぞれ定められていた。〈カサブランカ〉の一時間のセット料金は、ビールか水割りの飲み放題に加え、一名以上のホステスによる接待がついて一万一七〇〇円。ルーシーのような新入りホステスには、ここから時給二〇〇〇円が支払われた。一晩に五時間働けば一万円になり、週六日働くと月給は二五万円ほど。しかしこれは序章にすぎず、〝システム〟の核心にはボーナスとノルマの複雑な取り決めが存在した。

二回目以降の来店時、男性客は追加料金を払って気に入ったホステスを〝指名〟することができる。指名されたホステスには、店の利益に貢献したという理由で四〇〇〇円のボーナスが支払われる。また、客がシャンパンや〝ボトルキープ〟（高価なウィスキーやブランデーをボトルごと買い、飲みおわるまでバーカウンターのうしろに保管すること）を注文すると、接客したホステスには追加報酬が入る。さらに、ホステスたちには積極的な〝同伴《どうはん》〟――客の男性と夕食に出かけ、その後クラブに一緒に出勤すること――も求められた。男性客は魅力的な若い女性との夜のデートを楽しみ、ホステスは仕事からの小休止と無料の夕食を手に入れ、クラブは利益を得る。それが同伴の仕組みだった。

同伴にはノルマがあった。月一〇回ほどの同伴で一〇万円ほどのボーナスが支払われることもある。一方、〈カサブランカ〉を含む多くのクラブでは、同伴が月五回未満、指名が一五回未満になると、ホステスは即解雇となった。多くのホステスは同伴の確保に取り憑かれ、ノルマが大きなストレスの原因になった。好きでもない男と夕食に出かけることなどどうでもよかった。月末が近づくと、成績の悪いホステスたちは誰彼かまわず同伴してくれる人を探した。ノルマ達成のために男友達が雇われることもあれば、解雇の危機が迫るホステスが自ら同伴チャージを支払うことまであった。

「更衣室のトイレの横の壁に表が貼られていました——ホステスの名前と、その月の指名と同伴の数を示すグラフです」とヘレン・ダヴは言った。「自分の名前の横がゼロだと、ひどく惨めな思いをしました。私はだいたい成績が悪く、いつもリストの下のほうでしたね。最後にはどうでもよくなりました。完全に情熱を失ったというか。日本人の男性客を好きになった振りをするより、ほかの女の子たちと話をするほうがずっと楽しかった。同伴も月一回か二回だけで、指名も数回だけ。ひどいときには、同伴の振りをしてくれないかと大家さんに頼んだことだってありましたよ」

ルーシーが失踪する前週、ヘレン・ダヴは解雇された。


厳しいノルマのある〈カサブランカ〉では、ホステス間には友情も生まれたが、当然、激しいライバル意識も生まれた。しかし、ルーシーとルイーズは同僚の多くと良好な関係を築いたという。「ふたりはとても仲がよくて、何をするのもいつも一緒でした」とヘレン・ダヴは当時を振り返る。「一緒に住んで、仕事場まで一緒に自転車でやってきて、遊ぶのもいつも一緒。とにかく仲がよかった。私は彼女たちのことを……なんて言うか……無邪気で、〝若いな〟と思っていました。少しお馬鹿で、女の子っぽいっていうか。二、三時間しか離れていなかったのに、再会するとキスするんです。とてもかわいらしかったですね」。ヘレンは——ほかの大勢と同じように——ルーシーの髪の毛や洋服、メイクへのこだわりに驚かされた。「彼女は絶世の美女というわけではありませんでしたが、とても明るい性格で、それが魅力を増していました。自信がないようには見えませんでしたよ。きれいな髪、優しい性格。背が高くて、本当に素敵な人でした」

　男性客もみなルーシーのことを気に入った。「カナダ人やアメリカ人のホステスは大声でげらげら笑って、性格も明るくて元気がありすぎの面がありました。しかし、ルーシーはちがいました。会話も大げさじゃないんです」とイカ釣り好きの編集者・井村は言った。写真好きの渡辺も、会った瞬間からルーシーに好印象を抱いたという。「一目見ただけで、良家の子だと思いましたよ。とても穏やかで、上品で、魅力的で、洗練されていて……育ちがよく、しっかりとした教育を受け、多くの文化に触れ、豊かな感性を持つ子だとすぐにわかりました」

「夢の仕事ではないけど、とにかく簡単なの」とルーシーはサマンサ・バーマンへのメールに書いた。「そこそこのお金を稼げるし。それに、イギリスとはぜんぜんちがって、日本の男の人はとても礼儀正しい。もちろん変な人もたまにはいるけれど、ほとんどはいい人ばかり」。〝変な人〟というのは、ルーシーとセックスするために一〇〇万円の支払いを申し出た客のことかもしれない。その申し出を笑い飛ばした、とルーシーは母親と妹に説明した。しかし、ルイーズの記憶はちがった。「ルーシーは怒り狂って、その客に出ていってもらうよう店長に頼んでいました」

　ホステスたちは接待した男性客から名刺をもらい、電話やメールで次の来店を促すように店から指示された。そんなルーシーのメールがいまでも何通か残っている。その文面は、当たり障りのない態度で少し媚びつつも、純粋さを匂わせる見事なものだった。

差出人：lucieblackman@hotmail.com
宛先：井村一
日時：二〇〇〇年六月二一日（水）午前三：〇一

親愛なるハジメ
ちょっとハローだけ言いたくてメールを書いています。〈カサブランカ〉のルーシーです。このあいだの夜に仲よくお話しさせていただいた、ロンドンから来たブロンドです……

クラブでお会いできてとても嬉しかったです。いろいろとお話しできてすごく楽しかった。そのときに計画したように、ぜひ近いうちに夕食をご一緒させてください。

……水曜日の一二時から一六時のあいだに電話しますので、会う約束をしませんか？来週のどこかでお時間はありませんか？

そろそろ失礼します。でも、どうしてもいまのうちにメールを送っておきたかったの。水曜日の午前中はとてもお忙しいでしょうが、このメールを読んでもらえる時間もあるんじゃないかと思って。午後に、私から電話しますね。ついに、私の新しい特別なお友達とお話ができるのね。

すばらしい一日になりますように。私の一日はきっとすばらしいものになるわ。だって、すぐにあなたとお話しできるんだから。

それでは。

ルーシー×

差出人：井村一
宛先：lucieblackman@hotmail.com
日時：二〇〇〇年六月二一日（水）午後五：三〇

ハロー！

メールありがとう。

長いブロンドのかわいい娘、ルーシー――今日は元気かい？　ブロンドとミニスカートの女の子が昔から好きだったんだ。調子はどう？

好きな料理は？　フレンチ、和食、中華？　なんでもいいから、ひとつ選んでほしい。僕と一緒にレストランに行ってくれる？　来週の火曜日はどう？　時間はある？……

ところで、アメリカ英語は話せる？　クイーンズ・イングリッシュはあまりうまく話せないんだ。毎日、みそ汁と米を食べてるから。このあいだの夜も、僕の話はよくわからなかっただろうね。でも、君の話は理解できたよ。だから、僕に言いたいことがあれば、なんでも耳元で囁いておくれ。

とにかく、東京での生活を楽しんで……

井村一

ホステス業における成功の秘訣は、店ではなく自分目当てに来店する上客――定期的に指名、シャンパンの注文やボトルキープ、同伴をしてくれる客――を数多く獲得することだ。少なくとも上客を何人か確保できなければ、この世界で生き残るのはむずかしい。しかしこの点においては、ルーシーは幸先のいいスタートを切った。「お客さんのひとりが……八日連続で店に来てくれたの」とルーシーはサマンサ・バーマンにメールで伝えた。「もう最高だよ。そのお客さん、英語もとても上手で、ルックスも悪くないし。それに貴族の出だから、とにかく金持ち!! ……指名の数が足りなかったら、いつでも来てくれるって言ってくれたの」。この鈴木《すずき》健二《けんじ》(10)という客は、ルーシーを最も多く指名した上客で、彼女の仕事面での救世主であり、心理面での負担でもあった。

通称ケンは、頬骨が高い顔に大きな金縁の眼鏡をかけ、くせ毛の髪が印象的な未婚の四〇代だった。彼の家族が実際に貴族の末裔だったかどうかは定かではないが、裕福なことはまちがいなかった。彼は老いた父親とともに電機メーカーを経営していたが、二〇〇〇年頃の会社の業績は芳しくなかった。ルーシーに宛てた多くのメールからは、彼の明るく楽しい態度の奥に、大きな不安と孤独が隠れていたことが読み取れる。顧客との気がかりな会議に、大阪への苛酷な出張。夜の一時に退社し、翌朝六時の新幹線に乗ることも珍しくはなかった。そんな彼にとって、酒とルーシーだけが慰めだった。「僕の会社の大変な状況と環境については伝えていなかった」と彼は、誤りだらけの陽気な英語のメールをルーシーに送った。「君は信じないかもしれないね。僕は飲み歩いてばかりだけど、君に会うまで笑うことなんてなかった。ああ、なんて悲しい男だろう！　ほほほほほほほほぅ」

彼がルーシーに出会ったのは、彼女が〈カサブランカ〉で働きはじめて二週目の半ばだった。それ以降は、地方への出張のときを除き、彼はほぼ毎日ルーシーにメールを送り、店を訪れた。その異常なまでの熱の上げよう――まるで子供のような、惨めなほどの幼稚さ――は来店回数だけを見てもあまりに明らかだろう。そんな彼のメールは、どこまでも感傷的な内容だった。

「昨日の君の辛抱強さに感謝するよ」というのが最初のメールだ。「ひとつ言えるのは、この狂った東京で次にできる君のボーイフレンドが羨ましい、それだけだ」

翌日、彼は申しわけなさそうにまたメールを送った。「昨日は飲みすぎた――いつもそうだけど。だから、素面《しらふ》で普通のときに君とおしゃべりしたいな。君にとってはすごく退屈かもしれないけど。はははははははは」

三日後。「僕が好きなのは、君がいつも自然体でいること。君はこの惑星で出会ったなかで、い～ちばん魅力的な女の子だよ……じゃあ、また！　けーーーん」

ふとした会話のなかで、大好物のブラックオリーブが日本では入手困難だとルーシーが話したことがあった。最初の同伴の夜、ふたりが訪れたレストランのテーブルには、ケンの指示によってボウルいっぱいのブラックオリーブが置かれていた。また、彼はルーシーの腕時計のガラスが破損していることに気がつくと、代わりに修理に出し、そのあいだに使うためのスヌーピーの腕時計をプレゼントした。「本当に優しい人なの」とサマンサに宛てたメールにルーシーは綴った。「先週の金曜日の晩、また夕食に連れていってくれた。アルファロメオの小型の黒いスポーツカーで迎えにきて、ホテルの一二階にある夜景がきれいなお洒落なレストランに連れていってくれたの。最高だったわ。それから一緒にクラブに出勤したから、四〇〇〇円のボーナスまで手に入れちゃった」

「明日は重要な会議があって、朝早くに起きなきゃいけないんだ」。五月二四日、ケンはメールでルーシーに伝えた。「でも、君の顔を見に〈カサブランカ〉にちょっとだけ寄るよ。今夜は長く話せないけど」

二時間も経たないうちに、彼は次のメールを送った。「明日以降も夕食に行ってくれると約束してほしいけど、君が答えを出すのはまだ早すぎるだろうね。僕との夕食は、耐えられないほど退屈で不快かもしれないし。念のため警告しておくよ。はははははは」

一週間後――

正直言って、一秒たりとも君のことが頭を離れたことはない……もちろん、もっと君のことを知りたい。けれど、もう充分知っている気もする。おそらく、君は僕のことをもっともっともっと知りたいんじゃないかな♪　どうだい？　どうだい？　そうだろ？　この気のいい男に、優しくしてくれることを強くお勧めするよ。彼はスイートで、スマートでセクシーだ。はっ、はっ、はっ、はっ、はっ、はっ、はっ、はっ、はっ……

六月五日――

僕のかわいい友達、ルーシーへ

君は僕の人生を救ってくれた。今日は重苦しい会議とクソみたいな（失敬）会議の連続で大変だった。まだ月曜だけど、木曜みたいな気分だよ。僕の冗談タンク（ほかの人は〝脳〟と呼ぶけど）も枯れつつある。今日はある意味、とてもエキサイティングで、とても疲れる一日だった。昼過ぎにはエベレストの頂上にいたはずなのに、夜遅くには太平洋のマリアナ海溝の底まで落ちてしまった。一日のアップダウンとしては、普通じゃないよね。だけどいま、僕は海面に浮いている――君の甘いメールは僕にとっての救命胴衣だから……英語が下手だけど赦してほしい。ときどき君は、パプアニューギニア人とメールしている気分だろうね。あるいは七歳の少年と。

「今夜のケンは、かなり酔っぱらって大変だった」と、ある日ルーシーは日記に書き込んだ。数日後には、「ケンは完全に泥酔状態。おそらく過去最悪!!」と綴った。しかし、ふたりの関係についてルーシーが個人的感情を持ち込むことはほとんどなかった。自分の倍の年齢の男——孤独で、アルコールに依存し、おそらく友達も愛してくれる人もいない男——が自分に夢中だった。会社の経営が危機的な状況にもかかわらず、彼は何万円もの金を毎晩のようにルーシーのために使った。彼女はそれを止めるどころか、大喜びで感謝いっぱいの恋人のように振る舞った。彼女の立場であれば、それは普通のことだった。普通どころか、それがホステスという仕事の責務でさえあった。控えめで、礼儀正しく、恋に溺れた大金持ち——ケンは完璧な客だった。彼をその気にさせなければ、ルーシーは仕事を失ってしまうのだ。

六本木のホステス、クラブを運営する店長やウェイター、さらにはアン・アリスンのような人類学者でさえも、全員が口を揃えてこう言う——ホステスの仕事は、明確で厳しいルールが定められたゲーム。客とホステスを含めた全員が、一線の引かれた場所や、どんな行為が一線を越えるのかを無意識のうちに理解しているのだ、と。しかし、孤独や酒、愛や欲望によって、男の判断力が鈍ったらどうなるのか？　どちらか一方がルールを無視したら？

「自分が怒りっぽい人間だとは認めたくないけれど、よく人にそう言われる」と鈴木健二はメールに書いた。「わかった、僕は怒りっぽい人間かもしれない。だけど、昨日の夜の君にはまったく怒ってないよ。近い将来、怒ることもないから安心して！　君のほうが僕に怒る日のほうが近そうだけど……はははははっはは」

第六章　東京は極端な場所

TOKYO ROCKS

「東京に到着してから、この日記帳を買うまでのあいだに、あまりに多くのことが起きた」とルーシーは日記に綴った。

到着してまだ二〇日。最初に着いたのは豚小屋だったけど、それを徐々に自分たちの家に変えた。大きな飢餓を乗り越えたのに、落ちた体重分をすべて酒で戻してしまった。私たちは〈カサブランカ〉というクラブでホステスの仕事を見つけた。ここ二〇日間で、これまでの全生涯で消費した量よりも多くの酒を飲んだ……
精神的負担の大きい、本当に辛い三週間だった。東京は極端な場所。最高か、最低か、どちらかだけ。凧のように高く舞い上がるか、想像を超えるほど低い場所に沈み込むか……そのふたつのあいだには何も存在しない。

日記の次のページには、影付きの落書き風の巨大な文字が重なり合っていた——東京最高《TOKYO ROCKS》。

〈カサブランカ〉は午前二時、あるいは最後の客が退店した時点で閉店となる。客が帰るときには、ホステスたちはジャケットを羽織るのを手伝い、おぼつかない足取りで彼らを案内して革張りのドアを抜け、エレベーターが開くと一斉に感謝の言葉をかけた。「さようなら、山田さん。さようなら、井本さん。また来てくださいね！　さようなら――すぐに来てね」

そして彼女たちは店内に戻り、ドレスを脱ぎ、蒸し暑い闇の世界へと消えていく。

各クラブから外国人ホステスが街に出てくる頃、六本木の夜は新たな転換期を迎える。仕事終わりのホステスたちは、避けられない大きな選択肢に直面する。この時点で帰宅して眠れば、なんとか午前中には眼を覚まし、部屋を掃除し、買い物に行き、友人とランチを食べる時間ができる。一方、このまま六本木に残れば、朝まで飲み明かすことになる。「六本木には〝一杯だけ〟なんてものは存在しない」と外国人の投資銀行家たちは決まって言ったが、ルーシーもそれが真実だと知っていた。「先週はちょっと狂ってた」と彼女は友人サマンサへのメールに書いた。「どういうわけか、水曜から毎晩べろんべろん。仕事のあと飲みにいくと、みんなが次々にドリンクをおごってくれるの。仕事終わりの二時からだから、気づけばもう朝七時で空も明るくて、東京の道端で坐り込んでるってわけ。この街のバーはめちゃくちゃクールだから、やめられないの」

六本木交差点には〈ジェロニモ〉があった。騒々しく狭苦しい店で、壁には高級なシルクのネクタイの切れ端が大量に飾ってあった――酔っぱらった銀行家たちが自分のネクタイを切り取り、お土産として置いていくのが慣例だった。〝イラン人お断り〟の看板を出す〈カスティージョ〉では、無類の一九八〇年代のレコードコレクターで、有名DJのAkiが活躍。〈ウォールストリート〉のバーカウンターの上には、株価を表示するスクリーン。六本木で最も激しく汗と肉欲が渦巻く〈ガスパニック〉は、まさに酒とダンスが入り乱れるクラブだった。外国人ホステスにいちばん人気があったのは〈東京スポーツカフェ〉だ（ストリップクラブ〈セヴンス・ヘヴン〉や〈プライヴェート・アイズ〉、その隣のホステスバー〈ワン・アイド・ジャック〉などと同じ系列）。この時間に来れば、誰かがドリンクをおごってくれるまで長く待つ必要はなかった。ホステスクラブと同様、〈東京スポーツカフェ〉でも、男性客がワインやシャンパンを購入すると、ホステスは手数料を受け取ることができた。〈カサブランカ〉を解雇されたあと、ヘレン・ダヴはしばらくこの店に通って生計を立てた。店に入り浸り、男たちにドリンクをおごらせるだけで、一晩八〇〇〇円の報酬を得ることができたという。

ルーシーは仕事終わりの夜の――あるいは早朝の――遊びが大好きだった。しかし、誰よりも夜遊びが好きだったのは、ルイーズのほうだった。

ある土曜日の夜、ルーシーは鈴木健二と夕食をともにしたのち、インターネットカフェでメールを書いてから、真夜中頃にルイーズと落ち合った。顔なじみが揃う〈ジェロニモ〉に行き、ふたりはテキーラのストレートをショットで何杯か飲んだ。ルイーズはすぐに酔っぱらい、カールという名の男と仲よく話すようになった。「次に〈ウォールストリート〉に行った」とルーシーは日記に綴った。「そこから、歯車が狂い出した」

ルイーズはまた別の友達と出会った。ルックスのいい男だったが、ルーシーは同時に危険も感じ取っていた。どこか、あの嘘つきで破滅的な元彼のマルコに似ていたのだ。「もうこの時点になると、ルイーズはべろんべろんで、思考回路も麻痺していた」。三人は〈ウォールストリート〉を出ると、ルイーズはもっと夜を楽しむためのものを手に入れることを決めた」とルーシーの日記は続く。「ちょうどほかの友達も合流して、私はさらに楽しくなった。けど、ルイーズはだんだん手に負えなくなっていった」

その後、ルイーズの新しい友達の恋人が店にやってきた。が、ルイーズは相手のめらめらとした嫉妬心に気づいていなかった。「ルイーズはもう完全に手に負えない状態で、男の恋人が近くにいるのにまったく気づく様子もなく、眼のまえで男にキスしていた」。そのとき突然、音楽が鳴り止み、室内の照明が灯された。客の全員が、ダンスフロアで喧嘩する五人に眼を向けた。「男の恋人がルイーズに摑みかかって、私はその子に摑みかかって、男はルイーズに摑みかかって、私が男に摑みかかったら、男が反撃してきて、警備員が男を捕まえようとして……最後に、私はバッグを手に取って、ルイーズを連れてエレベーターに逃げ込んだ。見知らぬ変な男にあとを追いかけられたけど、やっとのことで家に戻ることができた」

「〝楽しい〟という言葉を姉の口から聞いたことはありません」とソフィーは当時を回想す

る。「夜に友達と出かけて、酔っぱらって、遊びまわっていたのは確かだと思います。だから、こう言って、ルーシーは決して幸せではなかったと思います。その後に事件に巻き込まれたから、こう言っているわけではありません。事件のまえから、ルーシーは幸せではなかった。当時、姉があまり楽しそうじゃなかったので、私はいつも心配していました。

こういうところは、ルーシーと私は似ていました。私たちは……なんでも参加するタイプなんです。まわりの人が酔っぱらっていたら、私も酔っぱらう。まわりの人が図書館に行って本を読むのなら、私も図書館に行って本を読む。四六時中やりたくないことだけをしているわけではありません。でも、人に受け容れられたいという気持ちが、とても強いんです。ルーシーは誰からも愛され、人気者として成長しました。そこに嘘はありません。でも大人になるにつれて、姉らしくないような行動も多く見られるようになってきました。

私が思うに、ルーシーは日本で強い疎外感を抱いていたんだと思います。日本に行ってかなり早い段階で、楽しくないのだろうという印象を受けました。ただ演技しているだけだな、と。外に出かけて遊んでいても、喜びを肌で感じてはいなかったんです」

日本に来ても、ルーシーの頭を占領していたのは、地元の友人や家族のことだった。〈ジェロニモ〉にいたある夜、スティングの「フィールズ・オブ・ゴールド」が流れてくると、ルーシーはアレックス――セヴンオークスの若いオーストラリア人バーテンダー――を思い出した。「次に彼に会ったとき、どうなるのか想像もつかない」と彼女は日記に綴った。

「考えるだけで、お腹を殴られたような感覚に襲われる。その日が明日来るような気もするし、一世紀先に感じられることもある。頭のなかはアレックスのことばかり……彼は私の手を握り、その美しい眼でじっとこちらを見つめ、前歯で下唇を噛み……飲みに出かけても、酔っぱらっていても、大勢の男性に囲まれていても、私の頭にはいつも彼がいる」

もちろん、金の心配も常につき纏っていた。東京に来てから三週間後の五月末、ルーシーは自らの経済状態について改めて確認した。彼女の借金――二件の銀行ローン、オーバードラフト、両親への借金、クレジットカードの支払い、〝お姫様ベッド〟の月賦払いの残額――の総額は八〇〇〇ポンド（約一三〇万円）に及んだ。これらの借金の毎月の最低返済額に加え、〈代々木ハウス〉の家賃、貸し自転車料、決して贅沢とは言えない週二万円の生活費――それだけでホステスの収入は消えてしまった。借金をわずかにでも減らすには、少なくともあと数カ月はかかる。それはまちがいなかった。だとすれば、八月上旬に帰国するというもともとの計画も変更しなくてはいけない。「とにかく現実に向き合うしかない」と彼女は日記に書いた。「きっと、アレックスとはうまく行かない。そう考えるとすごく悲しくなる。セヴンオークスがはるか遠くに感じる。いまだに、道に迷って方向感覚を失ったような気持ちが私を支配する。何かに落ち着いたと思ったら、それがまた別のものに変わってしまう」

しかし、アレックスと会えないことよりも、金の問題よりも、さらにルーシーを苦しめることがあった。日本に来て三週間が過ぎた頃――おそらくほろ酔い気分で――彼女は孤独な魂の叫びを日記に綴った。

日付：五月二六日——午前五時五〇分

何がいけないのかわからないけど、この場所にいると、最悪の自分が出てくる気がする。涙が止まらない。胃が痛い。心がめちゃくちゃに押しつぶされると、いつも胃が痛くなる。あまりに泣きすぎて涙は枯れ果て、一度に溢れることはなく、波のようにときどき押し寄せる。

ここでは、どうしてもうまくいかない。落ちてしまった穴から這い出ることができない。

〈スポーツカフェ〉にルイーズとキーナンを残したまま、店を出なきゃいけなかった——もう耐えられなかったの。本当にひどい気分。超最悪。

あの場所にいると、私は醜く、太っていて、誰にも注目されない。そんな自分がいつも憎くなる。私は本当に平凡。頭からつま先まで、すべてのパーツが信じられないほど平凡。この街で成功するかもしれないなんて、私はどうかしてた。自分のルックスが嫌い。髪の毛が嫌い。顔が嫌い。鼻が嫌い。垂れ眼が嫌い。顔のほくろが嫌い。歯が嫌い。顎が嫌い。輪郭が嫌い。首が嫌い。胸が嫌い。太い腰まわりが嫌い。たるんだお腹が嫌い。垂れ下がったお尻が嫌い。生まれつきある痣なんか大っ嫌い！　汚い脚が嫌い。私は汚らしくて&醜くて&平凡な女。

借金まみれの人生をどうにかしなきゃ。ルイーズと一緒に働けるのは悪いことじゃないし、私もとても嬉しいの。けど、私はカスみたいなホステス。一回だけの同伴もシャノンのおかげだし、別の客にはすっぽかされてしまった。同伴の約束をすっぽかされるなんて、どれだけ私はクソだって言うの？　いまの私にはケンしかいない——でも、それもいつまで続くのだろう？　ルイーズは次から次に指名を受けるのに……私は偽の電話番号を渡されて、あとはすっぽかされて終わり。

ニシからチップをもらって、ルイーズは大喜び。でも、彼女は友達をたくさん作って、ちゃんと努力してる。なのに私は、いつになっても、どこに行ってもひとりぼっち。

セヴンオークスを離れたからじゃない。すべて自分のせい。

この感覚は、誰にも説明できない。完全なる自己嫌悪。信じられないほど平凡であるという感覚。そんな感覚に悩む理由をどうにか理解しようとしてきたし、ママとルイーズにもわかってもらおうと説明した。だけど、ふたりとも私が考えすぎだって言うだけ。でも私は本当に、本当にそう感じるの。自分が透明になる感覚。誰でもない誰かになる感覚。なんの一部でもなく、どこにも属していない感覚。

……ルイーズもここ一年ずっと悩んでいたけど、自分に価値がないなんて感じたことはないって……

美しい男たちは誰もがルイーズの魔法にかかる。彼女はいつも最高の扱いを受けて当然だと考える。そして、その輝きと自信は常に増していく。これは冗談じゃないし、馬鹿だと思われるかもしれない——でも、クソみたいな気分に疲れ切ってしまった。毎日ルイーズといるのに、私は孤独。気持ちは常にどん底。目玉まで借金に浸かった人生。正直、これからどうなるのか、これ以上待つのが面倒くさい。ただ、消えてしまいたい。頭がくらくらする。どうすればいいの？

私はいつもひとりぼっち。

どこに行っても、私はダメ。

〈クラブ・カドー〉オーナーの証言

宮沢耀《みやざわかい》(1)という五〇代半ばの日本人男性が、ホステスクラブの経営について私に詳しく教えてくれた。おそらく宮沢は世界のどこに行っても人目を惹く存在にちがいないが、日本の中年男性のなかでは、その風体はさらに際立った。皺の目立つハンサムな顔。オールバックのポニーテールにまとめた長い白髪。花柄の刺繡入りのシャツは、上から三分の一のボタンが外してあった。明るいオレンジのズボンに、白とオレンジのストライプのベルト。首にはシルバーチェーン。左手首には、さらに別のチェーンとずんぐりとしたシルバーの腕時計。靴はカウボーイブーツ。

宮沢は、六本木における外国人ホステスバー史の生き証人だった。一九六九年、一八歳だった彼は東京初の金髪クラブ〈カサノヴァ〉を訪れ、店で働く美女たちの虜になった。それから二〇年間、毎晩のように六本木に通い、誘惑に身を任せて過ごした。そんな彼に、あるとき友人が言った。それほど外国人の女の子が好きなら、自分の店を開いたらいい。かくして、一九九二年に〈クラブ・カイ〉が誕生。翌年からは〈クラブ・カドー〉と名前を変えて営業を続けた。しかし、売り上げは伸び悩んだ。経営に行き詰まるたび、安い物件への移転を余儀なくされた。さらに、地元のヤクザとトラブルになることも多かった。「経営のことは詳しくわからないが――」と宮沢は言う。「女の子のことなら自信があった」

〈クラブ・カドー〉は宮沢の誇りだった。持ち札に気を配るギャンブラーのような集中力で、彼はオーナー兼店長としてホステスたちを見守った。宮沢は各ホステスの強みと弱点を把握し、最も金になる組み合わせとタイミングを見計らって、慎重かつ意図的に各テーブルにホステスを配置した。観察力が鈍い客――夜が更けるにつれて徐々に酔っぱらっていく客――にとって、ホステスの頻繁な交代は、潮の満ち干のように自然なプロセスにしか見えなかったにちがいない。しかしその裏で、オリンポス山という名のバーカウンターから世界を見下ろすポニーテールのゼウスのように、宮沢はすべてをコントロールしていた。

宮沢自身がクラブのフロアに足を運ぶことはめったになく、重要顧客が来店したときに、テーブルに行って二言三言交わす程度だった。彼の仕事は店全体を監視し、ホステスと客の各集団が発する眼に見えない周波数や振動数にダイヤルを合わせることだった。男性客の放つオーラに注目し、時間の経過とともにそのオーラがどう変動するか測定する。宮沢は、顧客が〝システム〟のサイクルのどの地点にいるかを頭のなかで追いながら、どうすれば少しでも長く店に引き留めることができるかを常に考えていた。「客が一時間で帰ったら、儲けはほとんどない」と宮沢は語る。「その場合、客の勘定は一万。そこからホステスに三〇〇〇円払って、家賃やらドリンク代やらを引いたら、残るのは二〇〇〇円かそこら。だから、一時間で帰る客のことは気にしない。一時間が過ぎてからが勝負だ」

初めて来店した客のテーブルには、店で最も魅力的な女の子をつけるのが鉄則だという。いわばホステスとのハネムーン期間だ。恭《うやうや》しい歓迎に、美しい女の子。ウィスキーが客の胃を温め、エロティックな仄暗い照明が店内の安っぽさを覆い隠した。ホステスと客が会話を始めると、宮沢は眼を光らせる。「初めは必ず、性格がよくてかわいい女の子をテーブルにつける」と彼は言った。「で、どれくらい盛り上がっているか、ふたりの様子を窺うんだ」。もし客が女の子を気に入っていないようであれば、宮沢は即座にウェイターの耳元で指示を呟《つぶや》き、そのウェイターはひとり目のホステスの耳元で交代を伝える。彼女が丁重に挨拶して席を立つと、すぐさま二番目のホステスが席につく。このホステスが客と意気投合しなければ、ゲームオーバー。彼女の役目は、客を最初の一時間の終わりまで引き留め、二時間目への延長に持ち込むことだ。成功すれば、第一ステージは宮沢の勝利となる。

「最初の一時間が一分でも過ぎると、そのホステスを別のテーブルに移動させ、今度は不細工な子に接待させる。さっきの美人と話したければ、客は三〇〇〇円の指名料を払わなきゃいけない。あるいは、『あの子とまた話したいんだけど』と客が言ったら、店員はこう答える。『申しわけありませんが、いまは取り込み中でして、三〇分お待ちいただけますか？』

がってな。そうこうしているうちに、時間は三時間目に突入。勘定は三万円になり、さらに上がっていく」と宮沢は語る。

「とにかく、よく観察することが大切だ」。ヘラジカの姿を追うベテラン猟師の笑みを浮かべながら、彼は続ける。「客の思考を見抜くんだ。トイレに行く途中で腕時計を確認したら、そろそろ帰ろうと考えている証拠だ。そんなときは、クラブ一の美人ホステスをあてがう。客がトイレから出てきたら、そのホステスが眼のまえで待ってるってわけさ。夢のホステスがね」。客がトイレのドアを閉めて出てくると、ホステスは熱いおしぼりを渡し、客の手を引いてテーブルに戻る。客はもう一杯だけ水割りを飲もうと店に残る。が、新しい女の子は一本三万円のシャンパンが飲みたいと言い出す。チクタク、チクタク。すぐに四時間目に突入。三時間と一分の滞在で、客は八万円近くを使ったことになる。そして、シャンパンを要求した夢の美女は、もう席にはいない。

宮沢はこう訴える。「大切なのは客の心理、つまり思考回路を見抜くこと。それにかけては俺は天才なんだ」

ホステス向きの女性のスカウトにも、彼はその才能を発揮した。老練な馬の仲買人のように、宮沢はホステス候補を的確に見定めた。「まず二二歳未満であること。花のような可憐なルックスも大切だ。クラブってところは、ひとりでも美人がいれば、ほかのホステスもみんな美人に見えてくるものさ。六本木は狭い世界だから、ひとり美人の子がいれば、すぐに噂は広がって店に行列ができるようになる。当時の俺のクラブには、街いちばんのきれいどころが揃ってた。とびっきりの美女ばっかりが。ホステス志望の女の子たちが東京に来るときは、働きたいクラブの候補ってのが決まってるもんだ。人気ナンバーワンは〈ワン・アイド・ジャック〉——いちばん大きな店だからね。次が俺の〈カドー〉だった。こっちのほうが人気が高かったこともあるくらいさ」。最盛期の一九九〇年代前半には、六本木の街頭でのスカウトだけでは、ホステスの供給が需要に追いつかない事態に至った。宮沢とイギリス人の妻（元ホステス）は、新鮮な才能を求めて海外に広告を出し、イギリス、スウェーデン、チェコスロバキア、フランス、ドイツへスカウトに出かけたという。

彼の言うとおり、宮沢は外国人の若い女性を知り尽くしていた。彼はそんな外国人女性を愛し、彼女たちを雇って生計を立てた。同時に、宮沢は外国人女性を軽蔑した。彼の口から出た数々の差別的な発言は、何気なく出てきた言葉ばかりであり、感情的でも意図的でもなかった。とはいえ、クラブ経営についての熱い思いを聞いたあとだったので、私にとっては衝撃だった。しかしよくよく聞いてみれば、それはホステスから受けた差別への裏返しでもあった。あるいは、ホステスに差別意識がなかったとしても、彼女たちの人を見下したような無関心な態度が、宮沢の眼には人種差別に映ったのかもしれない。

「ホステスのうち、まともなのは一割だけ。つまり、自分が日本にいる理由を理解している子だ。日本という国が好きで、文化に興味を持っているのは一〇人にひとりにすぎない」。東京でホステスとして雇った女性の多くは、タイにハマった旅行者だった。お決まりのバックパッカーの旅路を辿り、ドラッグ好きの若者が世界じゅうから集まる南部の島のフルムーンパーティに参加し、溢れんばかりのマリファナ、エクスタシー、コカインの罠に囚われた旅行者だ。「金が底をつくと、日本で簡単に稼げる仕事があるらしいと噂を聞きつける。それで日本にきて三ヵ月働き、金が貯まるとまたタイに戻る。彼女たちは日本が好きなわけじゃない。黄色人種へのリスペクトなんてこれっぽっちもありゃしない。ただ金が欲しいだけさ。

一割だけが、日本にいる理由をきちんと理解してる。九割は、自分の国に帰ったって仕事も見つからないような連中ばかりさ。そんな子は何もわかっちゃいない。ドラッグをやって、男を追いかけまわす――ただの遊び好きの女だ。週末は誰もがドラッグ三昧。いつもエクスタシーでラリって、どんちゃん騒ぎ。六本木のドラッグ文化は本当にクレイジーだ。おかしいよ。ドラッグをあまりやらないのは東欧の子たちで、彼女たちは稼いだ金をすべて母国の家族に送ってるんだ。

外国人ホステスの二割か三割は性の悩みを抱えてる。どういう意味かって？　父親にヤラれたってこと。ヤられまくりさ。昔、彼女たちはよく話してくれたよ。俺が相手だと話しやすいんだろうな。『カイ、父親がまだ私のボーイフレンドなの』って。そんな過去のせいで、彼女たちはみんな怒りを抱えていた。おそらく七割か八割は、母国で離婚経験があった。誰もがそういう過去を背負ってたんだ。辛い過去を。

彼女たちには友達なんていないから、人とうまくコミュニケーションが取れない。そしてタイに行って、ついに友達ができる。なぜか？　似たような人間が集まっているからさ。そんな子たちの共通言語はドラッグ。それが、週末に集まって共有するもの。おそらく、九割は客とヤってるだろうな。まあ、彼女たちがそれでよければいいさ。傷つくわけじゃあるまいし、気持ちよくなって、金をもらって、金持ちになれるんだ――なんの問題もない！」

こうした発言のすべてを、宮沢は自身の道徳観がホステスより優れていることを前提として話すため、こちらとしても真剣に受け止めるのがむずかしかった。私としては、一〇人中九人のホステスが売春行為に及んでいたとは信じがたかった。彼が適当に羅列したほかの割合についても、正確とは思えなかった。〝すべてのホステスは売春婦〟――そんな女性蔑視に基づく一般論を言い換えているだけのようにしか思えなかった。一方で、彼が説明したように、ドラッグ中毒で精神的に混乱した多くの女性が、ストリッパーやホステスとして六本木で働いていることは紛れもない事実だった。しかし宮沢があらわにした嫌悪は、別のことを私に教えてくれた。この世界の誰ひとり、ホステスを批判できる立場にはいないはずだ。にもかかわらず宮沢が彼女たちを批判したという事実は、彼自身の偽善を示すものであり、同時に一般的な日本人の態度を示唆するものなのではないか。私はそう思う。

六本木で少し過ごすだけで、夜の仕事の幅の広さにも眼が慣れてきて、徐々にウェイトレスとホステスの差、ストリッパーとマッサージ嬢の差がわかるようになってくる。しかし多くの人にとって、その差は不明瞭であり、とくに興味をそそるものでもない。「ホステスのなかには、自らの仕事が性行為をともなわないため、水商売ではないと考える人もいます(2)」

と語るのは、在日外国人女性の人権擁護活動に取り組む女性国会議員、福島瑞穂《ふくしまみずほ》だ。「しかし、外部の人たちにしてみれば、彼女たちが働くのはセックス産業そのものなんです」

人類学者のアン・アリスンはこう解説する。「ホステスの仕事――その性的な要素、彼女たちが属する水商売の世界――には、必ず淫らなイメージがつき纏う。(3)そんなイメージのせいで、その世界で働く女性はまっとうな結婚にふさわしくない、と見なされてしまう傾向がある。普通の母親になって普通の子供を育てるのにふさわしくない、と差別されるのだ……母性が女性に備わった〝本能〟という意識が根強い日本の文化では、水商売の女性はその本能に背いた人たちとなる。そのため、水商売の女性の地位は低い。また、その地位の低さのために、男性に利用されるのだ」

海兵隊員スコット

ルーシーの気持ちの落ち込みは五月末から六月まで続いた。しかし六月の第二週頃までに、心理状態は少しだけ落ち着き、彼女はまた将来について考えるようになった。「ここしばらく、ひどい感情に悶え苦しんできたけど――」とルーシーは日記に書いた。「今日の気分はOK。突然気づいたけど、ここに一月か二月まで滞在するっていうのはちょっと無理――私にはもっと広いスペースと新鮮な空気が必要。着いてからずっとそう感じてた」

ある金曜日、仕事を終えたルーシーとルイーズは〈ウォールストリート〉に行った。その日、ルイーズの新しい彼氏、フランス人のコーム(〔化粧品ブランド〈ランコム〉の後半に似た発音」とルーシーはサマンサに説明した）が、ルーシーのために友達を連れてくる約束だった。バーは混み合っており、男たちはまだ到着していなかった。「まだ来てなかったから、私たちはさきに席について飲みはじめてたの」とルーシーはサマンサへのメールに書いた。「そのとき、史上最高にセクシーなイケメンが登場！」。ルイーズがすぐに彼を席まで「誘い寄せ」た。「で、話しはじめたんだけど、彼って本当にかわいいの。名前はスコット。歳は二〇歳で、テキサス出身のアメリカ人。とろけるような甘い訛り。眼は青、身長一八八センチ、広い肩幅、割れた腹筋、明るい茶色のさらさらヘア、ぷりっとしたお尻。すぐにでもモデルの契約が取れそう。でも実際の仕事は……なんだと思う？……アメリカ軍の海兵隊員!!!　制服姿を想像してる??　私も想像しちゃった！」。すぐさま、ルーシーは戦略的な行動に出る。「その晩は、ただその時間を楽しもうって決めたの。興味がない振りをして（最初はみんなそうでしょ？）、セックスもしない――そうすれば、少なくとも〝負け〟っていう状況だけは避けられる。とにかく私は冷静さを保って、下手《したて》に出ないようにした。そうしたら彼、まるで花に引き寄せられるハチみたいだったんだから」

四人は六本木で最も老舗のディスコ〈レキシントン・クイーン〉に移動した。シャンパンを空け、ルーシーとスコットは一緒に踊った。「すぐに意気投合しちゃった。彼、踊りがとってもうまいの。私たちはまさにダンスフロアの主役って感じで、最高だった」。彼らは続いて〈ハイドアウト〉というバーに移った。太陽が昇りはじめる頃になると、コームが泥酔状態となり、ルイーズが家まで送っていくことになった。スコットの基地への最終電車の時間はとっくに過ぎていた。そこで、ルーシーは心を決める。ただし、彼女はここでも『ルールズ』の教えを忘れず、〝ファック・オフ・スピーチ〟と名づけた言葉を相手に伝え、それから彼を家に招いた。

ルーシーは、その夜の〝ファック・オフ・スピーチ〟を「実録!! 東京の思い出」とタイトルをつけた日記の特別なページに記録していた。「あなたはカッコいい。あなたと寝たい女の子は山のようにいるでしょうね。でも、私にそれを望むのなら、あなたは女の子選びをまちがった。もしそうなら、いますぐ消えて《ファック・オフ》」

〈代々木ハウス〉に着くと、ふたりはキスをした。しかし、ルーシーはスコットを二階の部屋に上げようとはしなかった。「初め、彼は少しがっかりしたみたいだった。でも考えてみれば、一夜限りのセックスならいつだってできる。でも、みんなが心から望むのは、誰かを愛し、愛されること。だから、ほかの女の子に気が向かないように、彼を私に夢中にさせる作戦に出たの。優しいソフトなキス――たっぷりの思わせぶりなキスで彼の気を惹く。長く、温かく、柔らかいハグ……なんと、それが成功!」

ルーシーがスコットに出会ったのは、二〇〇〇年六月九日の金曜日だった。それからの二二日間は、ルーシーにとってまさに幸せと喜びの日々だった。ふたりは日曜日の夕方にまた会う約束をした。ルーシーが出かける準備をしていると、バーテンダーのアレックスがセヴンオークスから電話をしてきた。ほんの数日前であれば、この電話は週いちばんの嬉しい出来事だったにちがいない。しかしその日、彼の電話はおまけでしかなかった。「いつものとおり、アレックスと話ができたのは嬉しかったけど――」と彼女は本心を日記に綴った。「毎回、彼が遠くに離れていくような気がする……だから、いまはスコットのことを考えよう」

アレックスの電話のせいで、ルーシーは約束の時間より三〇分遅れて、待ち合わせ場所である六本木交差点のピンク色の喫茶店〈アマンド〉に辿り着いた。「彼は青のトップとジーンズ姿。背を向けていたから、私に気がつかなかった。肩をぽんと叩くと、振り返った彼――ああ、驚くほどの美しさ。その眼は記憶よりも青かった。笑顔はもっと温かかった。キスはもっとドキドキだった」

ふたりは電車に乗ると、週末に東京の若者が集う原宿に行き、表参道――明治神宮の入口に向かって緩やかに傾斜する幅広の並木路――を散歩した。表参道は日本で最もロマンティックな通りであり、パリの大通りを思わせるアジア随一のお洒落スポットだ。「とっても話が合った」とルーシーの日記は続く。「彼といるとすごく居心地がよかったし、彼といる私は無理する必要がなかった……いっぱい話をしたけど、あまりに幸せで、あまりに嬉しくて、ふたりとも会話の八〇パーセントは上の空。とっても気持ちよかった。まるで酔っぱらって、笑いが止まらなくなるような感覚。でも、最後まで冷静さは保っていられた」

ふたりはイタリアン・レストランで夕食を食べたあと、長い歩道橋を渡り、表参道を横切っていった。六月の暑さと湿気のなか、歩道橋の高さまで伸びる街路樹には青々とした葉が

茂っていた。「歩道橋の途中で、私たちはキスをした。表参道は活気に溢れていたけれど、あたりは暗く、東京の夜景がはるか遠くまで見えた。キスをしているあいだ私は我を忘れ、心臓が咽喉から飛び出してくるような感覚に襲われ……唇を離すと、このうえない満足感に包まれた」

日記の裏表紙に、ルーシーはこのときの様子――美しい並木路に架かる歩道橋の上で、スコットとキスする姿――を絵に描いた。

「今日は、私の記憶のかぎり人生で初めて、一〇〇パーセント満足したと言える一日だった。こんなに多くを感じているのに、言葉が出てこない。こんな気持ちは初めて」

スコットと出会ったあとは、毎日が飛ぶように過ぎていった。最初のデートの翌日の月曜日のルーシーの日記には、こんな書き込みがあった。「平凡な一日や平凡な夜なのに、私は天にも昇る心地で、何もかも現実とは思えない」。翌朝、ルーシーは二日酔いで疲れ切った体に鞭を打ち、朝早く起床した。ルイーズと彼女の客と一緒に、東京近郊にある〈東京ディズニーランド〉に行く約束があったのだ。「土砂降りの雨で、私たちはふたりとも最悪の気分だった……でも現地に到着すると、元気になってもう大興奮」。水曜日の朝には事件が勃発。鏡を覗くと、唇に痛々しいヘルペスがいくつもできていた。ルーシーは、その夜のスコットとのデートをキャンセル。「クソみたいな気分だった。言うまでもなく、すごく恥ずかしかった――そして、醜かった」。代わりに彼女は鈴木健二と同伴し、〈ザ・ジョージアンクラブ〉に行った。「こんなに美しいレストランは人生で初めて。まるでお姫様になった気分」

ホステスの掟のひとつに、絶対に〝店外の〟恋人について客に話をしてはいけないというルールがある（念書に署名させるクラブまである）。しかし、鈴木がルーシーの変化――彼に対する関心の低下――に気がつくのも時間の問題だった。彼が大金を注ぎ込んで作り出した幻覚は、徐々に打ち砕かれようとしていた。そんな鈴木の自己防衛的な不安は、ルーシーへのメールにも顕著に表れるようになった。

「何も僕に謝る必要なんてないよ」。六月中旬、彼はこんな無邪気なメールを送った。「ホステスの仕事は、君自身が想像する以上にエネルギーを奪うものなんだろうね。よくわかる……ところで、君のボーイフレンドが日本に来ることになっているんじゃなかったっけ？は、は、は、は……」。しかしその数日後、彼は愛情と執着心いっぱいのメールを送る。「君に会いたくてたまらない。できれば、日曜日に会いたいな！」。日曜日になっても、ルーシーの返事はなかった。次に彼が送ったメールの言葉には、臆病ではあるものの、彼女を非難するような響きがあった。

意思疎通がうまくいっていなかったようだね。君は僕とディナーに行きたいんだと思ってたけど。とにかく、気が変わったら連絡してくれると嬉しい。

二時間半後、彼はまたメールを送った――件名は「Sayonara!!」

僕の小さな恋は、また終わってしまうみたいだ。でも、僕のかわい子ちゃん、心配しなくていい。東京で楽しい時間を過ごしてくれ。さようなら《オ・ルヴォワール》！

その週末、ルーシーはもちろんスコットと一緒だった。会うたびに、彼女はどんどん彼に惹かれていった。

デート前日、ルーシーは朝六時まで眠ることができなかった。「ドキドキが止まらなくて……眠れない。目蓋《まぶた》はずっしり重いのに」とルーシーは日記に綴った。昼下がりに会ったふたりは、代々木公園の木の下に坐って「ひたすら話しつづけた」という。暖かな太陽の下、人々は芝生の上に寝そべったり、道端で演奏するバンドの音楽に合わせて踊ったりしていた。

「暗くなってきたので、私たちは移動することにした。スコットはきっと気づきもしてないだろうな。このあと、私たちは出会ってから最高の会話をすることになるなんて。この会話で、私は彼といままで以上に深く繋がった気がする。彼が想像できないほど深く」

週末になると、原宿駅と代々木公園のあいだの広場では、さまざまなミュージシャンや大道芸人がパフォーマンスを繰り広げる。ルーシーとスコットも立ち止まり、ジャグラーの見事な演技をしばらく眺めた。ここから、才能と業績についての会話が始まる――秀でた才能や立派な業績を持つ者と、持たざる者について。ルーシーの日記はこう続く。「すると、彼は自分のなかでいちばん不安定な要素（常に恐れていること）について話し出した。それは、自分があまりに平凡だということだった。それを聞いた瞬間、脚の力が抜け、いまにも涙が溢れそうになった（大げさに言ってるわけじゃない）」

スコットの口から出てきたのは、ルーシー自身の考えそのものだった。「とにかく信じられなかった。いまだに（一週間経ったいまでも）私が味わった感覚を正確に説明することはできない――強いて言うなら、大きな安堵と繋がりのような感覚だろうか。〝つき合いはじめたばかりのこの人と、同じ感情を共有していた〟〝私はもう恐れたり迷ったりする必要はない〟という感覚。もし彼がこの日記を読んだら、大げさだと言うかもしれない。でもきっといつか、私も同じ気持ちなのだと伝え、彼の恐怖を消し去ってみせる」

その夜、ふたりはステーキ・レストランで夕食を食べた。当然のことながら、スコットは基地に戻る最終電車を逃し、ルーシーと一夜をともにすることになった。「美しい日だった」と彼女は書き留めた。「最初の夜に断っておいて本当によかった。驚くべきことに、日々のちっぽけに思えるそんな決断が、私たちの人生の道筋を一瞬にして変えてしまう」

「まだ生きてるよ！」

二〇〇〇年夏、アジアの政治は大きな転換期を迎えていた。五月一四日、六週間前に脳梗塞で倒れて入院中だった小渕恵三《おぶちけいぞう》首相が死亡。ルーシーとルイーズがディズニーランドを訪れた六月一三日、北朝鮮と韓国のリーダーが朝鮮戦争後初となる南北首脳会談を開催し、両国の友好と平和について話し合った。その頃、日本では総選挙が告示され、党の公約を拡声器で訴える選挙カーが日本じゅうを走りまわり、街のあちこちで候補者が街頭演説を行なっていた。

そういった政治的な出来事が、ルーシーや彼女の世界に影響を及ぼすことはなかった。六月二〇日の火曜日、彼女は再びスコットと会って一緒に朝食を食べ、その後はまた代々木公園で日光浴をして過ごした。「まるで鍵と鍵穴みたいに、私たちはぴったり」と彼女は日記に書いた。「私の気持ちは増していくばかり。恐怖を知るたび、疑いを抱くたび、情熱を感じるたびに増していく」

水曜日、彼女は投資銀行家のセイジと同伴した。翌日の木曜日は、大手電子機器メーカーに勤めるショウジと同伴出勤した。

金曜日の夜、ルーシーは〈カサブランカ〉でコーワと名乗る男のテーブルについた。少し舌足らずではあったが、流暢な英語を話す客だった。ルイーズもしばらく同席した。彼はシャンパンやコニャックを派手に飲むと、店を出るまえにルーシーに約束した。翌週の同伴をアレンジするために電話する、と。

日曜日は衆議院選挙の投票日だった。ルーシーは鈴木健二からの惨めなメールを無視し、スコットと週末を過ごした。

火曜日、彼女はジムのスタジオレッスンに参加。翌六月二八日の水曜日、ルーシーは写真好きの渡辺と同伴出勤した。ふたりは、翌週の火曜日にも夕食に行くことを約束した。木曜日、再びスコットとデート。この頃、ルーシーの日記はしばらく滞ったままだった。が、のちにスコットがその日のルーシーの様子についてこう証言した。「ルーシーはとても幸せそうでした(4)。その日、僕は〝愛してる〟と初めて言葉に出して言いました。僕がさきに伝えたことが、彼女としては嬉しかったみたいです。『私も同じ気持ち。あなたのことが大好き』とルーシーは言いました。僕への気持ちが強すぎて、胸騒ぎがして、不安になるほどなんだ。僕が気持ちを伝えたとき、脚の力が抜けてしまったんだよって」

六月三〇日の金曜日、ルーシーは母親のジェーンにメールを送った。何日か連絡を怠っており、母から心配するメールが届いていたのだ。ルーシーはメールにこんな件名をつけた——「まだ生きてるよ！」

第三部

捜索

（前頁：ティム・ブラックマンとソフィー・ブラックマン。東京にて。
©Jeremy Sutton-Hibbert）

第七章　大変なことが起きた

消えたルーシー

ルーシー・ブラックマンとルイーズ・フィリップスは同じ年に生まれ、同じ学校に通い、音楽と洋服のセンスも同じだった。お互いの実家も二〇キロほどしか離れていなかった。しかし、ふたりを大きく隔てるものがひとつあった——イギリスの社会階級の見えない亀裂だ。それは、彼女たちにとっては無意味でしかなかったが、周囲の人間の判断や考え方には大きな影響を与えるものだった。

ブラックマン一家の子供たち——私立学校に通い、親は実業家で、高級住宅地セヴンオークスの住人——は、いかにも品のいいロンドン近郊諸州《ホーム・カウンティ》のアクセントで話した。一方、ルイーズが話す英語は、ロンドン南東部の労働者階級の子供特有のアクセントだった。彼女の父親は大工として成功を収め、ブロムリー郊外のケストン村に大きな家を構え、家族を養っていた。しかし、彼は五一歳でこの世を去った。父親の早すぎる死は、それまで金銭的にも社会的にも希望に満ちていた妻とふたりの若い娘の人生に、暗い影を落とした。ルイーズが〈ウォルサムストウ・ホール〉に通うことができたのは、奨学金のおかげだった。この事実――加えて、彼女の労働者階級のアクセント――は、一瞬のうちにほかの同級生から彼女を隔てるものだった。一部のお嬢様軍団は、ルイーズのことを陰で〝浮浪児〟と呼んで馬鹿にしたという。

そんなエリートかぶれの集団のなかでは、異端児は痛めつけられるのが常だが、ルイーズは相手を軽蔑し、果敢に抵抗した。いじめっ子をまえにしても、彼女は怯むことなく立ち向かい、ルーシーと自分に嫌がらせしそうな生徒たちを次々に撃退していった。一〇代のルイーズは、やんちゃで大胆だった。ほかの同級生たちは地元のパブでこっそりと酒を飲む程度だったのに対し、ルイーズはルーシーを連れてカムデンや南ロンドンに足を運び、洒落たバーやクラブで遊ぶスリルを楽しんだ。そんなルイーズをブラックマン一家は温かく迎えた。が、一方のルイーズは、ルーシーに悪い影響を与える友人として疎ましく思われていると感じることもあった。ふたりが門限を破ったとき、責めを負うのは決まってルイーズだった（とルーシーには見えた）。ルーシーのほうもノリノリで参加していたにもかかわらず。

ルイーズはルーシーの不安定な心の内を深く理解し、両親の別居や離婚の影響を最も近くで見届けてきた。早い段階から、彼女はルーシーの父親ティムのことを嫌うようになった。彼がルイーズのことを娘の友人として認めようとしなかったことも理由のひとつだった。しかしそれ以上に、体重や外見について思いやりのない発言を無意識のうちに繰り返し、ルーシーの心を傷つけることが赦せなかった。ルイーズはきちんと理解していた——ルーシーが自らの見た目に自信を持てないことも、ルイーズがルックスを武器に何人もの男を落とす姿を遠くから物憂げに見つめていたことも。しかし、ルイーズにはルイーズで大きな悩みがあった。

父親の死は、彼女にとてつもない影響を及ぼした。何年ものあいだ、自己破壊的な絶望に心を蝕まれ、拒食症に苦しんだ。この辛い時期に誰よりもそばで見守ってくれたのが、ルーシーだった。それこそが、彼女たちの友情について、ほかの多くの人が見逃している点だった。ルイーズのほうも、ルーシーを心から頼りにしていた。彼女の言語や絵や料理の才能、忠誠心、ユーモアのセンスを崇拝していたのだ。

ルイーズは当初、ひとりで日本に行く予定だった。ルーシーが一緒に来ることを決め、チケット代の半分を負担するとまで言い出したときには、嬉しくてたまらなかったという。しかし、ルーシーにプレッシャーをかけたことはない、と彼女は強く主張した。東京行きは、ルーシーがルイーズのあとを追いかけるという学校時代から続くいつものパターンであり、ルーシー自らの意志によるものだった。事実、当時の彼女には逃げ出したい理由がいくらでもあった。

「借金のことでルーシーはひどく悩んでいました」。事件後しばらく経ってからのインタビューで、ルイーズは私に語った。「あまりの不安に、夜中に急に眼が覚めることもあるって。とにかく、早く解決できる方法を探していました。何年もかけずに返済するには、日本行きしか方法がなかった。ただ、お母さんから離れるのは、うしろめたく感じていたようです。ジェーンから逃げたかったというわけではありません。ルーシーはただ気楽な生活を送りたかった。普通の二一歳のように行動したかった。ジェーンは最後までルーシーを行かせようとしませんでした。でもそれは、ルーシーに不幸が降りかかると予想していたからではありません。もちろん、そういう考えもあったのでしょうが、なにより彼女はルーシーに置いていかれたくなかったんです」

東京での最初の数週間は、ふたりにとって気苦労の絶えないものだった。が、より苦しんだのはルーシーのほうだった。彼女がホステスとしてなかなか成果を出せない一方で、ルイーズは初めから成績抜群だった。実際に口にすることはなかったものの、ふたりの友情にはかつてないほどの緊張が張り詰めていた。ところが、それも六月に入ると、峠を越したかのように状況が一変した。「最初の一ヵ月は、私たちふたりにとって、それぞれちがう意味で精神的に大変な時期だったね」。ある日、ルーシーはルイーズに手紙で伝えた。「でも昨日からは、いままで以上に友情が深まったと感じてるよ。あなたは私の真のソウルメイト。私という人間について、ほかの誰も知らないことをあなたは知ってる。ほかの人には見えないことを、私のなかに見出してくれる。部屋に入った瞬間に、私の気持ちをわかってくれる」

七月一日、土曜日——昼近くに眼を覚ましたふたりは、どちらも希望に満ち溢れていた。ついにルーシーにも、多くの常連客がつくようになった。フランス人の彼氏コームとしばらく喧嘩中だったルイーズも、仲直りしたばかりだった。前日の夜の〈カサブランカ〉では、ルーシーとルイーズは感じのいい若いサラリーマンのふたり組、ヨシダとタナカのテーブルにつき、翌週にダブル同伴する約束を取りつけていた。

ふたりは二時半に店を離れてタクシーで帰宅すると、台所で紅茶を飲みながらバタートーストを食べ、四時に就寝。「ふたりとも興奮していました」とルイーズは言った。「二カ月店で働いてきて、やっと結果を出せた気がしたんです。それに、来週の月曜日は給料日。すべてが順調でした。これで辛い時期が終わって、これからは楽しくなるだけだと考えていました」

土曜日の午後、ルーシーは家を出たきり戻らなかった。月曜日の朝、ルイーズは警察に行き、月曜日の午後には例の異様な電話を受けた。しかし、ルイーズがブラックマン一家に初めて連絡を取ったのは、ルーシーが失踪してから二日以上経った月曜日の夜遅くになってからだった。イギリスの昼下がり、自宅にいたジェーンは、菓子を詰めた小包を東京の娘に送るため、郵便局に出かけるところだった。ルーシーが無事日本に到着したあとでさえ、彼女の大きな不安が解消されることはなかった。そんななかで、予想通りの知らせが舞い込んできたのだ。ジェーンはあまりの恐怖にパニック状態に陥った。ソフィーとルパートもすぐにセヴンオークスの小さな家に戻り、ヴァルとサマンサ・バーマンも駆けつけた。さらに、ジエイミー・ガスコインも知らせを受けるなり、ロンドンから車でやってきた。

誰も、その情報を咀嚼《そしやく》することができなかった。ルーシーの失踪に加え、ルイーズが涙ながらに説明した奇妙な電話の内容――〝ニューリー・リズン・リリジョン〟〝タカギアキラ〟〝チバ〟――それらが何を意味するのか、どこにあるのか、誰も理解できなかった。「家はまるで修羅場ですよ」。一六歳の高校生だったルパート・ブラックマンが、そのときの様子について振り返った。「母さんは頭をちょん切られたニワトリみたいでした。日本で誰かが失踪したとき、いったい何をすればいいのか？　誰も何もわかりませんでした。僕はインターネットで〝ニューリー・リズン・リリジョン〟について調べたり、昔に習っていた柔道の先生に連絡を取ってアドバイスを求めたりしました。日本との繋がりといったら、それくらいしか思い浮かばなくて。そして、あの瞬間がやってきました――突然、地面からすっと上空に浮き上がって、下を見下ろす感覚になったんです。そこから、ひとりの人間を捜し出さなきゃいけない。まさに〝干し草の山で針を探す〟感覚です。実に奇妙な気持ちでした。あの感覚は、言葉では説明できません。何か物を失くしただけでも大事《おおごと》なのに、なくなったのが人間となると、それはひどいものですよ。それに、ショッピングセンターでいなくなったんじゃない。別の大陸でいなくなったんです。いったい何から始めたらいいのか？　知り合いもいないし、文化もまったくちがう。世界でいちばん起きてほしくないところで、事件が起きてしまった」

やっとのことで事態を呑み込みはじめると、ジェーンはワイト島のティムに電話をした。ちょうど、ティムは自宅の裏庭で遅い午後の日光浴を楽しんでいる最中だった。離婚後、ふたりが話すのは初めてだった。そのときの会話の記録には、ふたつのバージョンがある――

ジェーンの証言と、ティムの証言だ[1]。

　ジェーンの証言——

ジェーン：ティム、ティム、ジェーンよ。大変なことが起きたの——ルーシーがいなくなったのよ。

ティム：で、俺に何をしろって？

ジェーン：私たちの娘が日本で失踪したのよ。どうして……あなたが行って連れ戻してきたらどう？

ティム：外務省と警察がちゃんと捜査してるだろう。俺たちの出る幕じゃない。

ジェーン：でもティム……

ティム：悪いが、バーベキューの真っ最中なんだ。じゃあな。

ジェーン：ティム、ティム、お願いだから……

ティム：いい加減にしてくれ《ファック・オフ》。

彼は電話を切った。

　ティムの証言——

ジェーン：ルーシーがいなくなったの。助けて！

ティム：おいおい、ちょっと待て。落ち着いてくれ。ジェーンなのか？　とにかく、落ち着くんだ、ジェーン――何があった？
ジェーン：私たちの娘が日本で失踪したの！　お願いだから、あなたが行って連れ戻してきて！
ティム：失踪したってどういうことだよ？　いったい何があったんだ？　とにかく落ち着いて――
ジェーン：もう、役立たず！　言ったでしょ？　ルーシーが失踪したの。信じられない。あんた、捜しにいかないつもりね？
ティム：ジェーン……俺……いますぐ決めろって言われたって無理だろ。いろいろと考えなきゃ。もう一度、何があったのか詳しく話してくれ。いま、バーベキューの――
ジェーン：あんたってとことん最低ね！　自分の娘が大変なことに巻き込まれてるのよ！　あんたって人は、自分のことしか興味がないのよね。
彼女は電話を切った。

結局、翌日に日本へ行くと立候補したのはソフィーで、ジェイミー・ガスコインも彼女につき添うことになった。「ルーシーはチバにいるんでしょ？　私が行って見つけ出すわ」とソフィーは母親に言った。「もしカルト集団に誘拐されたのなら、私が身代わりになって、ルーシーを助け出す」

冷静な父親

ソフィーは二〇歳、ジェイミーは二三歳。どちらも、故郷からこれほど離れた場所に行ったことはなかった。さらに最初の七日間は、日本にいた関係者は彼らふたりだけだった。ジェイミーはルーシーの元彼ではあったが、もともとソフィーは彼のことがあまり好きではなかった。ジェイミーが同行するというのは、母ジェーンの発案だった。一週間、ふたりは大使館と警察署の往復を繰り返したが、何ひとつ成果はなかった。英国大使館では頼りない不安の表情に迎えられ、六本木の麻布警察署ではよそよそしい無関心に迎えられた。ルイーズはすでにルーシーの捜索願を警察に提出していたが、それは書類棚に眠る一枚の紙切れにすぎなかった。そんな状況ではあったものの、ふたりは千葉《チバ》についての情報を手に入れた——千葉は約九〇万人が住む大都市の名前であるだけでなく、五〇〇万人以上の人口を抱える県の名前でもあった。それも、ケント州と大《グレーター》ロンドンを合わせた面積に及ぶ大きな県だ。また〝ニューリー・リズン・リリジョン〟という名前も、英語で言うところの〝ニュー・エイジ・カルト〟を意味する日本語〝新興宗教〟を英語に直訳しただけのもので、そういった団体は日本国内に無数に存在することもわかった。

セヴンオークスの母ジェーンは不安に取り憑かれ、正常に会話できる状態ではなかった。そのため、ソフィーは数時間おきに父ティムと電話で相談を繰り返した。彼らは、こういった状況では避けられないジレンマに直面していた——情報を公表すべきかどうか。ルーシーの身に何があったのか、知る人がどこかにいるはずだ。失踪した日に彼女を目撃した人がいるはずだ。目撃者を見つけるには、公の場で情報を求めるしか道はなかった。一方で、身代金目的の誘拐だとすれば、これから金の要求があり、交渉の機会が訪れるはずだ。もし金以外が目的の誘拐——たとえばレイプ——だとすれば、まだ生きている被害者をどう扱えばいいか、犯人は悩んでいるかもしれない。誘拐の目的がどちらにしろ、メディアで大騒ぎになれば、犯人が焦って取り返しのつかない事態になることも考えられた。「公表すれば、ルーシーが殺されるリスクがありました」とソフィーは語った。「でも公表しなければ、姉を見つける機会さえ失われる恐れがありました」

警察は、どうしてもマスコミと関わりを持ちたくないようだった。大使館の職員も表面的には家族の意思に任せると言うものの、実際は日本の警察と同意見という印象だった。日本に到着するまえ、ソフィーは誘拐犯の部屋のドアまで突進し、姉を慕う愛の力によってルーシーを連れ戻す意気込みだった。しかし日本に着いたとたん、物語はすぐに複雑になった。ジグソーパズルのように、数多くのピースが眼のまえに散らばっていた。そのすべてを動かし、正しい順番に並べる必要があった——警察、大使館、メディア、さらには互いに言い争う両親まで。利害が衝突するそんな各ピースに、正しい方法で向き合う必要があったのだ。

時差ぼけと不安のせいで、ソフィーは眠ることさえままならなかった。ある夜、彼女は悪夢を見た。テレビゲームかハリウッド映画のなかに閉じ込められる夢だ。ソフィーはジェームズ・ボンドかブルース・ウィリスのようなアクション・ヒーローになり、時間内に世界を救う冒険に出る。しかし彼女の果たすべき任務は、爆弾処理でも、人質救出でも、テロリスト殺害でもなかった。警察をやる気にさせ、外交官と良好な関係を保ち、マスコミを取り込み、両親の仲介をすることだった。タイムオーバーになれば、どこかにいる誰か——顔の見えない未知の悪党——が姉を殺してしまう。

「私たちは二者択一を迫られました」とソフィーは言った。「マスコミには接触せず、警察からの情報をひたすら待つか。それとも、警察なんて当てにせず、マスコミを利用して世間の注目を集め、捜査にプレッシャーをかけるか。結局、私たちはマスコミを選びました」。実際のところ、それはブラックマン一家が下した決断ではなかった。ロンドンにいたルイーズ・フィリップスの姉エマが、相談もなしに《デイリー・テレグラフ》紙の記者に事件のことを話してしまったのだ。数日のうちに、ルーシーの失踪はイギリスで大々的に報道されるようになった。が、情報は錯綜していた。(2)

　昨夜、元〈英国航空〉客室乗務員のルーシー・ブラックマンが、日本の悪徳カルト教団によって性奴隷として誘拐されたことがわかった。不安は高まるばかりである。

——《ザ・サン》

警察によると、ルーシー・ブラックマン（21）が不気味な集団の餌食となり、売春を強

要された可能性があるとのこと。――《デイリー・ミラー》

ルーシー・ブラックマンが深夜営業のメンバーズクラブ〈カサブランカ〉の客に誘拐された可能性について、警察の捜査が進む。二一歳のブラックマンの仕事は、酒を飲む客と話をすることだった。――《インディペンデント》

ルーシー・ブラックマンの運命は日本の〝マフィア〟が握っている可能性大。――《セヴンオークス・クーリエ》

東京在住の記者にとって、それは厄介な事件だった。日本の警察はいっさいのコメントを拒否。英国大使館も、警察より対応は丁寧だったものの、情報をほとんど出そうとしなかった。六本木のクラブのマネージャーや外国人ホステスたちはみな一様に口を閉ざし、なんとか話を聞けたとしても、戸惑いや不安を語るだけだった。さらに、ソフィー・ブラックマンのマスコミへの態度には、好戦的かつ侮蔑的なところがあった。いずれにしろ、客室乗務員の失踪という謎は、人々の耳目を集めるものではあったが、トップニュースとまではいかなかった。世界じゅうで毎日のように、つまらない理由で人々は失踪しているのだ。父ティムがいなければ、ルーシーの事件はすぐにでも世間から忘れ去られていたことだろう。翌週の火曜日、ルーシーが行方不明になってから一〇日後、ティムは来日した。そして到着後すぐ、彼は見事な才能を発揮することになる——記者会見だ。

日本と同じようにイギリスでも、耐えがたい状況に置かれた人間が公の場でどのように振る舞うべきか、という絶対的な慣習がある。苦しむ被害者は困り果て、衰弱し、無抵抗——それが一般的な被害者像だ。そのルール通りに振る舞わない人には、疑いの眼が向けられることになる。

ブラックマン一家の東京での言動は、そんな慣習の正反対を行くものだった。

怪しげな誘拐事件に娘が巻き込まれた場合、日本の家族ならどう行動するか？　まず下を向いたまま、とぼとぼとカメラのまえに登場する。そして、言葉少なにたどたどしく話し出す。愛するわが子の身の安全を願い、娘を解放してくれるように誘拐者の良心に訴える。彼らは涙を流し、謝罪（あるいはそれに近いこと）さえするかもしれない。「事件によって多くの方々にご迷惑をおかけしました」と。記者たちの質問はどれも型通りだ。娘さんはどんな性格でしたか？　誘拐犯に言いたいことは？　不幸な家族は再びとぼとぼとその場を去り、そのあとは多くを語らない。日本では、マスコミ対応や捜査方法を含め、すべてが警察に一任される。それが常識なのだ。

では、イギリスではどうか？　おそらく、個人の怒りや憤りをもう少し表現することが赦されるだろう。が、限度というものがある。イギリスにも、ブラックマン一家の状況に立たされた人々が従うべき暗黙の規範が存在する——人の死を追悼する方法に、従うべき規範があるのと同じだ。ティムとソフィーに出会うまえ、私はそんな規範があることさえ知らなかった。皮肉にも、彼らが慣習を最初から完全に無視したことで、規範の存在がかえって目立つことになった。

ティムの最初の記者会見は、彼が東京に到着した翌朝、英国大使館で開かれた。会場は人、カメラ、照明機材でごった返し、すべての席がふさがり、通路にまで記者が立つほどの混雑ぶりだった。演壇のテーブルのうしろにはティムとソフィー・ブラックマン、その隣に大使館の報道担当官が坐った。まず、報道担当官が簡単に状況を説明したが、彼女は大げさなほどの優しさと痛切さを声に滲ませた——若者が絡む悲劇的な事件について、公の場で話すときの適切な話し方というものなのだろう。次に、ティムが話し出した。四〇代後半の恰幅のいい長身で、鋭い青い眼、赤みがかったブロンドの豊かな髪が際立っていた。彼は自信に溢れ、雄弁で、活き活きとさえしているように見えた。「きわめて冷静」と私はメモを取った。「感心するほど冷静だ。声を詰まらせることもなく、感情を出さない。もみあげが長い」

「はい」とティムは最初の質問に答えた。昨日到着した直後に警察と面会し、警察はあらゆる可能性を探っている印象だった、と。「はい」と次の質問にも答えた。日本のルーシーとは電話で定期的に連絡を取っており、娘は楽しそうだった。タカギアキラの電話に話題が及び、ルーシーがカルト教団に入信した可能性について訊かれると、ティムはぴしゃりと否定した。「ルーシーはカトリック教徒です。娘はこれまで宗教自体に大きな興味を示したことがなく、土曜日の午後に突然カルト宗教に興味を持つとは、まず考えられません」

ルーシーが借金を抱えていたことは事実だ、とティムは認めた。しかし、それは常識の範囲内の〝計画的な〟オーバードラフトとクレジットカードの支払いであり、数千ポンドにすぎないと強調した。また、警察とマスコミを支援するために来日したと彼は説明した。「ルーシーが日本の道端を歩いていたり、車に乗っていたりすれば、かなり目立つはずです。市民のみなさん、あの子が歩く姿や、車で通りすぎるところを見た覚えのある方は、どうか連絡をしてください。私たちにとって、それが重要な手がかりになるのです」

ティムの受け答えはどれも淀みなく正確だった。情報の提供者としては完璧だったが、それは記者やカメラマンが彼に求める役割ではなかった。記者会見や電話での会話の最中、ティムは答える直前にいっとき押し黙ることがたまにあった。沈黙が長く続くと、会場はさらなる緊張感に包まれた。そんな瞬間、誰もが察したものだ。いま、ティムは自分の頭に湧き起こる感情をなんとか抑え込もうとしているのだろう。しかし、沈黙は引用できないし、写真に撮ることもできない。しばらくしてティムの口から聞こえるのは、力強く、落ち着いて、淡々とした、皮肉っぽい響きさえある声だった。常に雄弁ではあったが、用意周到な印象はなく、メモを参照することもなかった。ときどき、横のソフィーと眼を合わせ、ほほ笑み合うこともあった。演壇上の彼は、会場の雰囲気に呑み込まれることもなく、リラックスしているようにも見えた。翌日、一部の新聞は記事内でこんな安易なフレーズを使った。〝狼狽する父ティム〟〝動揺する妹ソフィー〟〝必死に涙をこらえるふたり〟――すべて嘘だった。ティムとソフィー以上に、冷静で悠然とした父娘はいなかった。

イギリス人記者のひとりが手を挙げ、ルーシーの現在の交際相手について尋ねた。ティムは「相手のことを直接知っているわけではないが、彼は外国人で、警察に事情を聴かれているはずです」と答えた。記者は、それまでほとんど発言のなかったソフィーにも同じ質問を投げかけた。その日、大使館の報道担当官はソフィーに記者会見に参加しないよう勧めていたという。マスコミが彼女を挑発し、わざと動揺させようとする恐れがあるから、と。(3) それが狙いだったとすれば、マスコミはがっかりしたことだろう。「もちろん、彼のことは聞いています。ルーシーは私の姉ですから」とソフィーは口を歪めて言った。「彼とは日本で会い、交際を始めたと聞きました。それ以上の詳細については、あなた方には関係のないことです」

演壇の下で身をかがめたカメラマンたちは、父娘にレンズを向け、翌日の新聞を飾るショットの瞬間を待っていた。涙を拭う指、不安と悲しみに歪んだ表情、あるいは父娘の握りしめた拳でもよかった。しかし、そんな光景はいっさい見られなかった。外見について、どこか不思議な感じがしたのだ。しかし、彼はまさにその場にぴったりの恰好だった――ブレザー、黒っぽいズボン、革のタッセルローファー……そこで、私は気がついた。

照明機材やカメラの撤収が進むなか、知り合いの日本人記者が顔をしかめて近づいてきた。「ブラックマンさんの印象はどうだった？」と彼は訊いた。「それと、どうして靴下を穿いてないのかな？」

「私はヨットマンだ」と数年後にティムは教えてくれた。「だから、必要に迫られないかぎり靴下は穿かないんです。それに、あのときの東京はとても暑かったからね」。記者会見での落ち着きぶりについて尋ねると、彼は言った。「事前に、娘とふたりで決めていたんですよ――にやにや笑うこと、泣くこと、それだけは避けようって」

ティムは一九五三年にケントで生まれ、のちにワイト島に移って学校生活を送った。同じくボート好きの父親は、非常に厳格な性格だったという。三人きょうだいの末っ子だったティムは、彼曰く〝完璧なお荷物〟だった。「やんちゃな末っ子で、言うことをぜんぜん聞かなかった。当時の父はとても厳しく、私に怒鳴ってばかりでした」と彼は語る。「やめる加減ってものがわかってなくて、いまで言う多動性障害《ADHD》ってところかもしれません」。学校では、地域でも有名なブルーグラス・バンドに所属し、四弦バンジョーを担当[4]。バンドは数々の音楽祭で演奏し、LPレコードを発売したものの「まったく売れなかった」という。ティムに大学進学の希望はなく、学校を出たあとは数年のあいだ悠々自適に過ごした。そのうち、〝自信満々の女たらし〟の異名を取るようになり、のちに出会うジェーンにもその噂は届いていた。

ティムの話によれば、結婚生活は始まった直後からすでに亀裂が生じはじめ、年を追うごとに惨めなものになったという。離婚前後の数年は、仕事上の重圧と生活上の不幸が重なる苦しい時期だった。家族経営の靴店の経営が悪化の一途を辿り、その後起ち上げた不動産会社も破綻に追い込まれた。しかし二〇〇〇年までに、ティムはなんとか新たなビジネスを軌道に乗せ、ジョセフィン・バーのパートナーとして、また四人の一〇代の子供の義父として幸せな生活を送っていた。離婚後も、自身の子供であるソフィーとルパートとの交流は続き、のちにルーシーとの関係も回復した。

ルーシーの日本行きについては、会話内で少しずつ出てくるようになった。娘が〈英国航空〉の仕事に満足していないことも、長距離線の仕事の影響で再び体調を崩しつつあったことも、ティムは知っていた。さらに、ルーシーの借金についても把握しており、代わりに清算してほしいと直接頼まれたことがあった。「私は借金の返済を管理する方法を教えました」と彼は言う。「いろいろとコツを教えてね。当時の私は、五〇〇〇ポンドもの小切手を簡単に切れるような経済状況ではなかったし、ルーシーに悪い癖がつくのもよくないと思いました。私が代わりに清算していれば、娘は東京に行かなくて済んだ――もちろん、その考えが頭から離れることはありません。けれど、借金がなくてもルーシーは東京に行っていたかもしれないし、私はそのことで自分を責めつづけたりはしません。その罠にはまると、逃げ道がなくなってしまいます。そんなふうに考えても、何も変わりはしませんよ」

出発前、ルーシーはホステスの仕事についてティムに何も言わなかった。「おそらく、私が反対すると思ったんでしょう――きっと反対していたでしょうね。みっともないでしょう？　あの子の賢さはそんなことのためにあるんじゃない。私は男だから、よくわかるんですよ。どんなにその仕事が安全だと言ったって、男は女を性的な眼で見るものです。しばらく経って、ルーシーはやっとすべてを話してくれました。いま思えば、私は騙されやすい父親の典型だったわけですね」

ルーシーが日本に着いてからも、ティムのもとには定期的に電話が入り、ポストカードが届くこともあった。当初、彼女はひどいホームシックに苦しんでいた。また、東京の物価が高く、生活は常にぎりぎりだった。それを聞いたティムは帰国するように勧めたが、ルーシーはルイーズを見捨てようとはしなかった。数週間後、彼女は仕事のことを初めて父親に打ち明けた。「少し奇妙な仕事ではあるけれど、けっこう楽しくやってると言ってました。欧米から来た子が客に酒を注ぐだけなんだ。イギリス人の女の子も三、四人いるし、日本人の客はおもしろい人ばかりだ、とね。日本人はみんなこういうふうに話すって言うんですよ――ファ、フィ、ファ、フィ、フォ。仕事が終わったあとは、近くのバーで二、三杯ビールを飲んでから、自転車で家に帰ると説明していました。それと、ハンサムなアメリカ軍の海兵隊員、スコットに出会ったことも話してくれましたよ。あれやこれや、とても幸せそうにしゃべっていました。その頃のルーシーは、最初よりも明らかに日本滞在を楽しみはじめていたようでした」

そしてあの日、ジェーンからの電話が来る。どちらのバージョンが正しいにしろ、ティムがルーシー失踪の知らせを元妻よりもずっと冷静に受け止めたことはまちがいない。「あのときにどういう気持ちだったか、さんざん訊かれました」と彼は言った。「でも、あまりに非現実的な状況で、自分がどんな感情だったかなんて覚えていません。受話器の向こうのジェーンから、ありとあらゆる罵声を浴びせられていたんですよ。私はただ裏庭の椅子に坐って、アオガラの鳴き声に耳を澄ますしかなかった」

それから数時間のうちに、まだ状況がほぼ見えない段階で、ソフィーがルーシーの身代わりになると言って東京に向かった。ティムは日本のことなど何も知らなかった。息子のルパートと同じように、彼もまた仕事上の知り合いや親戚の友人など、日本に関連する経験や知識のある人を探し、手あたり次第に電話した。そんななか、ティムの兄の知人の日本人がこう言ったという――ひとりのイギリス人の若い女性が東京で行方不明になったとして、日本の警察が本格的な捜査を始めるとは考えがたい。「同じようなことを、複数の人間から聞かされました」とティムは言う。「そこで私はパニックになりました。はっと気がついたんです。この状況では、はるか遠くの外国機関に頼るしか道はない。娘の生死が関わるこの問題を解決できるかどうか、すべては彼らの手にかかっている。なのに、その外国機関がきっと動き出さないだろう、と周囲の人たちが言ったんです」

その頃になると、記者からも電話が入りはじめた。「ジェーンは記者からの電話に、夜中の二時にかかってくる電話と同じ型通りの対応をしました――F《ファック》で始まる単語をたくさん使ってね」とティムは当時を回想する。「私はちがいました。記者から電話がかかってくるようになると、知っていることを話しました。そのとき突然、全体像が見えはじめたんです。それで、思ったんですよ。自分たちで事態を動かすには、まずはルーシーが失踪したことを人々に知ってもらう必要がある。

それから、東京のソフィーから『完全にお手上げ状態。警察は何も教えてくれない』と連絡がありました。私は徐々にわかってきました。イギリス国内で大きな関心を集めることができれば、状況が何か変わるかもしれない。それで、私自身が日本へ行くことを宣言したんです。それこそ、マスコミの関心を惹く行動だと思ってね」。そのときティムは気づきはじめた——タイミングとやり方次第で、一個人でもマスコミや新聞の報道に影響を与えることができる、大見出しを飾ることができる。さらに、彼はもうひとつ重要な事実を発見した。

七月末、主要八ヵ国首脳会議（G8）が沖縄で開催される予定で、ウラジーミル・プーチン、ジャック・シラク、ビル・クリントンら各国の首脳がみな、沖縄へ向かうまえに東京に立ち寄ることになっていた。イギリスからは外務大臣ロビン・クックがさきに東京入りし、その一週間後に首相トニー・ブレアが東京を訪れる予定だった。

「G8があるのはチャンスだと思いました」とティムは語る。「サミットが開催されるとなれば、全世界が日本に注目することになる。これはラッキーでした。イギリス国民に関心を持ってもらうことができれば——有権者がルーシーのことを知り、娘の身に起きたことを案じてくれるようになれば——首相を含めどんな政治家でも注目せざるをえなくなる。誰もクズ人間だとは思われたくないですから」

日本に足を踏み入れるまえから、ティムはこう自らに課した。ルーシー失踪を世間の関心を惹く大事件に変え、両国で最高権力を持つ政治家が直面すべき問題にしてみせる、と。

「時間との闘いでもありました」とティムは続けた。「ルーシーの顔が日本じゅうのテレビ画面に映し出されれば、大きなPRになるのはまちがいなかった。もう一方で、東京の警察にプレッシャーをかけることができる。なんと言っても、イギリスの首相が日本の首相に事件の解決を依頼するわけですから。それが、いまにも実現しようとしていたんです。まるで、自分が巨大なブルドーザーにでもなった気分でした。そのブルドーザーに乗って、ある地点まで行かなくてはいけない――ルーシーがいる場所です。私はどこかの街にいた。きちんと正しい道筋をたどり、家の横の路地を抜け、目的地に行くこともできた。けれど、行きたい場所はすぐ眼のまえにあった。そこで、私は決めたんです。目的地までまっすぐ直線で行こう、と。AからBの地点まで突き進み、途中で邪魔になるものがあったら、それをなぎ倒して進めばいい、と」

自分からスリルを求めるかのようなこの決心が、のちにティムに試練を与えることになった。しかし同時に、その決意は彼にとって心の支えとなるものでもあった。成田空港に飛行機が着陸する直前、飛行機から景色を見下ろしながら、彼は極度の混乱と不安に襲われていた。「この国でルーシーを捜し出すなんて無理じゃないか、と虚無感に圧倒されていました。東京都心に向かう車窓に映るのは、この世のものとは思えない息を呑む光景でした。あまりに壮大で、異国情緒と活気に溢れていた。そんな街の姿を見て、私は思いました。『いったい何が起きるんだ？』『何が始まるんだ？』」。しかし、彼には喫緊の課題があった――とにかく、イギリスのマスコミを早急に味方につけなくてはいけない。

ティムは、ソフィーも滞在する半蔵門のダイヤモンドホテルにチェックインした。イギリスの記者、カメラマン、テレビ取材班の一団も同じ飛行機で日本に到着しており、彼らもそのホテルに滞在することになった。イギリスのマスコミ関係者には、ルーシー失踪のニュースが最終的にどこに繋がるのか、一抹の不安があった。それは、あるひとつの疑問が全員の頭をかすめていたからだった。ホステスとは具体的に何をする仕事なのか？　もしホステスが本質的に売春婦と同じ商売だとすれば、このニュースは衝撃的ではあるが、賞味期限の短いものになる――売春の世界に自ら身を投じ、不運ではあるが、ありきたりな結末を迎えた若い女性の物語。家族に対する同情の声は多少なりとも上がるだろうが、たいした反響は生まないだろう。それに、行方不明の売春婦の父親に面会しようとする首相はいない。ティムの挑戦は、純真無垢な若い女性（あるいは、初心《うぶ》な女性）が事件に巻き込まれたという構図を作ることだった。イギリス人の一般大衆が、事件の当事者が自らの娘であってもおかしくない、と考える状況を生み出すことだった。

これは、ティムとソフィーにしかできない挑戦だった。そして、普段のイギリスメディアの皮肉たっぷりの報道に鑑みれば、ふたりは奇跡的な大成功を収めたと言える。

〝風俗街《トラップ》〟である六本木については、過激な報道も散見された[5]（《ピープル》紙は「日本《ジャップ》の売春地獄に潜む危険――罪深き夜の世界に舞い降りるイギリス中流階級のうら若き女性たち」と題した記事を掲載）。また、日本人男性や、彼らのブロンドの白人女性への憧れについて解説する記事も多く、どれも人種差別的な一般化に基づくものばかりだった（「厳しいしつけによって、多くの日本人男性に性的偏向が見られる」と〝東京の事情通〟がスコットランドのタブロイド紙《デイリー・レコード》にコメントを寄せた)。ところが、ルーシーとその家族についての報道は良心的なものばかりだった。ルーシーの肩書は〝〈英国航空〉の元客室乗務員〟とされ、〝バー・ガール〟と書かれることは少なかった。彼女の借金についての家族の説明に疑問を呈したり、観光ビザで日本に入国して不法就労していた事実を批判したりする記事は出なかった。〝育ちのいいイギリス人女性が体を売る〟という話題はいかにも刺激的ではあったが、それがルーシーの状況には当てはまらないことが記事内では常に明確に示されていたのだ。「ホステスとしてのルーシーの仕事は、同席する男性客と話をすることだった」――最も下世話なことで有名なタブロイド紙《ザ・サン》でさえも、こんな紳士的な気遣いを見せるほどだった。「彼女がそれ以外のことに関わっていたとは考えにくい」

新聞の見出しはどれも、若い女性の破滅の原因についての安易な教訓を説くのではなく、一般読者が共感せずにはいられない人間の物語――海外で失踪した最愛の子供を必死で捜す家族の苦悩――を描くものだった[6]。

愛するわが子ルーシーを必ず連れ戻す。娘の無事を祈るだけ――《エキスプレス》

姉を絶対に捜し出す――《ザ・サン》

〝カルト〟に連れ去られた女性の解放を求める家族の願い
——《デイリー・テレグラフ》

「なぜ私たちなのか？」——家族の苦悶。〝カルト集団の奴隷〟ルーシーの捜索は続く
——《ザ・サン》

「ソフィーには『こっちが話を提供しないと、マスコミは話をでっち上げるだけだ』と伝えました」とティムは私に言った。「われわれはまず、優位な立場を築くことが重要だと考えました。そこで、ソフィーや私についての個人的な話をマスコミに提供することによって、その立場を確立したんです。そのうちに誰もが私たち家族に共感するようになったので、そのやり方を続けたわけです。まるでゲームでした——細かい情報を提供したら、あとは節度を持って行動し、悪態をついたりしないこと。それから、夜には記者たちと夕食を食べに出かける」

タブロイド紙の記者は、取材対象者から怒りと敵意を剝き出しにされることが多い。そんな記者にとって、ティムのざっくばらんな態度はまさに拍子抜けで、記者のほうが困るほどだった。彼は何時でも電話を受け、メールも必ず返信し、写真のためのポーズも喜んで取ってくれた。もはや親切というレベルを超え、自ら積極的にマスコミ対応するかのように見え

ることもあった。ひねくれた見方をする記者たちのなかには、彼の協力的な態度に疑いを募らせる者もいた——この家族には、何か秘密があるのか？　しかし、ティムと一緒に仕事をする気楽さ、そして楽しさが、そんな疑いを忘れさせてしまうのだった。

私がティムと出会って以来、彼が心からの苦しみと失望をあらわにしたのは一度だけだった。七月末に開かれた英国大使館での記者会見——三週間で六度目の会見——でのことだった。ルーシー発見に繋がる情報はゼロで、警察も手がかりを見つけられず、報道に値するような有益な情報も何もなかった。イギリスから来日したマスコミもすでにロンドンへ戻り、会見場に現れる日本在住の記者の数も、二週間前に比べるとかなり減っていた。ティムとソフィーの表情は暗く、疲労の色が見えた。笑顔もなく、視線を合わせることさえない。さらに、ティムは靴下を穿いていた。

「私たち家族は絶望的な気分で、動揺しています。ルーシーがいまもどこかで大変な状況に置かれている。あの子自身、ひどく動揺していることでしょう」とティムは記者たちに語りかけた。「父親としてお願いします。どうかルーシーを解放し、私たち家族のもとに戻してください」。彼は声を詰まらせ、涙を堪えるかのように眼を伏せた。ソフィーの眼にも光るものが見えた。

カシャ、カシャ、カシャ、カシャ！　カメラのフラッシュが一斉に焚《た》かれた。会場にいた数少ないカメラマンたちは、うつむいたティムの顔にレンズを向けた。これこそ、彼らがずっと待ち望んできた瞬間だった。

数年後、私はそのときの心境をティムに尋ねてみた。それまで三週間、ずっと保ってきた明るさや冷静さを打ち破ったものはなんだったのか？

「これは言わないほうがいいと思うけど」。しばらくの沈黙の末、彼は言った。「あの涙――あれは、まえもってソフィーと計画していたんですよ」

警察とマスコミ

東京に到着して数日のうちに、ティムとソフィーは日本とイギリスのマスコミから引っ張りだこになり、それに合わせて一日の行動パターンが決まった。ロンドンの現地時間は日本よりも八時間遅い。そのため、東京が夜のあいだに、ふたりは知人や家族と電話で連絡を取り、イギリスの午後のラジオやテレビ番組の電話インタビューを受けた。それから、数時間の睡眠。東京で日が昇り出すとすぐに電話が鳴りはじめ、イギリスの夜から深夜にかけてのニュース番組の取材を受けた。朝食のあいだは、同じホテルに滞在するイギリス人記者たちとの話し合いの時間だった――ルーシーの新しい写真が欲しいと要請を受けたり、その日のインタビューの時間を調整したりした。正午が近づくと、石垣と堀で囲まれた皇居の反対側の道を五分ほど歩いて英国大使館に向かった。昼過ぎには、テレビ局のスタジオからスタジオへと大急ぎで移動し、〈テレビ朝日〉や〈TBS〉のワイドショー――日本人主婦向けのゴシップ番組――に出演することもあった。そして午後には、警察署を訪れた。ところが、ティムの対応が遅く無関心、というのがソフィーの警察への当初の印象だった。

が来日するとその態度がころりと変わり、最初の話し合いの際は、警察は好印象を与えようと必死になるほどだった。その日、大使館にふたりを迎えにきたのは、白バイに先導された、スモークガラスの黒いマイクロバスの車列だった。すると、日本のテレビ局のワゴン車が一台、あとを追ってきた。「警察官たちは、やたらと窓から手を出して合図したり、急発進したり、曲がり角で急ハンドルを切ったり、何をそんなに急いでいるんだろうという感じでした」とティムは当時の様子を振り返る。「いったい何が目的なのか、私にはよく理解できませんでした」。行き先は、六本木交差点から一五〇メートルほど渋谷寄りにある麻布警察署。日本の警察に関するものはなんでもそうだが、捜査本部には独特の雰囲気――和気藹々《わきあいあい》さ、無気力さ、不穏さが奇妙に組み合わさった空気感――が漂っていた。

麻布警察署は、コンクリート造りの無機質な九階建ての建物だった。入口には、背筋をぴんと伸ばした若い警官がひとり。腰のベルトに拳銃をぶら下げ、家庭用の箒《ほうき》の柄を思わせる棒状の武器を両手で握っている。建物正面に描かれるのは、ピーポくんの絵。にっこりと笑うその小さな妖精は、警視庁のマスコット・キャラクターだ。その上に英語と日本語の看板があり、英語のほうには〝すべてのドアと窓の戸締り確認〟と書かれていた。看板の下には、暴力団員や殺人犯などの指名手配者のポスター。さらに、にたりと笑うオウム逃亡犯の等身大パネルが三つ。オウム真理教が地下鉄にサリンを散布したのは、ルーシー事件の五年前のことだった。

「いくつか、驚かされることがありました」とティムは言った。「もっと立派な警察署に行くものだと勝手に想像していたんです。ところが、麻布警察署の室内はまるで一九五〇年代でした。少し薄汚れて、まったくの無個性。実用主義の警察署が、完全に老朽化したという感じでしたね」。最も印象深かったのは、建物内にテクノロジーの欠片さえ見当たらないことだったという。もちろん警察無線はあったものの、誰もがノートパソコンが並ぶと予想する場所に置かれていたのは、旧式の書類整理棚と書類の山だった。「モニターやらそういう機械がずらりと並んでいるものだとばかり思っていました」とティムは続けた。「私たちが案内されたのは作戦司令室のような部屋でした。尋常じゃない数の灰色の小型デスクが並び、似たような人たちが歩きまわっているだけ。みんな似たような白いワイシャツ姿で、これまた似たように袖を捲《まく》っていました。パソコンは一台もありませんでしたよ」

警察署で過ごす午後は、いつも同じことの繰り返しだった。まず、ティムとソフィーは小さな会議室に通される。室内には、低いテーブルを挟んでソファーと二脚の椅子。次に、若い女性警察官が緑茶を運んでくる。その黄色がかった色合いと生ぬるい温度は、ティムにいつも〝体液〟を想像させた。「味にはなかなか慣れることができませんでしたが、それでも飲みました」。しばらくするとお偉方たちの登場となり、お辞儀や握手が続く。

日本に来たばかりの外国人にとって、日本人の名前を覚えるのは容易ではなく、ソフィーは担当の高官たちを髪型で覚えた。にこやかな顔に眼鏡をかけ、いつも無口な光眞《みつざね》警視は、分け目の白髪が特徴だ。警察庁キャリアの若手の出世頭で、流暢な英語を話す丸山直紀《まるやまなおき》は、スパイキーヘア。初対面のときには、誰もが名刺を両手で持って恭しく差し出した。名刺は片面が英語、裏が日本語で、光貞警視の名刺には次のような情報が羅列されていた。

光貞章《あきら》

警視

特殊犯捜査・管理官

捜査第一課

刑事部

警視庁

東京都千代田区霞が関二丁目一番一号

100-8929

光貞警視はほとんど英語を話せず、通訳を介した会話には通常より時間がかかった。しかし通訳が不要だったとしても、話は長時間に及んでいたことだろう。刑事たちは、記憶喪失のように同じ話を繰り返し訊いた。ルーシーの性格、学歴、来日前のキャリア、日本に来た理由について警察は何から何まで知りたがった。なかでも彼らが取り憑かれたように何度も確認したのが、ルーシーの借金についてだった。

警察はティムとソフィーにパスポートの提出を要求し、コピーを取った。さらに、ふたりは書類に必要事項を記入し、調書に署名することも求められた。

どうして犯罪絡みだと言い切れるのか、と訊かれたティムは答えた。「ルーシーは自ら姿を消すような子じゃありません。いままでそんな行動に出たことはないし、日本で突然そうしたと考える理由は何もない。娘は誰かに会いに出かけた。帰宅することを友人に電話で連絡したにもかかわらず、帰ってこなかった。であれば、本人の意思に反して拘束されていると考えるのが妥当でしょう」

光眞警視はうなずき、かすかにほほ笑んだ。ティムの説明が警察に受け容れられたのはまちがいなかった。光眞警視のような高い地位の警察官が捜査に加わったことが示すとおり、この事件は単なる行方不明者捜しから、犯罪捜査へと格上げされたのだ。「まえの週のソフィーへの対応とは雲泥の差でした。ソフィーは門前払いされていたんですから」とティムは言った。警察が態度を変えたのは、マスコミが大々的に事件について報道したからにちがいない、と彼は確信していた。ティムとソフィーがひたすらインタビューを受けつづけたからにちがいない。

午後遅くに警察署を出るとき、ティムとソフィーは、事情聴取に向かうルイーズ・フィリップスと決まって出くわした。彼女は毎日のように警察署に呼ばれているようだった。警察署で会った三人は互いに優しく声をかけ合うわけでもなく、その場には緊張感が漂った。ソフィーは、ルイーズの飾り立てた外見に腹が立ったという。いちばんの親友が失踪したというのに、警察署に来る彼女はいつも派手なマニキュアを塗り、メイクも完璧だった。ルイーズはティムとソフィーの存在にどこか落ち着かない様子で、困惑気味にも見えた。ふたりと話をしないよう警察に厳しく言われている、とルイーズは繰り返すだけだった。

ティムとソフィーが再び六本木通りに出る頃には、すでに空は薄暗くなっていた。そのうち、ホステスたちが警察署裏のジム〈ティップネス〉から続々と姿を現し、夜の仕事へと向かうことになる。ふたりはタクシーでダイヤモンドホテルに戻ると、バーでビールを飲んだ。ちょうど同じ頃、イギリスの報道関係者がロビーに集まり、二、三人ずつのグループに分かれて、意気揚々と夜の〝調査〟――会社の経費で行くホステスバー巡り――に出発した。ティムとソフィーはレストランの隅のテレビに視線を向け、その朝に受けたインタビューの日本語吹替版を見つめた。

ホテルのバーには自動ピアノがあり、夜の早い時間はいつも安っぽい映画音楽を演奏していた。ピアノの椅子に坐るのは、ベストと蝶ネクタイを身に着けた巨大な白いウサギの人形だ。(7)人間の背丈ほどはあろうかというウサギは、どこか物悲しく諦観の表情を浮かべながら、音に合わせて髭《ひげ》を動かした。しかしバーにいる人間は誰ひとり、ウサギを奇妙とも滑稽とも思わないようだった。それどころか、誰もウサギのことなど気に留めていなかった。ティムとソフィーはビールをちびちびと飲みながら、その人形を見つめた。巨大な白いウサギは、ふたりが抱く不条理と絶望の感覚――鏡の反対側の世界で、一日の終わりに沈思黙考するふたりの気持ち――とぴたりと調和するものだった。

第八章　理解不能な会話

ブレア首相登場

二〇〇〇年七月のある日の午後、ティムとソフィーはホテルニューオータニ東京でトニー・ブレアと面会した。(1) 当時は、ブレアの権力と人気が国内外で絶頂を極めていた時期だった。同日の午後、森喜朗《もりよしろう》首相との首脳会談の場で、ブレアは警視庁の努力に謝意を示し、ルーシーを捜し出すために「あらゆる手を尽くしてほしい」と要請した。事件の概要を事前に聞いていた森首相はこう返答した。「ルーシーさんを発見するため、警視庁はできうるかぎりの努力をしています。今後もそれを続けてもらいたい」

ティム・ブラックマンの勘は見事に的中した。誠実で心優しい家庭的な父親――そんなイメージを売りにするブレアにとって、この事件は無視できないものだった。テレビカメラのまえで彼が発した台詞は、ティムが代わりに書いた台本だったとしてもおかしくなかった。「海外で働く子供が姿を消すことほど、親として恐ろしい出来事はありません。これは、すべての親にとっての悪夢です」。ティムとソフィーの横に立つブレアは述べた。「この悲劇的な事件に直面した家族の悲しみを考えると、心がひどく痛みます。しかし、彼らは気丈にもこの地に留まり、ルーシーさんの居場所と事件の真相を摑むために、闘いつづけているのです」

「圧力は上から来る必要がある」とティムは語る。「私が怒って床を踏み鳴らしたところで、ただの厄介者だと思われるのがオチです。けれど、それが日本の総理大臣からの命令であれば――つまり、上司の上司の上司の上司からの言葉だったら、計り知れない効果があるはずなんです」

両首脳による話し合いに応えるかのように、警視庁は大々的な捜査に乗り出した。四〇人体制で捜査は進み、三万枚のポスターが全国で配布された。市民から電話で寄せられた情報の件数についても、警察は正確な数をあっさりと発表した――ある日は二三件、二日後は一九件。しかし、情報の信憑性や捜査の進捗状況については、警察はだんまりを決め込んだ。「ご安心ください」。光眞警視は優しげな小さな笑みを浮かべ、ティムに言った。「できるかぎりの捜査をしていますから」

ブラックマン一家は自ら決断を下し、マスコミと手を組む道を選んだ。それにともない、警察との信頼関係は永遠に失われることになった。

ある日、ティムとソフィーは麻布署に出向き、〈代々木ハウス〉から回収されたルーシーの所持品を受け取った。すべての品を丁寧に分類した一覧表が作成されており、何を受け取るにしても一つひとつ署名する必要があった。化粧品、ネイル用キット、自己啓発本――どれも個別にビニール袋に入れて密封され、書類にリストアップされていた。ほかにも、ジェイミーが贈ったティファニーのネックレス、ソフィーが出発直前に渡した感動的な手紙、サマンサ・バーマン宛ての未発送のポストカードもあった。ルーシーの日記については、捜査の手がかりや証拠になる可能性が高いとして、引きつづき警察で保管されることになった。洋服をほとんど持参していなかったソフィーは、警察から引き渡されたルーシーの服を着るようになった。ふたりの姉妹はもともと体格も顔立ちも瓜二つだったが、姉の洋服をまとったソフィーは、あたかも物悲しい幽霊のようだった。

職員の傍《かたわ》らでティムとソフィーは涙を流しながら、ルーシーの所持品を一つひとつ確認していった。

ふたりにとって最も酷だったのは、ルーシーが幼い頃から大切にしていた犬の人形を見つけたときだった。名前は〝ポーヴァー〟——子供が〝ローヴァー〟と言おうとするときの発音だ。使い古された犬のぬいぐるみの長く柔らかい耳を、ルーシーはよく口で吸い、鼻にこすりつけた。彼女はいつもポーヴァーと一緒だった。客室乗務員として働くときも、必ず荷物に入れてフライト先まで連れていった。歳月の経過とともに汚れてぼろぼろになったポーヴァーは、ルーシーと一緒に東京にやってきた——そしていま、ここにいた。「それは悪い兆しでした」とティムは言った。「最悪の瞬間でした。われわれが何に直面しているのか、痛感させられたんです。もしルーシーが自分の判断でどこかに消えたのだとすれば、人形はハンドバッグに入れるはずです。だが、人形は眼のまえにあった。つまり、ルーシーは帰ってくるつもりだったのに戻れなかった。そういうことになります」

「マスコミに対応するのは――」ティムはのちに私に教えてくれた。「ゲーム感覚でした。正直言って、楽しんでましたよ。実に楽しかった。もちろん、置かれた状況を楽しんでいたわけではありません。けれど、こう感じていました――私たちが強い態度を示せば、誰もがそれに応えてくれる。私たちは決してあきらめない、そう伝えることができた。トニー・ブレアと面会したとき、私は頭を撫《な》でてもらって、〝ああ、かわいそうに。なんと辛いことだろう。気を落とさないで〟などと言ってもらいたかったわけじゃない。私が強く出れば、ブレアに対してより大きな要求をすることができる。とにかく、強い立場を確立することが重要なんです。

誰も気づきはしませんでしたが、私の精神状態は最悪でした。記憶を失ったみたいに、事件の詳細などまったく把握できていませんでした。まわりの人が言うことも、自分の行動さえも理解できなかった。思い返してみると、事件の衝撃のせいで、精神的にかなりのダメージを受けていたんでしょう。ルーシーの顔をメディアに出しつづける――その任務については、私の頭は冴えていました。けれど舞台裏では、私の思考回路は完全に停止状態だったんです」

父親と同じように、ソフィー・ブラックマンも意識的に〝強く〟あろうと心に決めていた。しかし彼女の場合、その決意が怒りや嫌悪の感情として表れることが多かった。悲しみや絶望を見せることはなく、ソフィーはいつも警察や記者に怒っているように見えた。とりわけ記者に対しては、あからさまに侮蔑するような態度を取った。彼女には礼儀正しく、ひょうきんで、かわいらしい一面もあったが、好戦的で失礼な態度がすべてを覆い隠した。そんな彼女に同情する人は少なかった。が、プライドと自意識の高いソフィーにとっては、それこそが狙いだったのかもしれない。しかしそのとき、彼女は人生で最も過酷な経験の入口に立っていた。その経験は、それから何年ものあいだソフィーを苦しめつづけ、姉だけでなく彼女自身をも死の淵へと追い込むことになる。

日本滞在中、ソフィーは軽い吐き気に絶えず悩まされていた。時差ぼけの混乱、非現実的な感覚が頭を離れなかった。さらに、飛行機が成田に着陸した瞬間から、ぐっすりと眠ったことは一度もなかった。「やっと眠れたと思っても、一時間もすれば電話が鳴り出しました」とソフィーは語った。「眼が覚めても、自分がどこにいるのか、何をしているのか、何が起きているのか、認識するまでしばらくかかりました。その次に、吐き気が襲ってきます。何カ月も何カ月も吐き気は続きました。でも毎日、眼を覚ますと、気持ちのいい瞬間があるんです。ぴしっと糊のきいたホテルのシーツ、エアコンの冷たい風、分厚いカーテンで覆われた闇——そんな空間で眼を覚ました一瞬だけ、私は充実感に包まれました。なんて心地がいいんだろう。私はどこにいるの？　でも次の瞬間、現実に引き戻される。電話が鳴っているのに気づいて、私は身構えるんです。悪い知らせだろうか？　姉は死んだのだろうか？　その後、それが一年近く続きました。吐き気、不安、恐怖がひたすら波のように押し寄せた。その後、ルーシーの身に起きた事実、そして姉の運命を知ったことは、私の人生で最も残酷で悲しい出来事でした。でも、それまでの九カ月の地獄から解放された瞬間でもあったんです」

七月中旬、マスコミの大きな報道によって新たな動きが生まれた。ルーシー捜索の手助けをしたいと、多くの一般人ボランティアが集まりはじめたのだ。

ティムの到着から一週間後、パートナーであるジョセフィン・バーが東京にやってきた。その夜、ふたりはソフィーとともに六本木の〈ベリーニ〉で夕食をとった。歩行者をストリップ劇場に誘い入れようと、ガーナ人の客引きがうろうろする通りのど真ん中にあるレストランだった。近くのテーブルに、外国人カップルが坐っていた――若い美人と、長身で体格がよく、さらさら髪の三〇代後半の男。テレビのニュースで見たティムとソフィーが店内にいることに気がつき、男がテーブルまでやってきた。彼はヒュー・シェイクシャフトと名前を名乗り、東京で小さな会社を経営するイギリス人ファイナンシャルアドバイザーだと自己紹介した。四年前に東京に移り住んで以来、ヒューはずっと六本木交差点を中心に生活してきた。オフィスは防衛庁の向かいで、マンションは高速道路の反対側。六本木のレストランやバーは彼の台所であり、店にたむろする外国人銀行家やブローカーはみなクライアントで、ホステスたちはみな彼の女友達だった。〝六本木のヒュー卿〟の異名を持つ彼は、六本木の住人全員が知り合いだと豪語した。熱帯雨林に住むサルのように、彼はこの地に自然に溶け込んだ生物だった。

ヒュー自身がルーシーに会ったことはなかったものの、事件の詳細を報道で知った彼は、何か手助けできないかと切望していた。「娘さんを見つけたいなら、大使館のスタッフのことは忘れたほうがいい。あいつらは役立たずだ」と彼はティムに言った。「必要なのは、オフィスと専用の電話回線です。私でよければ、すべて用意できますが」

ヒューはティムを連れてレストラン近くにあるATMに行き、二〇万円を引き出してその場で寄付した。その後、通りの反対側のバーへと移動すると、今度はヒューのイギリス人の友人がさらに一〇万円を寄付した。

ティムは度肝を抜かれた。そのとき、彼の不動産の仕事はすでに二週間ほど休業状態だった。そんななか、一泊三万円近いダイヤモンドホテルの宿泊代に加え、食費、タクシー代、電話代と出費はかさむばかりだった。「銀行や義理の兄から金を借りて、なんとかやりくりしていた状況だったので、最高の展開でしたよ」とティムは言った。「ヒューは実に気前がよかった」。別れ際、ヒューはティムに名刺を渡し、翌朝にオフィスまで来るように告げた。

オフィスの場所は理想的だった――〈カサブランカ〉から五〇メートルほど離れたビルの三階。留守番電話機能付きの電話がちょうど一台余っており、すぐに情報提供のための〝ホットライン〟として使うことが決まった。観光ビザで不法就労するホステスなど、警察への連絡をためらっている人も多いはずだった。まえの晩のうちに、ヒューは友人や同僚に向け、ブラックマン一家への支援を求めるメールを送っていた。ある投資銀行家は、平日の夜や週末に運転手として手伝うことを申し出た。また、洗剤メーカー勤務の別の外国人は、液体洗剤のボトルにルーシーの写真を印刷してはどうかと提案した。ヒューの会社に在籍する数人のスタッフが通訳として手伝い、彼のガールフレンドのタニア——多言語を操るロシア人モデル兼ホステスで、まえの晩に彼とレストランに一緒にいた女性——は、ガイドとして働くことになった。

その夜は、関係者一同で〈ベリーニ〉に行き、新たな作戦の開始を祝って乾杯した。さらに、ヒューはレストランの責任者にこう告げた。ティムと彼の家族には、何度でも好きなだけこの店で食事をしていいと伝えてある。勘定はすべて自分のつけにしてかまわない。

オフィスとホットラインの開設は、ティムに新たな目的意識を与えた。ボランティアの申し出はイギリスからも寄せられ、多くの支援者が続々と六本木に集まるようになった。「何か手伝いたいという電話が鳴り止みませんでした」とティムは言った。「そのほとんどが善意の人でしたが、なかには何か裏がありそうな人もいました。だとしても、われわれはそれを区別できるような精神状態ではなかったんです」。一度、自称〝私立探偵〟という男がイギリスから一週間ばかりやってきて、多くのホステスに話を聞いてまわったことがあった。帰国前、彼はちゃっかりと二〇万円の請求書をティムに手渡した(ほかの多くの経費と同様、ティムの姉の夫である裕福な実業家ブライアン・マルコムが代金を肩代わりした)。最も有能な支援者のひとりに、若いオーストラリア人、アダム・ウィッティントンがいた。サマンサ・バーマンの友人のバーテンダーで、ボディーガードとして訓練を受けたこともある元軍人だった。小柄な体、薄茶色の髪、控えめな性格——それがアダムだった。結局、彼は何週間も東京に滞在し、独自の綿密な調査を行なうことになった。アダムは、ふたりの日本人記者と協力して調査を進めることが多かった。《ジャパンタイムズ》紙の前田利継《まえだとしつぐ》と〈ＴＢＳ〉の片山賢太郎《かたやまけんたろう》だ。流暢な英語を話すこのふたりの記者もまた、多くのプライベートな時間を割いてルーシー捜索に尽力した。

ティムは大使館で再び記者会見を開き、ルーシー・ブラックマン・ホットラインの開設を発表した。新たにイギリスの〈ヴァージンアトランティック航空〉が、電話番号を掲載したチラシとポスターの印刷代を負担してくれることになった。これで活動拠点が決まり、チームも結成された。あとは深呼吸をしてから、最も重要な問題に取りかかるだけとなった――ルーシーの身にいったい何があったのか？

ルーシー・ホットライン開設

「ルーシーはもう生きていないかもしれない――あの当時は、絶対にそう考えないようにしていました」とティムは言った。「そう考えたら終わりでした。すべてが止まってしまう」。そんな可能性は意識的に排除された。そもそも、確実な情報など何もなかった。ルーシーは男性と一緒に出かけた。出発前にルイーズと会話したときに、彼女は明るくリラックスした様子だった。タカギアキラの電話の内容は明らかな作り話であり、捜査の攪乱《かくらん》を狙った偽装工作にちがいなかった。同時にそれは、誰かがルーシーの居場所を知る証左であり、彼女が自らの意思に反して囚われの身となった可能性をさらに裏づけるものだった。しかし、誰によって？　どこに？

　誰もが最初に思い浮かべる重要参考人は、ルーシーの交際相手であるアメリカ軍海兵隊員のスコット・フレイザーだった。ところが誰の眼にも、スコットはただの正直者にしか映らなかった。さらに彼のアリバイは完璧だった。ルーシーが失踪した日はずっと勤務中で、航空母艦〈キティホーク〉号に乗船していた。ほかにも、優先的に事情を聞かれるべき人物がふたりいた――親友ルイーズ・フィリップスと、ルーシーのいちばんの上客で、同伴回数が最も多かった鈴木健二だ。

　ソフィーはルーシーのメール・アカウントのパスワードを知っており、事件後すぐに内容を印刷して警察に提出した。鈴木健二とのやり取りがとくに目立ち、彼がルーシーに惚れ込んでいたことは疑いようがなかった。また、最後の数通のメッセージの文面には、抑制された嫉妬心や怒りが滲んでいた。しかしティムが聞いた話によると、警察は鈴木を尋問したうえで容疑者リストから外したという。一方のルイーズについては、連日の事情聴取が続いていた。ティムとソフィーに対する彼女の冷たい態度も相まって、ブラックマン一家のルイーズへの怒りと疑いは日に日に増していくのだった。

　事件の最重要部分については、ルイーズが唯一の証人だった。彼女が嘘をつくと考える理由は何もなかったが、話の一部が驚くほど曖昧だった。だとしても、タカギアキラからの電話の内容はあまりに異様で、簡単に創作できるようなものではなかった。警察や家族への連絡が遅れたのも、単なるパニックと混乱のせいだと考えてもまったくおかしくはなかった。

しかし、その日ルーシーが会った相手の男について、ルイーズはなぜ何も知らないのか？　ルイーズとルーシーは十年来の親友だった。ふたりは一緒に働き、食事や夜遊びもいつも一緒で、猫の額ほどの広さしかない部屋で共同生活をしていた。さらに、ルーシーは誰もが知るおしゃべりだった。「ルーシーは、どんな話も八万語以下で伝えることができないんです」とソフィーは言う。「あまりの情報量に、こっちの頭が痛くなるくらい」。翌日に裕福な新規客との同伴を控え、さらに携帯電話をもらう約束があったとなれば、ルーシーは嬉しさのあまり相手のことを事細かに話したにちがいない。にもかかわらず、ルイーズは、相手の男について何も知らないと言い張った。

ティムとソフィーは、失踪前にルーシーが接客した男性客についてルイーズに記憶を辿るよう懇願した。鈴木健二は？　ありえない、とルイーズは答えた。ケンは「心優しい人間」であり、悪いことなど絶対にできない男だ、と。写真好きの老人、渡辺は？　それはさらに考えられないことだった。では、ルーシーが失踪するまえの週に同伴の話を持ち出したコーワは？「コーワさんじゃない」とルイーズは言った。「ちがうわ」

ルーシー・ホットラインには、数十件の連絡が入りはじめていた。(3)多くはメディアからのインタビュー依頼の電話で、残りは雑多な情報だった。ヒュー・シェイクシャフトの会社のスタッフの協力により、すべての内容が丁寧に翻訳され、記録された。

・ルーシーに似た若い女性を鹿児島空港で目撃。女性は小さなバッグを携帯し、シルバーのメルセデスに乗り込んだ。
・笑いながらぼそぼそと話す声。理解不能な会話。
・日本人男性が、車に乗る数人の西洋人女性を目撃。ルーシーに似た若い女性が、掌に書かれた番号を彼に見せ、その番号に電話してほしいと頼むような様子だった。電話をしたが、使われていない番号だった。
・七月一日、午後一二時三〇分、ルーシーを富士山で目撃。彼女は白いワンピースを着ていた。
・情報提供なし。ルーシーに対する一家の献身的な愛に感動したとのこと。
・笑いながらぼそぼそと話す。理解不能な会話。
・男性──声は若く、恥ずかしそうな話し方。ソフィーとデートに行きたいとのこと。「ソフィーはクール」と発言。

電話は、日本じゅうのあらゆる場所からかかってきた。スタッフはすべての電話をかけ直し、情報の裏を取るようにしたが、ときに一筋縄ではいかない場面もあった。あるとき、情報提供者が北海道のアパートの一室の住所を伝え、ルーシーを目撃したと連絡してきたことがあった。アダムとタニアは東京から北に八〇〇キロも飛行機で移動し、調査に向かった。が、部屋は空っぽで誰も住んでいなかった。ほかにも信憑性の高そうな詳細な情報が数多く寄せられたが、ほとんど役に立つことはなかった。いまや列島の至るところから、ひっきりなしに電話がかかってくるようになった。公共心を持つ善意の人たちが、背の高いブロンドの外国人女性を見つけては、行方不明者のポスターの女の子かもしれないと考えるようになったのだ。しかし、ほかに正確な情報など何もない状況下では、仕方のないことだった。しばらくすると、ティムと支援者たちはあることに気がつきはじめた――多くの日本人にとって、明るい髪の色の外国人はみな同じ顔に見えるらしい。ある日のこと、ソフィーとアダムは六本木の目抜き通りに立ち、歩行者にルーシーの写真を見せて情報提供を求めていた。道行く誰もが、礼儀正しく親切だった。自分の店に貼ると言って、ポスターを持ち帰る店主が何人もいた。そんななか、日本人の若い女性二人組が、興奮に上ずった声で言った。「見ました、写真の女性を見ました！」。なんとふたりは、数分前に道路の反対側の店でルーシーを見たというのだ。ソフィーとアダムは期待に胸を膨らませ、女の子のひとりと一緒に通りを横切って店に向かった。到着すると、彼女がガラス越しに指差した。ドリンクの冷蔵庫のまえには、長身でブロンドの西洋人女性。「あの人です、あの人！」と日本人の女の子は叫んだ。次の瞬間、その外国人女性が振り返った――ティムのパートナー、ジョセフィン・バーだった。ひとり昼食の買い物にやってきた、ルーシーより二〇歳も年上の女性だった。

霊媒師たち

ジェーン・ブラックマンは、日本へ行こうとは一度も考えなかった。一六歳の息子ルパートの面倒をみる必要があったし、記者会見でカメラのまえに立って質問を受けるというのがどうしても嫌だった。記者から電話が来ると、彼女は受話器をそのまま置いた。記者が家を訪問してくると、ドアをぴしゃりと閉めた。「あなたが子を持つ親なら、子供と親密な関係を保つ親なら、私がどんな経験をしているか、いくらかは理解できると思います」と彼女は公式声明を発表した。「私がどんな思いか、報道機関に話すつもりはありません」。ジェーンは寝ることもままならず、食事も咽喉を通らない状態だったが、リフレクソロジストの仕事だけは続けていた。朝食にブランデーを飲み、なんとか一日をスタートさせた。ルーシー捜索についての進捗は、ソフィーからの電話やメールで確認した。が、ルーシー失踪直後の悲惨なやり取りのあと、彼女とティムが直接話をすることはなかった。セヴンオークスにいるジェーンが、役に立てることなどほとんどなかった。しかし、何もせずにじっとしてはいられなかった。

スピリチュアルな世界にもともと興味を持つせいか、ジェーンはルーシーが実際に〝ニューリー・リズン・リリジョン〟に入信した可能性をほかの誰よりも強く信じ、日本のカルト教団についての無益な調査に何時間も費やした。事件が起きて間もない頃、リフレクソロジストとして彼女が担当する患者の数人が、霊媒師に相談することを勧めた。するとすぐに、霊媒師や霊能者、信仰治療師らが次々に電話してくるようになった。『旅費を出してくれれば、私が日本に行ってルーシーを見つけますよ』と誰もが言いました」とジェーンは教えてくれた。「私は不思議に思いました。もし本当に霊能力があるなら、どうして日本に行く必要があるんだろうって」。しかし結局、ほかに何もすることがなかったジェーンは、超自然的な才能を持つと主張する人々と多くの時間を過ごすことになった[4]。

まず、キースという名の男性霊能者がいた。彼は、数件の行方不明事件においてロンドン警視庁と密接に協力したという。ベティは、自称霊媒師／信仰治療師／詩人／〝ビタミン・ミネラル療法士〟だった。ジェーンは、ある女性スピリチュアリストに会うために、ロンドンから北に四〇〇キロほど離れた湖水地方まで車を走らせたこともあった。のちに、交霊の様子を収録したテープが届けられた――うめき声、泣き声、眼に見えない霊が鳴らしたというトランペットの音が延々と録音されていた。ある霊能者は、ルーシーの指輪を握って霊の世界と交信した。別の霊能者は、日本の地図をダウジングしてルーシーの居場所を見つけようとした。そんな情報を得るたびに、ジェーンはソフィーに長いメールを書いて内容を事細かに伝えた。それは膨大で、楽観的で、異様な詳細を含んだ――意味のない不確実な情報だった。

・ルーシーは下水処理場の隣の廃墟に閉じ込められている。
・ヤクザが所有する小島にいる。
・ジョージ王朝様式の建物にいる。室内に使用人と賭博台が見える。
・くすんだ緑色のワゴン車でルーシーは連れ去られた。
・クルーザーでルーシーは連れ去られた。

・誘拐犯は肌が汚く、右頬に傷跡のある男。
・誘拐犯は、髪をひとつに結んだ日本人女性。
・ルイーズは何かを隠している。彼女を信用するな！
・日本の刑事のひとりは買収されている。彼を信用するな！
・犯人は日本のマフィア。
・犯人はアラブ人組織。
・ルーシーの髪は短く切られた。
・ルーシーは薬物を投与された。
・ルーシーは肉体的な危害を受けていない。
・横浜から船で日本を離れた。
・キリアシという名前が聞こえる。
・オケンホワはどこにある？
・ティシュモ、トシモ、あるいはトゥシマという言葉が聞こえる。
・噴水と寺が近くにある交差点を探せ。
・電話の請求書を確認しろ。
・二人目の私立探偵を選べ。
・男——蛇を飼う男。
・肩にバラの入れ墨が見える。

ティムもまた、そういった人々の主張を真に受けた。あるとき、イギリスのタブロイド紙の招待で、マホガニー・ボブという名の初老のダウザーがオーストラリアのクイーンズランド州から来日したことがあった。彼はこう説明した――ルーシーの痕跡に反応すると、手に持った二本の占い棒が回転して交差する。それから数日間、ティム、ソフィー、アダム、タニアは彼に同行して東京じゅうを車で移動し、占い棒が動くたびに、近くの建物のドアをノックしてまわった。彼らは相手に頼み込み、民家や会社の室内を調べさせてもらった。さらには、東京湾に停泊する貨物船の船内まで捜索したが、何も手がかりは見つからなかった。日を追うごとに、マホガニー・ボブの疲労が見るからに増していった。数日後、ルーシーは死亡した可能性が高いとだけ宣言すると、彼はそのまま帰国してしまった。

ジェーンには、催眠術師を東京に送り込み、ルイーズを催眠状態にして真実を聞き出すという考えがあった。が、結局そんなことはしなかった。「まるで、現実感を完全に失ってしまったかのような感覚だわ」とジェーンはソフィー宛てのメールに書いた。「どんな状況か、どうか知らせてちょうだい。とても寂しいの」。しかし七月末、伝えるべき進捗など何ひとつなかった。

その頃のイギリスでは、タブロイド紙の注目は、ルーシー事件より悲惨なあるニュースに移りつつあった――サセックス在住の八歳の少女サラ・ペインがルーシーと同じ日に失踪し、強姦されたのち、二週間後に遺体で発見された。ダイヤモンドホテルでは、記者が宿泊料を清算し、続々とチェックアウトするようになった。最初に、滞在費のかさむテレビ取材班が消え、次に新聞記者とカメラマンが消えた。日本のマスコミの関心も徐々に薄れ、ティムとソフィーの週に一度の記者会見への参加者もみるみる減っていった。計画的に感情をあらわにしてマスコミの興味を惹く作戦も、失敗に終わってしまった。

ティムは警視庁に対し、共同記者会見に参加するよう依頼したものの、すげなく断られてしまう。[5] さらにトニー・ブレアに手紙を書き、ルーシー捜索のために「ＭＩ６の職員かロンドン警視庁の犯罪捜査局員の日本への派遣」を訴えた。[6]「人間ってたまに、悪夢を見ることがあるじゃないですか。何か深刻な事態に巻き込まれる夢を」とティムは言った。「で、眼を覚まして顔の汗を拭ったら、やっと一安心する――ああ、夢でよかった、と。私の置かれた状況はその逆でした」

あと数日経てば、ルーシーが行方不明になってからちょうど一カ月を迎える。まるで、地面にぽっかりと空いた穴に呑み込まれたかのように、ルーシーの消息は杳《よう》として知れなかった。そして、八月がやってくる――日本の一年のうちで最も暑く、あらゆる動きが停滞する月。その八月、すべてが突如として動き出すことになる。

第九章　小さな希望の光

マイク・ヒルズという男

ある日の午後、ティムとソフィーが麻布警察署を訪れていたときのことだった。ひとりの若い警察官が部屋に大慌てで入ってきて、光眞警視と何やら緊迫した様子で話し出した。警察官が書類のフォルダを差し出すと、警視は真剣な顔つきで眼を通した。囁き声でしばらく相談したあと、警視は一枚の書類をティムとソフィーのまえのテーブルに置いた。光眞警視が上部を隠したので、ふたりに見えるのはページの最下部だけだった。

ルーシーの署名だった。が、ルーシーの直筆ではなく、真似して書かれた署名だった。きわめて本物に近く、実物を見本に模写したものにまちがいはなかった。しかし、実の父親と妹を騙せるほどの完成度ではなかった。

その手紙が警察に届いたのは、七月後半のことだった。消印は前日の日付で、千葉県内で投函されたものだった。印字された英語の文章は、ルーシーから家族に宛てた体《てい》で書かれていた。「私は自分の自由意思で姿を消し、見つかることを望んでいません。心配しないでください。私は元気です。ふたりにはイギリスに帰国してほしい。その後、自宅に電話します」。二、三行を流し読みするだけで、ティムとソフィーには充分だった。文章が不自然に堅苦しく、署名と同じくルーシー自身の文章ではないことは明らかだった。また、ルーシーの手紙ではない証拠がもうひとつ、ページ上方の日付に隠されていた。二〇〇〇年七月一七日——それはティムの四七歳の誕生日だった。家族の誕生日をこれまで一度も忘れたことがないルーシーが、手紙で触れないはずがなかった。

これもまた偽装工作にちがいなかった。しかし、いったい何を意味するのか？　警察の話によると、手紙には〝ルーシー本人しか知りえない情報〟が含まれていた——借金についての詳細のようだ。だとすれば、彼女は生きていることになるのではないか？　あるいは、彼女が生きていたことを証明するだけだろうか？　失踪からこの奇妙な手紙が捏造されるまでのあいだ、書き手の監視下にあったということか？

ルーシーを発見するまで日本を離れない、そう固く誓っていたティムとソフィーにも、限界が近づきつつあった。これ以上仕事を休みつづけるわけにもいかなかった。友人や家族にも会いたかった。また、世界一物価の高い街で生活するための経済的負担も重く肩にのしかかってきた。なにより、精神的な重圧にもう耐えられなかった。周囲の人々は気づかなかったが、ティムは気がおかしくなりそうな感覚に囚われていた。そこで、ふたりは二週間ごとに交代で東京に滞在することにした。ティムが日本に到着するとソフィーが帰国、その二週間後にソフィーが到着すると今度はティムが帰国、という具合だ。そうすれば、常に家族が東京にいる状態が維持できた。

八月四日、ティムはジョセフィン・バーとともにイギリスに戻った。東京に来てから三週間半後、ルーシーが行方不明になってから三四日後だった。ふたりはヒースロー空港からポーツマスまで列車で行き、さらにフェリーに乗ってワイト島ライドの自宅に向かった。ティムとジョセフィンの住む大きな古い牧師館は、海を見下ろす丘に建っていた。ジョセフィンの四人の一〇代の子供たちが同居しており、騒々しい活気に満ち溢れる家だ。しかし、そんなわが家にいる喜びも、ルーシー失踪の恐怖にすぐさま掻き消されてしまった。

マイク・ヒルズと名乗る男からティムに電話がかかってきたのは、帰国翌日の土曜日のことだった[1]。

ティムには、数週間前にヒルズと簡単な会話を交わしたかすかな記憶があった。オランダからの電話だったが、アクセントを聞くだけでロンドン出身者だとわかる話し方の男だった。そのとき、ヒルズはこう話した——彼は日本に特別な人脈を持ち、裏社会の人間と繋がりがある。その人脈を使ってルーシーを見つける手助けができるかもしれない。ホットラインに寄せられるほかの情報に比べれば興味深い内容ではあったが、そのときは支援を申し出る激励の電話の一本としか受け止めなかった。当時のティムは、霊能者やダウザー、私立探偵、自称目撃者のオンパレードに圧倒され、頭が爆発寸前だった。ヒルズの話に礼儀正しく耳を傾けたものの、それ以上の行動を取ることはなかった。

しかしイギリスに戻ったいま、電話の向こう側のマイク・ヒルズは、さらに詳しい——衝撃的な――話を語り出した。自分は〝貿易業〟に携わっており、日本でも手広く商売をしている、と事務的な口ぶりで説明した。彼の扱う商品は銃器だった。東京の仲介者が彼から銃を買いつけ、ヤクザに卸しているのだという。この取引は、東京の一部の政府官僚の黙認のもとに行なわれていたが、最近になって問題が発生。ルーシー失踪に絡む大規模かつ活発な捜査によって、取引が停止状態に陥ったのだ。あらゆる人物が事情を聞かれ、普段であれば警察が無視するはずの活動にまで捜査の手が伸びていた。そんな締めつけによって、東京の地下社会の住人たちはいつになく慎重になっているのだという。

　マイク・ヒルズはこんな一例を挙げた。発送した〝小型武器の委託貨物〟が〝保税倉庫〟で止められ、そこから先に進まない。不安に駆られた税関職員が、いつもの賄賂を受け取ろうとしないのだ。ルーシーの事件のせいで、いまや誰もが神経質になっていた。武器ディーラー仲間たちはみな、商売を再開するためにも、なるべく早くルーシーが発見され、イギリスに帰国することを望んでいた。さらにヒルズの話によれば、彼らにはルーシーを見つけるための〝手段〟があるという。彼は電話の向こうからティムに告げた。金はかかるが、ルーシーを連れ戻す手助けができると思う、と。

「なかなか呑み込むのがむずかしい話でした」とティムは当時を振り返った。「東京で恐ろしい数週間を過ごした直後で、私は時差ぼけで、疲労困憊で、とにかく悲しい気分だった。そんなとき、ロンドンの下町訛りの男がオランダかどこかから電話を寄こして、にわかには信じがたい話を繰り広げた。あの男は最後にこう言ったんですよ。『いますぐ心を決める必要はないですよ。実際に会って話し合おうじゃありませんか』」

ふたりは、三日後の火曜日にドーバー海峡に面したベルギーの港町オーステンデで会うことになった。

翌日、マイク・ヒルズから再びティムのもとに電話があり、嬉しいニュースが伝えられた。知り合いの〝内部の人間〟——ミスター・ナカニ——に問い合わせたところ、ルーシーの無事を確かめたというのだ。ルーシーは誘拐されたあと、外国人女性の人身売買に携わるヤクザ関係者（あくまでも関係者）に売られた、とヒルズは説明した（誰に誘拐されたのかは漠然としたままだった）。ミスター・ナカニはルーシーを拘束する人々の知り合いの知り合いで、彼らの助けがあれば、ルーシーを確実に買い戻せるという。全作戦の遂行には五万ドルの費用がかかり、一部を前払いする必要があった。今後の段取りはこうだ。月曜日、マイク・ヒルズが自らの口座から、最初の前金として一万二五〇〇ドルを相手に送金。翌火曜日、ティムが同額を現金でヒルズに返済する。

「ルーシーはまだ東京にいる」とマイクは言った。「ティム、あいつらが彼女を連れ戻してくれる。娘さんはすぐに家に戻ってくるんだよ」

マイク・ヒルズは自身の顔写真をファックスで送ってきた。不明瞭ではあったが、深く刻まれた皺と荒れた肌が目立つ男だった。歯並びの悪い歯を見せ、申しわけなさそうに笑う表情に愛嬌は感じられたものの、信用できない薄汚れた顔だった。

ティムにとって、すべてを理解するにはあまりに情報量が多すぎた。だとしても、無視するわけにはいかなかった。「当時、ルーシーがどこにいるか手がかりがまったくありませんでした(2)」と彼は言った。「そんなとき、ルーシーの居場所を掴めるかもしれないと話す男が名乗り出てきた。〝申しわけない、その情報は必要ないよ〟と袖《そで》にするのはちょっと勇気が要りますよ」

ティムの心に渦巻いていたのは、興奮、咽喉を締めつけるような安堵感、そして恐怖だった。そこで彼は、ちょうどロンドンに戻っていたオーストラリア人ボディーガード、アダム・ウィッティントンに連絡し、オーステンデに同行してほしいと頼んだ。火曜日、ふたりはドーバーの港に行き、高速船に乗り込んだ。指示されたとおり、ティムは前日に銀行から引き出した現金一万二五〇〇ドルを持参していた。「こんなことは人生で初めての経験でした」とティムは振り返った。「この先どうなるのか、まったくわかりませんでした。ある種の巧妙な罠かもしれなかった。日本でのわれわれの行動に反感を持った人物が、私を殺そうと企てているのかもしれなかった。どんな可能性もありえた。まるでテレビのなかにいるような感覚でしたよ。ただしテレビの世界では、夜のニュースが始まる一〇時までに必ず事件は解決する。そう決まっているものです。けれど現実の世界では、次に何が起きるか何ひとつ予想がつきませんでした」

マイク・ヒルズはフェリー・ターミナルでふたりを出迎えた。「ダークスーツ姿で、薄い髪をオールバックにしていました」とアダムがそのときの様子を語った。「五五歳くらいでしょうか。いかにも壮絶な人生を送ってきた人間、という見かけです。タバコの影響か病気なのかはわかりませんが、恐ろしいほど歯が真っ黒でした。ティムは、僕のことを友人だか従弟だと紹介しました。それから、彼の提案で近くのカフェに行って話をすることになったんです」

カフェに向かってマリーナを歩いていると、マイクがヨットについて話し出した――ティムが大きな情熱を注ぐ趣味だ。「彼はくたびれたスーツを着て、実にみすぼらしい外見でしたが、ボートの話になると知識はプロ級でした」とティムは言う。「かつてSWAN42という型のボートの操縦を担当したことや、デッキの板を張り替えた話もしていました。私がどんな木材を使ったのか尋ねると、合板の上にチーク材――横切り《クロスカット》のチーク材――だと答えました。技術的な細かい部分まで、正確な話ばかりでした。でたらめはひとつもなかった。元商船員、というのが私の印象でしたね。よれよれの恰好はしていましたが、眼光は活き活きと鋭いものでした」

「電話で話して想像していたイメージとはずいぶんとちがったよ」とティムはマイクに言った。「国際的に暗躍する、金持ち武器ディーラーには見えないな」

マイクは笑って答えた。「そう見えることだけは避けないとね」

カフェの狭く薄暗い室内には、重厚な革の椅子が並んでいた。店主に温かく迎えられると、マイクはコーヒーを注文するまえからすぐに本題に入った。日本の状況は、最後の会話のときよりさらに前進していた。ティムの心積もりよりずっと早く、ずっと先に話は進んでいた。東京のマイクの仲間たちは、犯人や監禁場所をすでに特定済みだった。まずは、ルーシーの身柄と引き換えに五万ドルを支払う。そして、彼女が無事に引き渡されたあと、〝同じことが二度と起きないように〟犯人たちに罰を与える、とマイクは言った。そういったすべてのことが、数日中に行なわれるというのだ。

マイクは今後の段取りを説明した。まず、ティムとアダムは急いで日本に戻り、ルーシー解放に必要な二回目の支払額二万五〇〇〇ドルを準備する。それも、すべて極秘裏に遂行すること。ティムはマスコミに出て顔が割れているため、今後の連絡役はアダムが務め、マイクと仲介人との連絡専用の携帯電話も用意する。そして、ルーシーが解放されて無事に帰国したら、残りの一万二五〇〇ドルを支払う。

マイクは、まるですべてが合意に至ったかのような話しぶりだった。あたかも、ルーシーがいますぐにでも助け出されて帰ってくるかのような——あと二回だけ金を振り込めば、ここ一カ月続いた苦痛と吐き気が数日のうちに消えるかのような——そんな話し方だった。しかし、ティムの混乱した頭は疑いに支配されていた。マイク・ヒルズとはいったい何者なのか？　この話が真実だという証拠はどこにある？　するとマイクは、くたびれたスーツの内ポケットからいくつか書類を取り出した。パスポートのコピー、オランダのブレスケンスの自宅住所が明記された水道料金の請求書、ある友人の名前と電話番号——ビリーという名のその男は貿易業のパートナーで、マイクの身元を保証する人間とのことだった。

姓：ヒルズ

名：マイケル・ジョセフ
生年月日：一九四三年六月二六日
出生地：ロンドン

マイクの主張の信憑性を証明するには、こんな書類ではまだまだ足りない。ティムはそう考えた。

「あんたが心配する気持ちはわかる。だが、ほかにどんな証拠を出せばいい？」とマイクはあくまで強気な態度を崩さなかった。「俺はオランダに住んでいるから、教えられる仲間はこいつしかいない。あとは、南アフリカとか、スペインとか……まるで仕事の面接を受けてる気分だな」

彼はさらに畳みかけた。「これがあんたの望むことじゃなかったら、それは謝る。(3)だが、ここまでの金額を俺ひとりで払うことはできない。全額は無理だとしても、あんたも一部を負担するべきじゃないだろうか。もし俺の立場だったら、あんたはきっと同じことをすると思う。俺はただ、自分の周辺にあるものを使って、あんたを助けたいだけだ……俺が請け合うのはただひとつ――あんたが条件に同意して、全員が指示通りに行動すれば、すべてがまちがいなく解決する。それだけだ」

金を渡すまえ、ティムは合意条件を説明した契約書を手書きで作った。そして、マイクとティムの双方が署名した。

「何か不測の事態が起きたら?」とティムは訊いた。

「万が一、俺の指示が守られなかったら」とマイクは答えた。「個人的にそいつの首を斬り落としてやる」

ティムはのちに私にこう言った。「あとになって考えてみれば馬鹿げた話ですよ。でも私の頭には、はっきりと映像が浮かんでいたんです。暗い街角に車が停まって、外に立つ私たちのほうにルーシーの体が押し出される。そして車内から伸びる一本の手が、金のケースを摑む。それほどリアルでした。最初から最後まで筋書きが見えていたんです。ルーシーの取り乱した表情、ドラッグ漬けにされて憔悴した顔……」

ティムは自分のブリーフケースに手を伸ばし、一二五枚の一〇〇ドル札の束をマイクに渡した。

若いアダム・ウィッティントンは冷静で、物静かで、賢く、洞察力に優れており、この類の話し合いの場に同席してもらうには実に適任だった。これまで軍人、ボディーガード、バーテンダーとして働き、のちにロンドン中心部勤務の警察官となる彼は、そう簡単には騙されない男だった。ドーバーに戻る高速船内で、ティムはアダムに尋ねた。賢明な選択だったのだろうか、と。「マイクの話は嘘とは思えませんでした」とアダムは私のインタビューに答えた。「彼はティムが何を訊いてくるか、事前に正確に把握していた。だから答えにもためらうところがないんです。ふたりが話すあいだ、僕はマイクの話にじっと耳を傾け、話の矛盾を見つけようとしました。すべて嘘なんじゃないか? この男は詐欺師なんじゃないか？　でも、彼の話を信じない理由はどこにもありませんでした。僕がティムの立場だったら――囚われているのが僕の娘だったら――まったく同じ決断をしていたと思います」

翌日、ティムとアダムは飛行機で東京に戻った。前週に東京を離れてからまだ一週間も経っておらず、ダイヤモンドホテルでは相変わらず白いウサギがピアノを弾いていた。ティムは英国大使館に行き、マイク・ヒルズの話の概要を説明した――仲介人が誘拐犯と接触中で、ルーシーは近いうちに解放される。外交官たちは話を疑いもせず、大いに関心を示した。すぐにルーシーを保護するための部屋が大使館の敷地内に用意され、医師も待機することになった。アダムが携帯電話をレンタルすると、ティムは番号をマイク・ヒルズにファックスで知らせた。「この番号はほかの誰にも知らせない」と彼は書いた。「呼び出し音が鳴ったら、心臓発作を起こすだろうな。マイク、こちらは準備万端だ。作戦を決行してくれ。生涯の友になるかもしれない男より」

あとは待つだけだった。

時間を潰すのも一苦労だった。普段の気分転換――報道関係者とのインタビューや記者会見――は、マイク・ヒルズに厳しく禁じられていた。そこでティムは、ヒュー・シェイクシャフトのオフィスに顔を出した。ボランティアたちが引きつづきルーシー・ホットラインへの電話に対応していたが、寄せられる情報は無益か、無関係か、奇妙なものばかりだった。

・七月二八日、一八時――名古屋の〈ジャスコ〉の店舗前でルーシー似の若い女性を目撃。髪にパーマをかけ、身長一七七センチほどの男性と手を繋いでいた。駐車場四階で、ふたりはシルバーの古い車に乗り込んだ。
・子供から激励のメッセージ。
・匿名の情報提供者より、愛媛県のマタカド島が怪しいとの意見。
・藤沢市の浜辺のテント内でルーシーに似た若い女性を目撃。近くでは、大勢のメキシコ人がパーティを開いていた。

日本の警察は、情報をほとんど出そうとしなかった。また、イギリスでは、首相秘書官のひとりがトニー・ブレアに代わり、ＭＩ６職員を東京へ派遣するというティムの提案を退けた。そんななか、マイク・ヒルズはティムと毎日のように連絡を取り合い、彼を安心させた。

「マイクの話に説得力があった理由のひとつがそれでした」とティムは言う。「いつでも連絡が取れた。世界じゅうどこでも使える携帯電話を持っていたんです――国際ローミング機能がついて、クワッドバンド対応で、宇宙でも会話できそうな代物を。当時としては、そういう携帯はまだ珍しかった。あの男は何度も電話をかけてきて、進捗を教えてくれた。こちらからの連絡にも必ず対応したんです」

「すべてが順調に進んでおり、あとは待つだけだ」とマイクは言った。ティムはただひたすら、アダムのポケット内の電話――従来型の小さな携帯電話――が鳴ることだけを祈って過ごした。

時間ができるとティムとアダムは六本木に行き、〈東京スポーツカフェ〉で酒を飲み、〈ベリーニ〉で食事をした。そんなある晩、連絡用の携帯電話が突然鳴り出した。ふたりは顔を見合わせ、アダムがすぐに携帯を取り出して通話ボタンを押した。「電話に出て、『ハロー』と言いました」とアダムは語った。「日本人の男の声が聞こえ、何か話し出しました。でも次の瞬間、電話が切れてしまったんです。『ハロー？　ハロー？』と呼びかけましたが、応答はありません。ティムと僕は眼を輝かせました。彼らにちがいない。ついに、連絡を寄こしたんだ、と。けれど、それから電話が鳴ることはありませんでした」

誘拐犯から連絡がないまま数日が過ぎ、ティムの焦りは増すばかりだった。マイクはこう説明して謝った。ルーシーの身柄を拘束する集団の仲介人が姿を現さなかったため、二回目の分割金の受け渡しが予定通り行なわれなかった。しかし、連絡が途絶えたわけではない、と彼は請け合った。さらに、この話が本物だと証明するため、ルーシーの最近の写真と毛髪を手に入れる、とマイクは自ら申し出たのだった。

ティムが東京に戻ってから一週間後、マイクからさらに悪い知らせが届いた――ルーシーはもう日本にいない。いつものとおり、情報の詳細はいかにも明確なものだった。事件への関心の高まりに警戒した犯人側は、ルーシーを手放すのが最善策だと判断。彼らは、ルーシーを買い取りたいという三人組を見つけた。テンカイという場所で取引が行なわれた直後、ルーシーはコンテナ船〈レオ・J〉号に乗せられて日本を離れた。船にはほかにも四人の若い西洋人女性が同乗し、みな性奴隷として売られる運命にあった。しかし、マイクはまだあきらめていなかった。彼の仲間たちはすでに航路を把握しており、さらに仲間のひとりが船に乗り込み、航路と女性たちの状況を監視中だという。

苛立ちと混乱に襲われたまま、ティムは電話を切った。それから友人に電話をかけると、ロイド船級協会《レジスター》に問い合わせてもらった。〈レオ・J〉号という名の商船が実際に存在するか、

驚いたことに、船は実在した。

MV　レオ・J
登録総トン数：一万二〇〇四トン
船籍国：アンティグア・バーブーダ
所有：マーレ海運MBH&Co（ドイツ、ハーレン）

実際、〈レオ・J〉号は八月一〇日に大阪港を出て、神戸、徳山、門司、さらに香港に寄港し、現在はマニラに向けて航行中だった。

翌朝、マイクから二枚の白黒写真がファックスで送られてきた。不明瞭ではあったが、一枚目はどうやら建物の室内を写した写真のようだった。二枚目は電車内の写真で、ブリーフケースを持った三人組のアジア系男性が、笑顔で座席に坐る様子を撮ったものだった。一枚

目の下に「この場所がテンカイ」、二枚目の下に「金の入った鞄。テンカイに向かう途中」とマイクのコメントがあった。ファックスの次のページにはさらにこう続いた。「仲間たちがこの場所に移動中だが、どうやらすでに金を払ってなんらかの成果を得たようだ。いま、仲間たちが確認中」

八月二四日、匿名希望のイギリス人実業家が《ジャパンタイムズ》紙に接触し、ルーシー発見に繋がる有力情報に一〇万ポンド（約一六〇〇万円）の懸賞金を支払うことを申し出た。

数日後、〈レオ・J〉号に潜伏するマイクの情報源が、最悪のニュースを伝えてきた。ルーシーを含む五人の性奴隷が〈アラメイック〉号という別の船に移され、今度はオーストラリアに向かっているというのだ。それに合わせ、救出計画が大急ぎで変更された。マイク自身もオーストラリアに行ってアダムと落ち合い、新しい船がダーウィンに寄港したところでルーシーを救出する。そのため、彼や〝仲間〟の経費としてさらに一万ドルが必要になった。ティムは、マイクのオランダの銀行口座に金を振り込んだ。

アダムはダーウィンに飛び、待ち合わせ場所として指定されたホテルにチェックインした。マイクは現れなかった。

ダーウィンの港では、〈アラメイック〉号という船を知る者は誰ひとりいなかった。ティムはクワッドバンド対応の携帯に電話してみたが、繋がらなかった。その後、マイクからメールが届いた。オーストラリアではなく香港にいる、というのが彼の新たな説明だった。

マイクはかなり苛立っている様子だった。問題は一〇万ポンドの懸賞金だった。それが再び、マイクの仲間たちの不安を掻き立ててしまったのだ。「一〇万ポンドの懸賞金のせいで、ダーウィンの話は駄目になった。そういった懸賞金がどれほど悪い影響を及ぼすか、きちんと考えてから行動したほうがいい」と彼はティムを非難した。「そのせいで、多くの人たちが計画を変更せざるをえなくなった。もう状況は変わってしまった……頼むから、ほかの人に何か言うまえに、必ず俺に確認してくれ。事態が悪化することだけは避けたいんだ」

数日経過。香港のマイクから電話――これから〝内部の人間〟に会い、ルーシーの身柄を引き渡してもらうことになった。

彼から再び電話――その男が車内で殺害された。

アダムはティムに言った。「こいつ、ゲームを楽しんでいるんですよ。もうでたらめばかりだ。僕たちに世界じゅうを飛びまわらせて、自分は何もしないで金を要求するだけ」

雰囲気を察知したのか、慌てた様子のマイクは、自分が言葉通り香港にいる証拠を送ることに同意した。以前に約束したルーシーの写真と毛髪についてティムが尋ねると、マイクはこう答えた。オランダの私設私書箱に保管されており、本人しか開けることができないのだ、と。

それから数週間、会話は行ったり来たりを繰り返した。一方、東京では警察が手がかりを摑みつつあった。ティムとソフィーは相変わらず、二週間交代で東京に滞在した。アダムに加え、マイク・ヒルズの一件を知るごく限られた親友たちは、ティムについに告げた――騙されたのだ、と。そんな八月末、今回もルーシーを連れ戻すことができないまま、ティムはワイト島に戻った。毎日、少なくとも一度はマイク・ヒルズと電話で連絡を取った。奴隷商人たちと再接触するのに苦労している、と彼は説明した。が、ティムがマイクに再び送金することはなかった。

九月中旬のある晩――マイクとの最初で最後の対面から一ヵ月半後――会議だらけの一日を終えたティムは自宅に車で向かっていた。と、ふと思いつきで、クワッドバンド対応の国際ローミング機能付きの携帯電話ではなく、オランダのマイクの自宅に電話をかけてみた。応対したのは女性だった。ティムはとっさに日本人風の英語を装って話した。

「はろー」と彼は言った。「きゃない、すぴーく、うぃず、みすたー、ひるず？」

「申しわけありません」とヒルズ夫人と思しき女性は言った。「いまさっき出かけたところなんです」

「ひー、いず、のっと、ほんこん？」

「いえいえ、オランダにいますよ。ちょっと買い物に店まで出かけただけですので、すぐに戻りますが」

ティムは電話を切った。少し経つと、マイクから連絡が入った。

「いまオランダの妻から電話があった」と彼は言った。「自宅に妙な電話がかかってきたって言うんだ。相手はどうやら日本人らしい。ティム……誰か心当たりはないか？」

「さあな」とティムは言った。「ところでマイク、どこにいるんだ？　まだ香港かい？」

「ティム」とマイクは声を荒らげた。「まえにも言ったろ？　何度言ったらわかるんだ？

俺は香港にいる！」

この日から、ティムは成田空港で手に入れたデジタルレコーダーを使って、マイクとの会話を録音するようになった。しかし日を追うごとに連絡が取れなくなり、そんな状態がしばらく続くと、ティムは電話すること自体をやめてしまった。

もちろん、マイクは詐欺師だった。彼の話はすべてが嘘だった。

二〇〇〇年一〇月、ティムのもとに見知らぬ人物からまた電話が入った。ブライアン・ワインダーと名乗るその男性は、ポールという名の二四歳の投資銀行家の父親だった。その年の三月、息子のポール・ワインダーは植物学者の友人とともに、コロンビアのジャングルでトレッキングをしながら、珍種の蘭《らん》を探していた。しかしある日、パナマ国境に近いダリエン・ギャップと呼ばれる地帯で、ふたりは忽然と姿を消した。以来、連絡がいっさい取れなくなった。この無法地帯に跋扈《ばっこ》する強盗や革命家、麻薬密輸人の一団のいずれかに誘拐された、というのが大方の見方だった。ポールは死んだのだと両親があきらめようとした矢先、エセックスの自宅に興味深い電話がかかってきた。電話の相手は「私はパナマ裏社会の人間と繋がりがあるんです。彼らはポールの居場所を知っていますよ」ともっともらしく語った。父ブライアンはそのロンドンの下町訛りで汚い歯の男に、五〇〇〇ポンド（約八〇万円）を支払った。しかし、なんの成果も出ず、ポール・ワインダーの居場所はいまだわからないままだった。

なんと、そのときもマイク・ヒルズは同じ名前を使っていた。ワインダー一家はエセックス警察に被害を報告した。ティムも警察署に出向き、事の顚末をありのままに証言した。そして、会話を録音したテープ、ヒルズから届いたファックスとメールを証拠として提出。彼の罪が確定し、逮捕状が発行されたが、今度はマイクの居場所がはっきりとしなかった。どうやらオランダを離れ、スペインのアリカンテに移ったようだった。スペイン政府への犯人引き渡し要請の話が出たものの、二、三カ月もすると、警察からティムへの連絡はぱったりと止まってしまった。

幸運なことに、ポール・ワインダーと彼の友人は、九カ月にわたる監禁生活の末、武装集団から解放された。そして、二〇〇〇年のクリスマス直前、ふたりは無事イギリスに帰国した。

二年後、そんな一連の騒動をすっかり忘れていたティムのもとに、エセックス警察の刑事から連絡が入った。ロンドン中心部で警ら中の二名の交通警察官が、駐車違反の運転手に免許証を要求した。運転手の名前はマイケル・ジョセフ・ヒルズ。警察官がコンピューターで検索すると、彼に逮捕令状が出ていることが発覚した。

二〇〇三年四月、マイクは二件の詐欺容疑で起訴され、チェルムスフォード刑事法院で裁判にかけられた。彼の現住所は、ロンドン中心部ウォータールーの簡易ホテルのものだった。マイクは罪を認め、末期癌だった妻の治療費の支払いのために金が必要だったと釈明。しかし、奪われた金がそのように使われた形跡はない、と裁判官は断じた。マイク・ヒルズには多数の前科があり、一九七〇年代から詐欺や窃盗での度重なる逮捕歴があった。結局、彼には三年半の実刑判決が下された。

判決前、マイクは裁判でこう述べた。「結局のところ、金を取ったのはこの私です。ほかの誰でもありません。ですので、被害者の方々に返金させていただきたいと思います。ぜひそうさせてください」

判決後、記者たちから電話取材を受けたティムは、こういう状況に置かれた多くの人が口にしそうな言葉を吐露した――〝残忍〟〝不道徳〟〝卑劣〟〝極悪非道〟〝不幸な人々を食いものにした犯罪〟。すべて本心だった。「しかし、そのときは――」とティムはのちに私に語った。「そんな蠟燭《ろうそく》みたいな小さな希望の光でさえ、私には重要でした。それがなかったら、もっとひどい精神状態になっていました。あのたった一本の命綱に、私はしがみついた。私が海の底に沈むのを防いでくれた。あの男はルーシーを連れ戻せるかもしれない――かすかな希望が常に頭のなかにあった。だからこそ、私は水面から顔を出しつづけていられたんです」

ティムにしてみれば、この一件は〝邪悪な詐欺師〟と〝罪のない被害者〟という構図の単純な物語ではなかった。彼にはマイク・ヒルズが必要だった。ある意味、悲しみへの癒しを求め、彼自身がマイク・ヒルズを作り出してしまったと言えるかもしれない。ジェーンが霊能者に救いを求めたように、ティムは彼に頼った。前者は、超自然の千里眼によってルーシーを救い出すことを約束した。後者は、金の入った鞄、銃、暴力というもっと粗野で現実的なツールを提供した。

「すべてが嘘だとわかったとき、私が不安に思ったのはひとつだけでした」とティムは言った。「唯一の命綱が、私の手からもぎ取られてしまった……金のことも、騙されたことも、私にはどうでもよかった。カモにされたことや、犯罪の犠牲者になったことで、傷ついたことはありません。そういうことに興味がないというか……重要ではないんです。唯一の痛みは、手の痛みでした――命綱がもぎ取られた、手の痛みです」

これこそ、私がティムを尊敬する部分であり、同時に多くの人を不快にさせる部分でもあった。どんな混乱と悲しみのなかにいても、彼には一歩うしろに引き、嵐のように入り乱れる自らの心理状態を俯瞰して見る能力が備わっていた。「いい買い物でした」とティムは言った。が、同じ台詞を言う勇気と洞察力を持ち合わせる人間がいったい何人いるだろうか？彼と同じ状況――普通であれば、詐欺師に辱《はずかし》められたと感じる状況――に置かれた人間が、はたして同じ台詞を口にできるだろうか？

「怒ってなんかいませんでした」とティムは言う。「まるで、深淵に落ちるような感覚でした。命綱も、希望も全部消えてしまったんです。いったい次の希望がどこにあるのか、見当もつきませんでした」

第一〇章　S&M

蔓延《まんえん》するドラッグ

答えが何かはわからない。それでも、それが六本木に潜んでいることはまちがいなかった。似た立場に立たされたほかの家族であれば、愛する家族を不幸に陥れる発端となった場所など、忌み嫌って避けるものだろう。しかし、ブラックマン父娘は多くの夜を六本木で過ごした。六本木こそ、ルーシーが道に迷った迷路のように思われたからだ。さらに、彼ら自身もその魅力に取り憑かれてしまったのだった。

日本の夏の盛り、八月。東京都心でも、通行人を嘲笑うかのような蝉の鳴き声が延々と響き、エアコンの室外機の熱気のせいで通りの温度は異常なほど上昇し、じめじめした空気のなかでネオンの光がぼんやりと揺れる。ヒュー・シェイクシャフトの支払いで〈ベリーニ〉で夕食を済ませると、ティムとソフィー、支援者たちはルーシー発見に結びつく情報を求め、バーやクラブへと移動した。

ティムは〈クラブ・カドー〉と〈ワン・アイド・ジャック〉のほか、〈トップレス・ダンスクラブなどをまわった。ある夜、彼はルーシーの勤め先だった〈カサブランカ〉に立ち寄った。「見るものすべてが奇妙でした」とティムはそのときの感想を語った。「狭苦しい部屋に、平凡なルックスの西洋人の女の子たちと、英語が話せる振りをする楽しそうな日本人の男たち。実に下品で、気味の悪い場所でした。私は、その場所とルーシーを関連づけて考えようとはしませんでした。娘は仕事が嫌いだった――私自身、そう知っていましたから。もしルーシーが〝この仕事、本当に楽しくて大好きなの！〟とでも言っていたら、私は〝頭がおかしくなったのか？〟と思ったことでしょう。だが、ルーシーは決して仕事が好きじゃなかった。不思議ですが、ある意味それが慰めでした」

ティムとソフィーは、水商売関係者から両極端な歓迎を受けた。テレビの報道を見て、誰もがふたりの顔を知っており、状況を気遣って優しく声をかけてくれる人もいた。しかし、ホステス、バーテンダー、ママさんの多くは、ブラックマン父娘と話をしようとしなかった。ルーシーが失踪したことで、曖昧な法律の闇の下で行なわれるこのビジネスに、招かれざるスポットライトが当たってしまったのだ。観光ビザしか持たない外国人女性を雇用する、といったこれまで何十年も黙認されてきた慣例に、突如として厳しい眼が向けられるようになった。にもかかわらず、光眞警視やほかの担当刑事が、クラブ関係者を厳しく追及した形跡はほとんど見られなかった。ティムは大きな怒りを感じずにはいられなかった。警察と店の経営者たちの結託による〝沈黙の共謀〟が存在すると確信したのだ。「もしルーシーが顧客のひとりと事前に約束して出かけたのであれば、クラブ内の誰かが相手の男を知っているはずでした」とティムは言った。

「行政とホステス産業のあいだには見えない境界線があった。

その一線を越えて捜査をしなくては意味がなかったんです」。彼にはあるアイディア——六本木の全員を敵にまわす提案——があった。「あのクラブの人たち——店長、オーナー、ホステス——を集めて、四週間から六週間刑務所にぶち込むんですよ。それで口を割らないか試す。結果が出るまで、ひたすらそれを続ける」

そんななか、六本木でのティムの夜の過ごし方に、疑問を持つ人間も少なくなかった。面と向かって言う人間はいなかったものの、日本人記者や英国大使館員の一部のあいだで、ティムが少し〝楽しみすぎではないか〟と囁かれていたのは事実だ。彼にきわめて好意的な人たちでさえ、困惑することがあった。「ティムはとてもいい人だと思う。それは本心です。でもときどき、彼の行動が……理解できなくなるんですよ」。多くのプライベートな時間を費やしてブラックマン一家を支援した日本人男性が、そう私に教えてくれた。「たとえば、店長やママさんに話を聞くために、ホステスクラブに行くとします。ルーシーのこと、店で働く女の子たちのこと、なんでもいいから知っていることを教えてもらい、支援をお願いするのが目的です。けれどティムは、娘さんについてちゃんと質問もせずに、ホステスをちらちら見て楽しんでるんですよ。酒を飲みながら、僕の耳元で言うんです。『おい、あの子を見てみろよ！』とか『あっちは相当な美人だ』とか。僕はどう答えればいいのやら」

六本木で夜を過ごすうちに、恐ろしい事実の数々も明らかになってきた。そのひとつが、ドラッグの蔓延だった。

日本では少量のソフトドラッグ所持に対する罰則も厳しく規定され、若者のあいだでも、ヨーロッパやアメリカのような派手なドラッグ文化はあまり見られない。しかし、六本木にはイスラエル人やイラン人の売人が大勢おり、大麻、コカイン、さらにヘロインまでなんでも簡単に手に入れることができた。「全員が手を出していました」とヒュー・シェイクシャフトは証言する。ここで言う〝全員〟とは、彼の知り合いのトレーダー、バーテンダー、ホステスのことを意味する。ドラッグはさまざまな隠語を使って取り引きされた。たとえば、〝バリー〟は粉末コカインを意味する隠語で、アメリカ人歌手バリー・ホワイトに由来する。また、さらに難解な〝ジェレミー〟という隠語があり、こちらも同じ粉末コカインを意味した。ヒュー・シェイクシャフトはこう説明する。「ジェレミーというのは、イギリス人のテレビ司会者ジェレミー・クラークソンのことです。彼が司会を務めるのが『トップ・ギア』で、〝ギア〟はドラッグを意味するスラング。そこから、〝ジェレミー〟が〝コカイン〟を意味する隠語になったわけです。あるいは、『ロングする?』と言う人もいますよ。これは、為替取引の〝買い持ち《ロング》〟ポジションから派生した言葉で、『ロングする?』は〝コカインある?〟の意味になります」

ホステスのあいだでいちばん人気だったのは〝シャブ〟で、英語では〝アイス〟〝クリスタル・メス〟などの俗称で知られる強力な覚醒剤だ。その摂取方法は多岐にわたり、鼻から吸引、炙《あぶ》って煙を吸引、注射、さらには塊を肛門から注入という方法もあるという。この薬が与える恍惚感は、退屈な客との堅苦しい会話を、明るく刺激的な戯れに一変させてくれるものだった。シャブがなければ、ホステスの仕事を続けられないと明言するホステスさえいた。ティムとソフィーの周囲では、六本木の住人たちも慎重に行動するよう心がけていたが、アダム・ウィッティントンはある夜にこんな経験をしたという。いつものように物静かなアダムが、ルイーズとその友人たちと一緒にバーで飲んでいたときだった。ひとりの女性（ルイーズではない）が、トイレに行ってシャブを吸わないかと彼を誘ったのだ。もちろん、アダムは断った。

ルーシーはドラッグを使用していたのか？ あるいは、一緒に出かけた男は、携帯電話以外のものを彼女に提供しようとしていたのか？ ルイーズは否定したが、彼女の記憶はひどくあやふやで当てにならなかった。ルーシーの家族は、彼女が日常的なドラッグ・ユーザーだったとは考えられない、と口を揃えて言った。しかし過去に、末期的な麻薬中毒のボーイフレンドがいたことは事実だった。さらに、彼女が働いていた一九九〇年代半ばのシティ・オブ・ロンドンでは、気軽なコカイン使用が蔓延していた。来日して間もない頃、ルイーズと出かけた東京での買い物ツアーについて、ルーシーは日記に次のように楽しげに綴った。「音楽（クレイグ・デイヴィッド以外ならなんでも）、ポストカード、そしてドラッグを求める果てしない旅！」。友人たちの証言によると、ルーシーはドラッグではなく酒のほうが好きだったという。だとしても、ドラッグに触れる機会が少なからずあったことは想像にかたくない。

もうひとつ、家族を不安にさせたのは数々の噂話だった。外国人ホステスが失踪した、客に襲われた、あるいは六本木でひどい目に遭ったという類の話だ。多くは取るに足らないもので、酒の席で誰かから伝え聞いた友人の知り合いについてのエピソードか何かにすぎなかった。しかし、なかには信憑性の高そうな話も二、三あった。

三年前、二七歳のカナダ人ホステス、ティファニー・フォーダム[1]が六本木のバーを出たあと、消息を絶った。公式にはまだ捜査中とされていたものの、事実上、警察もお手上げ状態だった。また、ルーシー事件の直前の二〇〇〇年春には、三人のニュージーランド人女性（氏名未公表）が、ヤクザの一団によって監禁されたと報道された。繰り返し暴行を受けた末、彼女たちは建物の二階の窓から飛び降りて逃げたという。

ある夜、ヒュー・シェイクシャフトがティムにふたりの友人を紹介した。若いオーストラリア人イソベル・パーカーとカナダ人のクララ・メンデス[2]だった。それはティムが来日して間もない頃のことで、彼はショックと悲しみのどん底にいた。ふたりの女性が伝えた情報は、幽霊の体を通り抜ける固体のように、彼の頭からこぼれ落ちてしまった。

イソベルとクララは、六本木のある現象の代表格だった――元ホステスで、客として出会った金持ち欧米人銀行家と結婚。そんなふたりが、ある裕福な日本人顧客と同伴したときの、似たような体験について告白した。男に連れられて海辺のマンションに行くと、薬の入ったワインを飲まされた。何時間もあとになって意識が回復したときには、ベッドの上で裸のまま横たわっていたという。イソベル・パーカーが眼を覚ますと、男はビデオカメラで彼女の裸体を撮影していた。恐怖と怒りに駆られ、彼女はカメラからテープを抜き取った。そして、警察に通報する代わりに、男を脅迫することに成功した。テープと引き換えに、男は数十万円を彼女に支払った。

　数年前のことで、どちらの女性も、連れていかれた場所を正確に思い出すことはできなかった。しかし、ふたりの説明は同じ場所を指し示しているように思われた――海辺の保養地、コンクリート造りのリゾートマンション群、立ち並ぶヤシの木、葉を揺らす海風。

あるSM愛好家の証言

　八月のある日、ひどく興奮した様子の日本人男性からルーシー・ホットラインに電話がかかってきた。(3) 小野誠《おのまこと》と名乗るその男は、ルーシー失踪に関連する決定的な情報を握っていると告げ、直接会って話したいと申し出た。すぐに、ティムとアダムは指定された代々木の住所――ルーシーの滞在先だったガイジンハウス近くの場所――へと向かった。タクシーがなんの変哲もないマンションのまえに停まると、ふたりはエレベーターで上階に向かい、部屋に入った。普通の場所ではなかった。テーブルには日本語と英語の猥褻《わいせつ》な写真雑誌、壁には裸の女性のポスター。一室には照明器具にカメラ、そして複数のベッド。別の部屋には、ダビング用のビデオ機材が山のように鎮座していた。

　ティムとアダムがいる場所は、アダルトビデオ撮影用の小さなスタジオだった。

　小野誠は四〇代前半の小太りの男で、Tシャツにスニーカーという出で立ちだった。一見して怪しいところは何もなかった。以前、彼は小さなコンピューター関連会社の経営者だったが、現在はアダルトビデオ制作に携わっているのだという。眼のまえの落ち着き払った小野と同じように、アダムとティムも無関心を装おうとした。が、開いたままのドアの奥、ベッドとカメラのほうについ眼が行ってしまった。スタジオは静かだった。ほっとしたことに――同時にがっかりしたことに――撮影は行なわれていないようだった。

アダルトビデオ制作を本業とする傍ら、小野はSMを趣味としていた。日本の多くの趣味人と同じように、彼はSMへの興味をグループのメンバーと一緒に追求していた。SMサークルに参加し、ビデオや雑誌、妄想を仲間と共有し、さらには女性を金で雇って乱交パーティを催すこともある、と彼は語った。

そんな小野が一〇年前まで属していたのが、横浜に住む裕福な実業家、松田《まつだ》隆二《りゅうじ》という男が主宰するサークルだった。ふたりが出会ったのは、ある撮影会でのことだ。同じ趣味の男たちが金を出し合って若い女性を何人か雇い（小遣い稼ぎの大学生の場合が多い）、〝地下牢〟としての設備が整った部屋で彼女たちを革の紐やロープで縛り上げ、カメラで撮影する会だった。小野は、会った瞬間から松田に警戒心を抱いた。彼は真のマニアだった。彼の異常なまでの性欲は、真性Sとまでは行かない小野の性欲をはるかに凌《しの》ぐものだった。サークルのメンバーは誰もが自分たちの功績――あるいは妄想――を自慢げに語ったものだが、松田の話しぶりには、どこか聞く者の背筋を凍らせるようなところがあった。「私にも娘がいます」と小野はティムのほうに向きなおって続けた。「SMは私にとっては大切な趣味ですが、越えてはならない一線があるんです」

松田いちばんのお気に入りの妄想は、嗜虐《しぎゃく》的なセックスを究極の結末に導くというものだった。彼はその手順をこう説明した。まず、背が高くて胸の大きなブロンドの外国人をひとり誘拐する。そして、専用の地下牢に連れ込み、拷問して殺すまでの一部始終をビデオカメラで撮影する。

「男として」と松田は小野によく言った。「でかい花火を打ち上げたくないのか？　一生でたった一度だけ」

「それが一〇年前の話です」と小野は言った。「子供じみた考えですよ。そんなことを本気で実行する人間なんていやしない。そうでしょう？」

その後、小野はよりおとなしいSMサークルに加入しなおした。松田との繋がりは途絶えたものの、メンバーのひとりである高本昭雄《たかもとあきお》との関係は続いた。松田のサークルに属する多くのメンバー同様、表社会での高本は地位も名誉もある人物だった――六本木から眼と鼻の先にある超一流企業の本社に勤める、五二歳の上級管理職。七月中旬、その高本が、興奮と不安を抑えられない様子で小野に連絡してきた。

「このオフィスに来たときも、かなり気が動転しているようでした」と小野は当時を振り返った。「彼は早口でまくし立てました。『松田に連絡を取らなくては。あいつがやったぞ。ついに、松田がやった』とね。さらに、『おそらくビデオがあるはずだから、一緒にやつのところに盗みにいこう』と言い出したんです」

背中に冷たいものが走る感覚と同時に、小野は突如として理解した。友人の高本は、あの松田がついに妄想を実現させてルーシー・ブラックマンを誘拐した、と考えていたのだ。

高本の説明によると、松田は最近、新たな〝地下牢〟——自らの欲望に心行くまで身を委ねることができる隠れ家——を手に入れたという。が、彼はその部屋をSM仲間に見せびらかすわけでもなく、誰ひとり招き入れようとしなかった。高本が疑念を持ちはじめたのはそこだった。さらに、彼は松田とのある会話も覚えていた。自らの誘拐計画を披露しながら、警察を混乱させるための妙案があると松田は打ち明けた。「行方不明の被害者がカルト教団に入信したと嘘をでっち上げるのさ」

ありえない話ではない、と小野は思った。「松田にはどこか恐ろしいところがあります」と彼は言った。「人殺しをなんとも思わないような人間、女性を人形のように扱う男なんです」。高本が帰ったあと、小野はすぐに麻布警察署に出向き、すべてを洗いざらい打ち明けた。刑事たちは、関係者全員の名前や住所を熱心に書き留め、後日改めて話を聞くことになるだろう、と小野に告げた。

翌週、いまだ興奮冷めやらぬ高本が再び小野の事務所を訪れ、松田のルーシー殺しはまちがいないと断言した。しかしそれから二週間あまり、小野のもとには高本からも警察からも連絡が入ることはなかった。そんなある朝、今度は別の友人から電話がかかってきた。その友人は、高本の妻から連絡を受けたのだという。昨晩から夫が家に戻っていない、と。そこで、高本が行きそうな場所を知らないか、と小野に相談の電話をしてきたのだった。

実際、小野は高本の秘密を知っていた。家族を含め、ほとんど誰も知らない秘密だった——

―社会的地位も高い有名企業のこの重役には、自らの〝地下牢〟があった。自宅から数駅離れた場所に、小さな部屋を借りていたのだ。

その日の昼下がり、小野はアダルトビデオのスタジオを出て、その場所に向かった。

高本の秘密部屋は、いまにも崩れ落ちそうな古い木造アパートの二階にあった。扉をノックしてみたが、返事はない。取っ手をまわしてみると、ドアが簡単に開き、狭い廊下が見えた。高本の靴が一足、玄関に揃えて置いてあった。室内にいるにちがいない。そう考えた小野は、廊下と部屋を仕切る襖を開けた。最初に気がついたのは、車と便所が混じったような強烈なにおいだった。部屋には本や雑誌、ビデオテープなどが散乱していた。小野の眼がコンピューターのスクリーンを捉えた次の瞬間、押し入れのまえに一組の青白い脚が見えた。

高本は壁のフックに引っかけたロープで首をくくり、死んでいた。体は宙にぶら下がった状態ではなく、足が床を捉え、壁にもたれかかるような姿勢だった。下半身は裸だった。車のようなにおいの原因は、床にひっくり返ったポリタンクから畳に染み出たガソリンだった。そして、もうひとつは排泄物のにおいだった――高本の口から流れ出る、人糞のにおいだ。

小野は体を震わせながら部屋を出ると、警察に通報した。

もうひとつ、部屋に入って数秒の内に小野の眼に飛び込んできたものがあった。青い地に白抜きの英語と日本語の文字、ほほ笑む外国人女性の写真――ルーシーの尋ね人のポスターが、壁に何枚か貼られていたのだ。

一、二時間のうちに、私服警官を含め二〇人の警察官が現場に駆けつけた。それから数日間、小野は長時間にわたって警察の事情聴取を受けることになった。

小野が警察から聞いた話によれば、彼が提供した情報に基づき、三日前の八月五日に警察は高本を呼び出したという。相手が会社重役であることに配慮し、仕事を休む必要のない土曜日を警察はあえて選んだ。呼ばれた高本は、松田に対する恐怖を語った。翌日、彼は秘密部屋の家賃――月わずか二万円――を支払った。翌月曜日には、いつものとおり家族に別れを告げ、仕事に向かった。その日の午後から翌日のあいだに、高本は死んだ。

アパートに残された雑誌やビデオはすべてアダルト物だった。また、買って間もないコンピューターには、インターネットからダウンロードされたハードコアポルノの画像が保存されており、ほとんどが陵辱を受ける白人女性の写真だった。隣人たちは、この部屋の住人――連日のように夕方頃になるとやってくる、眼鏡をかけた物静かなサラリーマン――の姿を目撃していた。しかし、彼が誰なのか、室内で何をしているのかまでは知らなかった。警察は半ば強引に、高本の死を自己発情窒息による事故死だと断定した。自己発情窒息は〝窒息プレイ〟とも呼ばれる自慰行為のひとつで、一時的に脳への酸素供給を停止させて性的興奮を高めるものだ。この危険な遊びは、過去にも多くの死亡事故を惹き起こしてきた。しかし、動揺した多くの遺族が自殺だと発表した。

小野には信じられなかった。

警察の捜査の手が及び、SM愛好家だと世間にばれることを恐れて高本は自殺したのか？

しかし、彼の目的が非難や屈辱を避けることだったとしたら、なぜこのような奇怪な方法で命を絶ったのか？　それに、壁に貼られたルーシーのポスターは何を意味するのだろう？　それまで、ふたりはこの事件について長時間話し合ってきた。にもかかわらず、高本はなぜポスターのことを友人の小野に何も言わなかったのか？　いや、警察の捜査を攪乱するために、誰か別の人物がポスターを貼ったのだろうか？　おそらく、高本の死後に？　床のガソリンは、侵入者が部屋に火をつけようとした証拠では？　途中で邪魔が入り、逃げ出したのではないのか？

決定的な証拠は、この事件で最も汚らわしい部分――高本の口を満たし、顔に塗られていた人糞――に隠されている、というのが小野の見立てだった。警察の鑑定の結果、汚物は高本本人のものと断定された。「小野はこう言いました。ほかの人のものを塗りたくられて興奮するマニアはいるが」とアダム・ウィッティントンはそのときの会話を再現した。「自分のものを塗られるのは冒瀆の印だ。侮辱を意味する、と」

小野がティムとアダムを呼び出したのは、そんな自説を伝えるためだった――ルーシーを誘拐した松田が、その事実に気づいた高本を殺害した。

「地下牢」へ

「一連の過程のなかで、奇妙な人間に会うことも少なくありませんでした」とティムは私のインタビューに答えた。「けれど、やっぱり小野の一件がいちばん奇妙だったと思います。

彼が話したことの一切合財が……想像しうる最悪の事態じゃないですか……まあ、もっと悪いこともあるかもしれませんが……いずれにしろ、そのときの私の頭はもう機能不全だった。ですが、おそらくそれが私を救ってくれたんだと思います。あの話が娘にとって、娘の運命にとって何を意味するかをはっきり理解できてしまったら……いや、理解できなかった。それがかえってよかったんです」

しかし、アダムはすべてを理解した。さらに、ふたりがスタジオを辞去するとき、小野はある具体的な情報を教えてくれた。故高本、そして殺人犯と疑われる松田、双方の秘密部屋の住所だった。

アダムは数日後、ブラックマン一家を支援する日本人ジャーナリスト黒田《くろだ》良雄《よしお》(4)と一緒に、松田の〝地下牢〟に向かった。ふたりが車を停めたのは、横浜のとある住宅地だった。低層アパートが建ち並ぶ、少し寂れた雰囲気の界隈だ。通りを歩くのは、夕方に犬を散歩させる老婦人くらいで、子供の姿はどこにも見当たらない――そんな場所だった。その建物は、拷問部屋というよりは倉庫のようだった。建物のまわりには、通りから家が見えないように木の塀が設置されていた。黒田が不安そうに見張るなか、アダムは塀を飛び越えて家の周囲を歩いてまわった。窓にはカーテンが閉まっていたが、あいだの小さな隙間から室内を窺うことができた。アダムが覗き込むと、絨毯の床に散乱するビデオテープが見えた。

石をぶつけるだけで、窓ガラスは簡単に割れた。小柄で器用なアダムは穴にするりと手を入れ、掛け金を外して窓を開けた。そして部屋に入り込むと、玄関のドアを開けて黒田を招き入れた。

長方形の部屋だった。片隅には薄汚れたシンクがあり、それを隠すように天井からシートがだらりとぶら下がっていた。窓のカーテンがほとんどの光を遮ったが、部屋の様子はなんとか確認することができた。数脚の椅子、テレビとビデオデッキ一組、床には数枚のマットレス。ポルノ雑誌に、大量のビデオテープ。ケースのラベルには日本人と西洋人女性の写真。アダルトビデオのほとんどが商業作品だったが、自主制作と思われるものもいくつか含まれていた。「SM道具が部屋じゅうに散らばっていました」とアダムは言った。「張り形《ディルド》やら金具やら、下品で気味の悪いものばかりです。ハーネス、紐……それに、一度も見たことのないような道具。女性に挿入する管がついた器具もありました。付属の金具で脚を開いて固定したあとに、その管を脚のあいだに入れるんだと思います」。それらはすべて恥辱と苦痛、そして快楽のための道具だった。

ふたりはルーシーに繋がる手がかりを探し、ビデオテープのラベルを調べていったが、何も見つからなかった。殺風景な壁には、尋ね人のポスターは見当たらない。ふたりの心臓は早鐘を打っていた。彼らは本物の地下牢にいた。性的堕落の象徴のような場所だった。誰もが存在を耳にした経験はあるが、実際に眼にすることなど考えもしない場所だった。部屋全体を、言葉では言い尽くせない奇怪さが包み込んでいた。あまりに極端で、想像を絶するその部屋には、謎解きの鍵が潜むのが当然かのように思われた。そう考えるのが、論理的にさえ思われた。だからこそ、部屋にいっさいの人気《ひとけ》がなく空っぽだとわかると、激しい失望感に襲われるほどだった。ルーシーの家族や支援者たちは方々捜しまわり、彼女の痕跡を必死で追い、やっとのことでこの場所に辿り着いた。人間の心の最も深い闇――手錠、排泄物、死の世界――に。そこにも、ルーシーはいなかった。乱交中のサドマゾヒストの一団を見つけるほうがずっと楽だったにちがいない。人身御供《ひとみごくう》を捧げる魔女集会に出くわす確率のほうが高かったかもしれない。手を伸ばせば触れられそうな悪、眼を開けば見えそうな悪ならすぐに発見できそうだった。暴力的なものなどどこにでも転がっていそうだった。ただひとつ、見つからないものがあった。どの角を曲がっても、それだけが見当たらなかった。ひとりの女性だけが、どうしても見つからなかった。

生気がなく、薄汚れた部屋だった。光沢のある表面に凹凸がついたバイブレーター、開いたままの雑誌……どれも埃の膜で覆われていた。アダムは床やマットレス、シンクをくまなく調べ、ブロンドの髪の毛を探した。なかった。それが終わると、ほかにすることはほぼ残っていなかった。黒田が近所の家を何軒かまわって話を聞いたが、秘密部屋のことも、借り主のことも、誰も何も知らなかった。怪しい人を見たり、おかしな物音を聞いたりしたという話も出てこなかった。

その後、黒田は、高本が死んだアパートにひとりで行ったが、すでに清掃も終わり、部屋は空っぽだった。その足で、黒田は高本の自宅を訪問した。秘密部屋のあったアパートと自宅は同じ路線沿いにあり、三駅しか離れていなかった。未亡人がドアを開いたとき、その若さと美貌に黒田は度肝を抜かれたという。記者だと自己紹介したあと、彼は言葉を失った。

「奥さんに話を聞こうとしましたが、向こうはただ泣くばかりでした」と黒田は言った。「想像するだけで悲しくなりました。彼には美しい妻と子供がいて、立派な家があったのに、あんな死に方をした。それまでも記者が押しかけていたらしく、奥さんは必死になって『帰ってください、どうか帰ってください』と繰り返すだけでした。私も申しわけなく思って、すぐに帰りました」

最後に、黒田は松田の家を訪問した。横浜郊外の彼の自宅は、秘密部屋よりもずっと高級な住宅街にあった。あえて呼び鈴を鳴らさず、通りの反対側の離れた場所から様子を窺っていると、しばらくして松田本人が家から出てきた。ずんぐり体型で健康そうな中年男性。大きな丸顔で、頭を包む剛毛が特徴的だった。一瞬、近づいて自己紹介しようかとも考えたが、そうはしなかった。代わりに、黒田は望遠レンズ付きのカメラを構え、松田が玄関から出てきて車で去る様子を写真に収めた。

しかし、この写真をどうすればいい？　集めた情報がなんの役に立つというのか？　それから数週間、ティムとアダムは小野の行動に悩まされることになった。頻繁に電話を寄こしたり、直接オフィスにやってきたりしては、松田がルーシーの失踪に関わっているという持論を繰り返したのだ。しかしアダムは少しずつ、小野の人間性や動機について疑問を抱くようになっていった。もちろん、彼の話には説得力があった。が、疎遠になったふたりのサディストのあいだに、なんらかの確執やわだかまりがあってもおかしくはなかった。「彼はまるで、自分が主役のアクション映画の世界に入り込んだ子供のようでした」とアダムは言った。

「小野はあらゆることに首を突っ込んできた。正直、彼はあの状況を楽しんでいましたよ。最後のほうになると、かなり面倒くさくなりました。すべてを自分のやり方で進めようとして、あれやこれや命令するようになったんです。何か確実な情報があれば、僕も動こうと思ったのですが……眼のまえにいる日本人の男は、メリーゴーラウンドに乗ってくるくるまわって遊んでいるだけでした。

ティムと一緒に警察署に行って、小野の話を伝えました。でも、警察はとっくにすべて知っていたんです――関係者の名前も、松田の住所も。で、警察が何をしたか？　きっとあなたの想像通りですよ。僕たちがその話をしても、警察はなんの反応も示しません。彼らは話に耳を傾け、メモを取って、僕らを出口に案内したんです」

第一一章　人間の形の穴

二二歳の誕生日

九月一日はルーシーの二二歳の誕生日だった。ややもすると絶望的な一日に終わっていたかもしれないが、ブラックマン一家はその機会にさまざまなイベントを計画した。小さくなりつつあったマスコミの関心の火を再燃させようという作戦だ。セヴンオークスのジェーンとルパートは、町の有名なクリケット場〈ヴァイン〉からピンクと黄色の風船一〇〇〇個を空に放った。東京のソフィーも同じ計画を実行しようとしたものの、自動車運転者の注意を奪う可能性があるという理由で、警察から許可が下りなかった。代わりに、ソフィーは六本木交差点でチラシを配った。頭上の大型スクリーンには、ルーシーの顔とホットラインの電話番号が映し出された。その前日には、ソフィーは黒いワンピースを着て〈代々木ハウス〉から千駄ヶ谷駅まで歩き、その様子を撮影してもらった。七月のあの土曜日のルーシーと同じ恰好で、同じコースを歩いたのだ。その映像がテレビで流れれば、目撃者の記憶が蘇るかもしれない。それが狙いだった。しかし、再現ビデオだけでは足りなかった。報道に値する新たな動きがなければ、マスコミの扱いはどんどん小さくなり、いずれ消えてしまうのは目に見えていた。

ルーシーを助け出すために、家族はほかに何ができるのか？　あとは金の力を借りるしかなかった。夏から秋にかけて、懸賞金の額が何度も更新され、金額が吊り上がっていった。金額の発表のたび、突発的に目撃情報がどっと寄せられたが、またすぐに沈黙の期間に戻った。まるで中毒性ドラッグのように、金銭的インセンティブが大きくなっても、時間が経つにつれて効果はみるみる薄れていった。

ティムの家族の寄付によって、ルーシー発見に結びつく有力情報に懸賞金九五〇〇〇ポンド（約一五〇〇万円）を支払うことが発表された。すると、あるオーストラリア人旅行者から、香港でルーシーを目撃したと〈ＢＢＣ〉に連絡が入った。ＡＴＭから金を引き出しながら「奇声を上げ、意味不明の言葉を発していた」というのだ。ティムがその男性と直接話をして内容を確認したが、目撃された若い女性はルーシーほどの背丈がなかった。

その後、匿名のイギリス人実業家が懸賞金を一〇万ポンド（約一六〇〇万円）に増額した。すると、ペルシア湾に面した中東カタールから東京の警察に連絡が入り、通りを歩くルーシーを目撃したという情報が寄せられた。ドーハのイギリス大使館が調査したが、成果は得られなかった。

ティムとソフィーは交代での往復を繰り返した。が、イギリスに戻ったとしても、仕事に集中することも、日々の生活パターンを取り戻すこともできなかった。ティムの仕事は休業状態が続いた。にもかかわらず、ルーシー捜索のために彼は数万ポンドの金を費やしていた。

そんなティムの絶望ぶりを示すように、彼は突然〝ニューリー・リズン・リリジョン〟にルーシー解放を直接訴えかけるようになった。事件直後にタカギアキラと名乗る男から伝えられたこの宗教団体の情報は、それまでずっと馬鹿げた囮《おとり》情報だと一蹴されてきたものだった。「ルーシーがカルト教団のようなものに連れていかれた可能性を、もう少し考慮したほうがいいのかもしれません」。九回目の記者会見に集まった数少ない記者に向け、ティムは語った。そして、次のようにカルト教団に訴えかけた。「マスコミにこれだけ注目されているなか、ルーシーを解放するのはむずかしいでしょう。それは理解できます。そこで、私たちだけで完全に秘密裏に会うというのはどうでしょうか。もしそれが可能なら、ぜひ連絡をしてください。ルーシーが実際にカルトに入信したのだとすれば、修行のための費用もかかるのではないでしょうか？　金の問題であれば、家族でなんとか解決することができます」

ルーシーの身に何が起きたのか？——それこそが誰もが疑問に思った点だった。しかしこの段階まで来ると、ティムにはそんなことはもうどうでもよかった。ルーシーが無事に帰国することさえできれば、何が起きたかなど関係なかった。「失踪した女の子がどんな運命を辿るのか、恐ろしい話をいくつも聞かされました」と彼は言った。「連れ去られ、薬物漬けにされ、写真を撮られ、乱暴され、やっと解放される。もしそれがルーシーの運命なら、私は大喜びですよ。あの子を連れて家に戻ることができれば、いつか癒されるときがくる。しかしそのためには、まず娘を見つけ出さなくてはいけない」

その後、匿名の実業家が、懸賞金を五〇万ポンド（約八〇〇〇万円）に増やした。

ある日、ティムは尋ね人のポスターの束を持って六本木に繰り出し、目抜き通りの電柱に一枚一枚テープで貼っていった[1]。すると、ひとりの警察官が近づいてきて、勝手に貼るなと警告した。ティムがすぐに剝がさないのであれば、自分で剝がすまでだ、と。

「駄目だ」とティム。

「協力してください」と警察官。

ティムは首を振り、手首を重ねて両手を差し出すと、逮捕してもかまわないと身振りで示した。

はったりを見抜かれた警察官は、足音も荒く去っていった。ティムは次の電柱へと移動した。が、電柱は半裸女性の写真で埋め尽くされていた。近所のファッションヘルス、ソープランド、エステサロンのチラシだ。ティムはチラシを何枚か引き剝がし、まじまじと見つめてみた。もう一方の手にはルーシーのポスター。彼は行方不明の娘の写真に視線を移し、また風俗店の広告を見やり、再び娘の顔を見た。それから苦々しい表情を浮かべ、風俗店のチラシを掲げて呟いた。「こっちはいいのか？」

公の場でのティムは、警察の〝綿密な〟捜査を（冷たい言葉ではあったが）褒め称えることをポリシーとしていた。しかしその陰で、彼の警察への怒りは増すばかりだった。いちばん納得がいかなかったのは、ルーシーが失踪した二日後にタカギアキラからルイーズにかかってきた電話の一件だった。タカギと名乗るその男が誘拐犯本人ではないとしても、ルーシーの居場所を知る人物であることは誰の眼にも明らかだった。つまり、電話番号と所有者を追跡すれば、重要な証人に行き着くはずだった。ティムが激怒したのは、発信者の追跡はできないと警察が言い張ったことだった。当初、追跡は技術的にむずかしい、と警察は説明した。しかしあとになって、個人の通話記録を調べるには裁判所の捜査令状が必要になる、と説明を変えた。その後は、「すでに令状の申請は終わったが、発行までしばらく時間がかかる」の一点張り。光眞警視も「もう少し待ってください」と言うだけだった。

九月になると、ブラックマン一家だけでなく、英国大使館の外交官の我慢も限界に達した。ちょうど来日中だったデリー・アーヴァイン大法官〔日本の最高裁判所長官に類する役職〕が、日本の総理大臣にルーシー事件の解決を再要請し、法務大臣には通話記録の迅速な開示を求めた。

ある日の午後、ティムは、白い顎鬚《あごひげ》を蓄えた強面のアラン・サットン総領事とともに、警察署を訪れた(2)。いつもと同様、警察は話をはぐらかし、要領を得ない返答を続けるばかりだった。

「光眞警視」とサットンは口を開いた。「携帯電話の通話記録は保存されていないとおっしゃいましたが、われわれの情報によれば、データはきちんと存在するとのことです。電話会社はなぜ裁判所命令に従わないのでしょうか？」

「われわれの第一の問題は日本の法律です」と光眞は答えた。「もうひとつ、電話会社が実際に記録を保管しているかどうかという問題もある。確認作業を急ぎ、必要なことはすべて行なっています。すぐに、捜査令状も取ることができると思います」

ティムは言った。「しかし、もう裁判所に申請したと二回もおっしゃいましたよね？」

「残念ながら、情報を得ることができませんでした――記録が残っていなかったんです」と光眞。

サットンは日本の電話会社〈NTT〉から受け取った手紙を読み上げたが、その内容は警察の説明とは正反対だった――複雑なプロセスではあるものの、社内のデータベースを調べれば、携帯電話の通話を追跡できる。

光眞はにこりと笑って言った。「われわれのほうには〈NTT〉からの情報は何も届いていません」

そこで、アラン・サットンの堪忍袋の緒が切れた。「おそらく、あなたはこの事件がどれほど大事《おおごと》か、気づいていらっしゃらないのでは？　アーヴァイン卿に――英国の大法官に対して――あなたの国の法務大臣が約束したんですよ。警視庁が迅速にすべて対応する、と。あなたの仕事ぶりについて英国政府に訊かれたら、私はどう答えればいいのでしょう？　なんとしてでも通話記録を手に入れてください。ひとりの女性の命が懸かっているんです」

ティムは言った。「事件からもう一〇週間。私が欲しいのは侮辱じゃなくて、詳しい情報だ。あなたは私を信用していないのかもしれない。だとしたら、あなたが信用するのは誰です？」

光眞はまた笑みを浮かべて言った。「電話会社が不可能だと言っているんです。法律にも従わなくてはいけません」

ジェーンとスーパー探偵

母国イギリスにいる友人や家族——東京から遠く離れた地で、何も手助けすることができない彼ら——にも、ルーシー失踪の重圧は重くのしかかっていた。東京でティムとソフィーが記者会見を開き、警察と渡り合うさなか、イギリスでは一六歳の弟ルパート・ブラックマンの夏休みが明けようとしていた。夏のあいだに、姉の失踪のことは学校じゅうに知れ渡り、ルパートは〝陰の有名人〟になっていた。それまで仲が悪かったはずの級友を含め、誰もが急に愛想よく優しく振る舞うようになった。が、ルパートはそれが気に入らなかった。「あの時期は最悪でした」と彼は振り返った。「寝るまえには必ず、窓を開けてタバコを吸いました。星を見上げて、ルーシーのことを考えたんです。どこにいるかはわかりませんでしたが、もしかしたら姉も空を見上げてるんじゃないかって。もう日本にいないのかな？　ボートで密航したのかな？　カルト教団に入信したのかな？　わからないということがなにより苦しいんです。どんな感情を抱けばいいのかわからないということが。頭のなかにはあらゆる感情が渦巻いていました。いつでも、どれかひとつの感情を選んで摑むことはできました。でも、どれが正しいのかわからない——嘆くべきなのか、気丈に振る舞うべきなのか、あるいは……どれも正しくないのか」。事件についてのニュースを見聞きするたび、ルパートはもがき苦しんだ。「最悪なのが、友達の家に行ってテレビをつけると、ルーシーのドキュメンタリーが流れるってパターンですね。親と一緒にテレビを見てるときに、エッチなシーンが流れる……それと同じ感覚です。完全に気まずい雰囲気になる、あの感覚です」

ルーシーの同級生ゲイル・ブラックマン（同じ珍しい苗字ではあるが、血縁関係はない）は、彼女が生きているという考えに取り憑かれ、戻ってきたときに見せようと、ルーシーに宛てた日記を書きつづけた。「出発直前に彼女が買ったあの超高いベッドに並んで坐って、その日記を一緒に読んで笑い飛ばす——そう、頭にイメージしていました」とゲイルは言う。「でもふと我に返ると、なんて馬鹿なんだろうって思うんです……ルーシーはもう戻ってこない。もう会えないに決まってる」

八月、ジェーン・ブラックマンは短期間だけ東京を訪問した。そして翌九月、彼女はマスコミ嫌いをなんとか克服し、初めての記者会見を開いた。大衆に訴えかけるような大げさな口調のティムに比べ、ジェーンはより素直に、何も包み隠すことなく、悲嘆に暮れる母親の思いをそのまま語った。「ルーシーがいなくなってから、明日でちょうど三カ月になります。私は日本の女性のみなさんに訴えたい。お母さん、娘さん、お姉さん、妹さん、おばさん、おばあちゃん——この恐ろしい謎を解く手助けをしてください。何か手がかりをお持ちでしたら、私たちか警察に連絡してください。ルーシーの身に何が起きたか、誰か知る人がいるはずです。お願いですから、目撃した方は名乗り出てください。背が高く、ブロンドで、スリムで、美しい女の子が一瞬のうちに姿を消すなんてことはありえない。誰かがあの子を見たはずなんです。お願いです。目撃した方はどうか名乗り出てください。家族があの子を待っています。弟、妹、父親、そして私があの子の帰りを待っています。誰かはわかりませんが、ルーシーと一緒にいる人、一生のお願いですから、どうか娘を解放してください。分別のある大人であれば、もう充分でしょう？　日本の方々もきっと助けてくださると信じています。あなた方は思いやりのある人たちです。日本の方々がどれだけ家族思いか、私は知っています。

あの子と私は、姉妹のように仲のいい母娘でした。そんな私にとって、今回のことは悪夢そのものであり、あの子のことが頭を離れることは片時もありません。眠ることさえできません。私の人生は止まってしまいました。きちんと考えることもできません。悲しくて、悲しくて、心を引き裂かれる思いです。私の最愛の娘……元気いっぱいで、その場をぱっと明るくしてくれたあの子……」。ジェーンの声が途切れる。「あの子の家族として、私たちはルーシーを見つけ出すまであきらめません。誰になんと言われようと、決してあきらめません」

その頃になると、ある恐ろしい可能性――ルーシーが死ぬことよりも残酷な結末――が家族の頭をよぎるようになった。彼女の身に何が起きたか、このまま解明されなかったとしたら？　永遠に失踪したままだったら？　「内心、いちばん恐れているのは、一〇年後、二〇年後、あるいは五年後でも、私がまだこの場所で姉を捜しているという状態です」とソフィーは東京の記者に語ったことがあった。(3)「そんなのは嫌です。ルーシーを誰かが連れ去ったからといって、私は自分の人生をあきらめるつもりはありません。そんなのは絶対に嫌。だから、すぐにでも解決してほしい。そう願っています。でも、わかっています。姉がただ単に消えたわけじゃないということは」

八月に来日したジェーンには、もうひとり同行者がいた。ルーシー・ブラックマンの非公式捜索チームの新メンバー、デイヴィッド・シーボーン・デイヴィスだ。(4)〝ダイ〟という愛称の朗らかなこのウェールズ人は、ロンドン警視庁の元警視正だった。入庁して初めの数年、ダイ・デイヴィスは風紀犯罪取締班に配属された。しかし数十年後にキャリアを終えたときには、王室警備部門トップ——エリザベス女王の主任ボディーガード——まで登りつめていた。三年前、彼は皇宮警察と情報交換するために来日したことがあり、その際には日本の警察からずいぶんと手厚い歓迎を受けたという。翌年、ロンドン警視庁を引退した彼は、通称〈エージェンC〉と呼ばれる共同運営会社の〝国際セキュリティー・コンサルタント〟に就任。そんなダイはもともと、ジェーン・ブラックマンの弟と知り合いだった。何十年もの豊かな経験を誇り、日本の警察とパイプを持つ彼には自信があった。家族レベルによる一貫性のない調査をプロの技で本格的な調査へと変え、光眞警視の防御の殻を割ってみせる、と。ティムの裕福な義理の兄ブライアン・マルコムは、経費に加えて、ダイに一日八〇〇ポンド(約一三万円)の報酬を払うことに同意した——〈エージェンC〉の通常レートよりも一日当たり四〇〇ポンドも低い価格だった。

きれいに整えた小さな口髭を蓄えたダイは、いつも灰色のスーツとペイズリー柄のネクタイという出で立ちだった。心優しく、穏やかで、弁が立ち、魅力的で控えめな性格。それがダイだった。しかし東京での活動は、彼の予想をはるかに超えて困難を極めるものになった。彼が到着した二〇〇〇年の晩夏までに、皇宮警察の知人のほとんどが定年、もしくは異動になっていた。残りの数少ない知り合いも、紹介できる仲間がいないか、紹介するつもりが端《はな》からないかのどちらかだった。言うまでもなく、彼らは皇室専属のボディーガードであり、六本木の刑事とは別世界の住人だった。それどころか、こう警告する者までいた。許可なく私立探偵として日本で活動すれば、逮捕される可能性もある、と。結局、ダイは心配する〝家族の知人〟の振りをして活動するしか道はなく、ティムやアダム以上の成果を上げることなど到底無理だった。警視庁の刑事は、やけに慇懃《いんぎん》無礼な態度で彼に接した。クラブの経営者やバーの店長は、警戒心もあらわに協力を拒んだ。事実上、彼が直接話を聞き出すことができたのはホステスだけだった。ダイはこれを〝沈黙の壁〟と呼んだ——完全に身動きが取れないことを認める、彼なりの言い方だ。日本語も理解できず、通訳を雇う資金もないダイは、日本にいる記者やボランティアに頼るしかなかった。つまり、非公式のルーシー捜索チームのほかのメンバーと何ひとつ差はなかったのだ。「誰も私と会おうとしなかったんですよ」。そうダイが私に告白したのは、六年後のことだ。「報酬に見合う仕事ができているか、自問自答の日々でした。ただ刑事ごっこをしているだけじゃないか、と。こんな人員や資金でいったい何ができるのか？……警察官であれば人も資金も自由に使えるので、まったく状況がちがう。指示すれば、周囲が動いて情報を集めてくるわけですから。けれど個人で動く場合、こちらが金を払って情報を見つけなければいけない場面もある。いま思い返せば、私は思い上がっていたんでしょう。ひとりで状況をがらりと変えられる、とね。いまになってみれば、そう思います」

そんなダイ・デイヴィスだったが、記者たちとの関係構築には長《た》けていた。[5] ルーシーの事件後も、マスコミが大々的に報じたイギリス人失踪事件の多くにおいて、彼は同じような役割を演じることになる。ダイこと〝元ロンドン警視庁刑事〟、あるいは〝スーパー探偵〟[6]は、新聞記事やテレビのインタビューに頻繁に登場した。イギリス人女児マデリン・マクカーン失踪事件では、ポルトガル警察の捜査を批判。ルーシーと同じケント出身の若い女性ルイーズ・カートン失踪事件[7]では、ドイツ当局の捜査について堂々と意見を述べた。ルーシー事件においても、ダイが果たした〝重要な役割〟について大きく報じられたが、それに対してティムは皮肉な反応を見せるのだった。

「ダイ・デイヴィス――おぉ、偉大なるダイ・デイヴィス」とティムは皮肉った。「このあいだ、あの男がテレビに出てるのを見てはらわたが煮えくり返る思いでしたよ。『ええ、東京に出向いて、捜査に協力しました』なんてほざきやがって。あの男を東京に呼ぶために、俺たちは四万八〇〇〇ポンド（約七六〇〇万円）も払ったんだ！　なのにあいつは、店長の話を聞き出すとかなんとか言って、ポールダンス・クラブに夜な夜な通ってただけ」

しかし少なくとも、ブラックマン一家が必死で掻き集めた情報のピースの山に、ダイが一ピースを加えたことは確かだった。

九月、彼はマンディー・ウォレス[8]という女性の追跡に成功した。ルーシーと同時期に〈カサブランカ〉で数週間働き、その後に地元ブラックプールに戻った元ホステスだった。六月下旬に来店し、ルーシーが担当したある男について彼女はこう証言した――ブランデー好きの金払いのいい客だったが、少し怪しい感じがした。この情報に、ダイの刑事としての血が騒いだ。彼はロンドン警視庁の似顔絵捜査班の友人を説得して[9]ブラックプールに連れていき、マンディーの証言に基づくモンタージュ写真を作成させた。写真はすぐに東京に送られ、関係者への聞き取り調査の際に使われた。

恐ろしいほどにグロテスクな画像だった。肥えた幅広の輪郭、荒削りの鼻、厚ぼったく下卑《げび》た唇、もさっとした大量の髪。首は筋肉質で太く、無表情の眼の一部は大きな眼鏡の奥に隠れていた。無慈悲で、執念深く、異質な人物の顔だった。人間の情と理解を超越した男の顔だった。それは、二カ月にわたって難航する捜索の状況を見事に表現し、捜索者の絶望を鮮やかに象徴する写真だった。

ふたつの十字架

一〇月、マイク・ヒルズが詐欺師だと判明し、SMサークル関連の調査もなんの成果もないまま終わりを告げた。ヒュー・シェイクシャフトの六本木のオフィスを拠点とした、ティムとソフィー率いる捜索チームも崩壊寸前だった。

疲労、絶望、日本滞在にかかる莫大な費用――その積み重ねが招いた、当然の結果でもあった。一方で、チームの崩壊には別の理由もあった。ボランティアのあいだで、ティムへの不信感が募っていったのだ。ときにそれは、明らかな嫌悪感へと変わることもあった。(10)ティムへの態度を最も極端に翻したのは、ヒュー・シェイクシャフトその人だった。早い段階から、彼はオフィスでのティムの言動に腹を立て、仕事場であるということへの配慮が足りなすぎると非難した。ヒューにしてみれば、その行動は赦しがたいものばかりだった。ティムは尋ね人のポスターを何枚も勝手に壁に貼り、会社スタッフには尊大な態度で接し、ヒューの不在中にオフィス内で許可なくインタビューを受けた。それどころではない。ヒューの支払いだと知りつつ、ティムは〈ベリーニ〉で記者たちに食事をごちそうしたのだ。しかし、ヒューの不満はもっと深くに根ざすものであり、問題の根源はティムの人となりそのものにあった。自分は辛い立場にあるのだから、当然こう振る舞ってもかまわない――そんなティムの思い込みに、彼は憤慨していた。

常に雄弁で冷静なティムの存在がなければ、ルーシー失踪事件への報道熱はもっと早くに冷めていたにちがいない。一方で、型通りの犠牲者の役割を演じることを拒んだティムには、常に不信の眼が向けられることになった。一見、ティムは動揺していないように見えた。そんな彼を見て世間は思った。実際、動揺していないのだろう、と。そして、娘が行方不明中の父親が嘆き悲しまないのは、社会通念に反することだった。「私は徐々に気がつきました。この困難な状況に対して、ティムはいっさいの関心を示そうとしなかった。家族が悲惨なトラウマに直面したときに、誰もが抱く感情――その感情のひとつたりともティムは見せなかったのです」とヒュー・シェイクシャフトは、ティムを非難する一〇ページ四〇〇〇語に及ぶ手記に綴った。「彼が興味を示したのは、金がいくら集まったか、次のテレビのインタビューはいつか、そういうことでした」

実際、一連の金の流れや、ティムの金に対する執着心には、多くの人が不満を抱いていた。アダム・ウィッティントンとブラックマン一家との協力関係も、彼がいくら金を借りているかという苦々しい口論の末に幕を閉じることになった。また、匿名希望の支援者のひとりは、ティムが〝この状況を利用して金儲けする方法〟についてジョセフィン・バーと電話で話すのを立ち聞きしたと証言した。「事件直後、ティムは窮地に立たされていた。すぐに助けなければ、と私は思いました」とヒューは手記に書いた。だからこそ、初対面のティムにその場で気前よく大金を渡したのだ。「残念ながら、そうではなかった。ティム・ブラックマンの一連の行動が証明するとおり、彼はただマスコミの注目を楽しみたかっただけなんです」

事件から数年後、私は二晩にわたり、ルーシー事件についてヒュー・シェイクシャフトに話を聞く機会を得ることができた。彼はその多くの時間を、ティムへの批判に費やした。ある程度まで話が進むと、ティムが実際にあの状況を〝楽しんでいた〟と思うか、私は彼に尋ねてみた。「朝四時か五時まで飲み歩いていたくらいですから、そりゃ楽しんでいたでしょう」と彼は言った。「必要な〝調査〟とやらを終えて、素面のまま午前一時にホテルに帰ることもできた……それに離婚後、つまり事件前の三年だか五年のあいだに、彼はルーシーと二、三度しか会ったことがなかった。彼のほうで、娘と会うための時間を取ろうとしなかったんです。私に言わせれば、ティムはきわめて自己陶酔型の人間です。離婚前後の態度や、家族に対する実際の行動を考えあわせれば、彼がときに非常に冷たい人間になれるということがわかる……エゴの塊といっても過言ではないでしょうね」

エゴや飲みすぎについてヒューの口から批判が飛び出すのは、どこか滑稽にも思えた。ヒューの会話には、知り合いのハリウッド俳優の名前がよく出てきたし、六本木で飲みすぎて何度も心臓発作を起こしたという話が、武勇伝のように語られることもあった。さらには彼にも離婚歴があり、離れて暮らす息子がいた。しかし、ティムに疑いの眼差しを向けるのはヒューひとりではなかった。二〇〇〇年秋頃になると、東京ではティムの悪い噂を耳にすることが多くなった。駐在員のマンションでのディナー・パーティで、五つ星ホテルでの日曜日のブランチで、大使館のカクテル・パーティで——眉をひそめ、首を残念そうに振りながら、小声でこう囁く人たちがいた。ティム・ブラックマン、あの行方不明の娘の父親が「東京で楽しい時間を過ごしているらしい」。

行方不明者の家族は、ふたつの十字架を背負うことになる。ひとつ目は、辛い体験の苦しみ。もうひとつは、周囲の視線。ときに、彼らには普段よりも高い行動基準が求められる。人間の本能として、誰もが苦しむ仲間を助けようと思うものだ。しかし、私たちの多くは同時に、意識的かどうかにかかわらず見返りを求めている。仲間が無力感に苛まれ、助けを求める姿をどこかで期待しているのだ。ところが、ティムは自らの苦悩と混乱を隠し、ルーシーの捜索活動にひたすら邁進した。その結果、まわりの人々はその見返りを得ることができなかった。一方のジェーン・ブラックマンは、見返りを提供した。ジェーンの苦しみは、心の奥底から湧き出る自然なものだった。彼女は人の助けを必要とし、その助けを感謝とともに受け容れた。すると支援者たちも、自分が善い行ないをしているのだと即座に自覚することができた。

ティムへの不信感が募り出したのはジェーンが日本を訪れるようになってからだったが、そのタイミングは決して偶然ではなかった。前妻について、ティムが東京の支援者に話すことはめったになかった。が、ジェーンのほうは、心を許した相手には、結婚の失敗のことや、離婚についての自らの考えを包み隠さず話した。その話を聞いたヒュー、アダム、ダイは単純な構図を頭に描いた――不当な扱いを受けた妻、家を去って家族を無視しつづけた浮気性の夫。そして人々の善意はティムのもとを離れ、ジェーンへと流れていった。あたかもブラックマン一家に対する〝善意の量〟が事前に決められており、ティムとジェーンでそれを分け合わなくてはいけないかのように。

そんな流れを察したのか、ティムはイギリスのタブロイド紙《サンデー・ピープル》の単独インタビューに応じた。(11) しかし、支援者の印象が変わることはなかった。インタビュー内でティムは離婚後に娘と会えなくなった経験を引き合いに出し、ルーシーが失踪したあとの自身の苦悩について切々と語った。「ジェーンは精神的にかなり参っていますが、それは私も理解できます。しかし私としては、彼女にこれっぽっちの同情も感じることはないんです。

離婚後、私はしばらくルーシーに会えなかった。それと同じだと思う。もちろん、今回のほうが状況は悪い。だとしても、「ジェーンのこの体験は、以前彼女が私に体験させたことなんです。だから、私は彼女の痛みについて何も感じることができないんです」

事件直後の短く惨めな電話での会話以来、ジェーンとティムは一度も言葉を交わさなかった。東京に来るときも、出くわすことがないようにわざと時期をずらすほどだった。九月初め、ジェーンとダイ・ディヴィスが日本を離れたあとも、ティムはワイト島の自宅に留まった。アダムは八月末に日本を離れ、のちにソフィーも帰国した。そのあいだ、ルーシー・ホットラインの留守番電話に届くメッセージを確認し、記録を残すのは英国大使館スタッフの役目になった。

・一〇月二日午後一時頃、錦糸町の眼鏡店近くで、男性と一緒に歩くルーシー似の女性を目撃。また、アジア人やヨーロッパ人の若い女性が働くいかがわしいクラブやバーは至るところにある、と電話をかけてきた男性は指摘。
・ある宗教団体についての情報がある、と男性から電話。日本語を話すイギリス人にかけ直してほしいとのこと。
・BGMのみ。

ルーシーを捜す家族が東京にひとりもいなくなったのは、三カ月前に彼女が姿を消してから初めてのことだった。

ある男

ルーシー・ブラックマンにまつわる事件のあいだ、私はずっと東京で経過を追いながら、新聞記事を発表しつづけた。記事内では、編集者から寄せられた質問——日本に関する知識をとくに持たないイギリス人読者が抱くだろう当然の疑問——に答えることを念頭に置いた。東京でのルーシーの生活の様子は？　外国人ホステス特有の役割とは？　そういった簡単な質問の答えは、すぐに導き出すことができた。しかし、最大の問題である〝彼女の身に何が起きたか〟の答えは、どこを探しても見つからなかった。すると今度は、人々は別の疑問に注意を向けるようになった。彼女はドラッグの影響下にあったのか？　親友は何か知っているのか？　父親が何か隠しているのでは？

日本在住の新聞記者として私は日本じゅうを日々飛びまわり、官僚や政治家、学者、専門家に会って話を聞いた。プライベートの時間には、自分と似たような人たち——日本を愛し、故郷とは呼ばないまでも充分にこの国を理解していると考える友人——とのんびり過ごした。みんなでわいわい騒ぎたいときには、六本木に遊びにいくことも多かった。一部の血気盛んな男友達は、ストリップバーへと繰り出すこともあった。ルーシー・ブラックマン事件が発生したあと、私は担当記者として自ら六本木のホステスクラブを訪れ、魅力的で利発な若い女性と会話するためにとんでもない大金を支払うことになった。事件直後はクラブ側も警戒し、記者たちをあからさまに毛嫌いした。メモ帳とカメラを手にした詮索好きの〝客〟と警備員との小競り合いを目撃したのは、一度や二度のことではない。しかし、ホステスクラブ業界は瞬く間にもとの姿を取り戻した。ルーシーの失踪から数日後に休業した〈カサブランカ〉でさえ、八月末に〈グリーングラス〉という新しい店名で営業を再開したほどだ。

私は〈グリーングラス〉や〈ワン・アイド・ジャック〉、〈東京スポーツカフェ〉に何度も通った。ひとりで行くこともあれば、友人とふたりで訪れることもあった。ホステスにドリンクをおごって話を聞き出そうとしたものの、私以上にルーシー・ブラックマンを知る人間はいなかった。しかし話を聞いたどの女性も、同じ噂話を耳にしていた――カルト教団、レイプ集団、ＳＭサークル。かつてはネオンがまぶしい粗野な街だった六本木も、いまや暗く湿っぽい、神秘的な場所に変貌を遂げたようだった。地面の下には、あらゆる生物が蠢《うごめ》いていた。酔っぱらった私は、だいたい午前四時に家に着いた。服にはタバコのにおいが染みつき、ポケットには情報を殴り書きした紙ナプキンが何枚も詰まっていた。そんな夜に眠りにつくと、私は最も伝統的な男の夢を見た――騎士になった自分が薄暗い塔へと馬を走らせ、ドラゴンを殺し、囚われた娘を助け出し、永久《とわ》の栄光を勝ち取る。

麻布警察署に出向いても、話をはぐらかされるだけだった。英国大使館に行けば、当たりまえのことをひたすら繰り返されるだけだった。そこで私は、日本人記者と協力関係を結ぶことにした。ブラックマン一家から私が収集した情報を彼らに教え、代わりに彼らが警察から得たわずかばかりの情報を教えてもらうのだ。さらに、私はルーシーの写真を厚紙に貼りつけてバッグに入れて持ち歩き、行く先々で人に見せて話を聞いた。誰もが写真の女性の顔を知っていたが、実際に目撃した者はいなかった。

報道するべき新しい情報がないときでも、事件のことが頭から離れることはなかった。人は溶けて粒子になって消えるわけではない。何かが起きたのだ。情報はありあまるほどあった。ルーシーについて、六本木について、ホステスについて、あの土曜の午後の出来事について。しかしその核心には、ぽっかりと口を開けた隙間があった。人々はそんな空洞を嫌い、何かで満たそうとした。彼らは、ティムにその隙間を満たすことを求めた。彼の苦悩と怒り――実に平凡で、実にありふれた感情――でその穴を埋めることを求めた。しかしティムがそれを拒絶したとき、人々は憤慨した。

その穴を埋めるものが何か、誰も知らなかった。いや、誰もが知っていた。それは、人の形をした穴だった。ルーシーを連れ去り、彼女に危害を加えた人間の形の穴だった。口には出さなくとも、そう誰もが知っていた。その人物は男にちがいない、そう誰もがわかっていた。

記者という仕事柄、怯えた遺族や行方不明者の家族に話を聞くのを避けられないことがある。私はそれが嫌でたまらなかった。声のトーンは？　言葉遣いはこれで正しいのか？　いつもびくびくしていた。はきはきと話せば冷たく思われるし、過度に同情的になると嘘っぽく聞こえてしまう。ブラックマン一家に電話するたび――悲しみに暮れるジェーン、防御的で挑発的なソフィー、恐ろしいほど協力的で優しいティムと話すたび――私は極度の緊張を強いられた。しかし一〇月までに、彼らはみな失意のままイギリスに戻ってしまった。すると私自身、ルーシーのことを考える回数もめっぽう減り、彼女のことが一度も頭をよぎらずに一日が終わることもあった。そんなある晩、友人の日本人記者から電話が入った――警視庁がある男を逮捕する。その男こそ、人間の形の穴にぴったりとはまる人物だった。

第一二章　警察の威信[1]

クリスタの証言

クリスタベル・マッケンジーもまた、東京に逃げてきたひとりだった。[2] しかし、日本に来るほかの多くの女性たちのように、母国での辛い体験から逃げてきたわけではなかった。彼女の父親は著名なスコットランド人弁護士で、母親はエジンバラ大学の教員だった。知性と美貌に恵まれたクリスタは豊かな文化を享受しながら育ち、上位中産階級《アッパーミドルクラス》にふさわしい生活を謳歌していた。しかしエジンバラでの裕福な生活は、どこか閉鎖的で息苦しかった。クリスタが欲したのは独立と刺激だった。そんな彼女は学校を中退し、受付係として働きはじめる。その後、再びシックスフォーム・カレッジに戻ってAレベルをいくつか取得すると、今度はロンドンに移り住んでデパートでの仕事に就いた。

しかしロンドンに来ただけでは、まだ故郷から遠くに離れた気がしなかった。そんなとき、日本に住んだ経験のある知り合いから、刺激とチャンスに満ち溢れた東京での生活の話を聞かされた。そして一九九五年一月、一九歳のクリスタはひとり東京へとやってきた。それから七年間のほとんどの日々を、彼女は日本で暮らすことになる。

東京で生活を始めるとすぐ、日本で外国人として生きることの大きな特徴にクリスタは気がついた。なぜこの街は、あらゆる社会不適応者を惹きつけるのか？　それは、個人として抱える疎外感——周囲の全員とちがうという圧倒的な感覚——が、〝ガイジン〟というさらに大きな枠組みの共通の疎外感で括《くく》られることによって吹き飛んでしまうことが理由だった。

「私は日本が大好きでした」とクリスタは私に語った。「いまでも好きです。もちろん、愛憎入り乱れるものではありますが。最低なところもあれば、最高のところもある、それが日本です。でも、日本では自由になれた——何をしたところで、どうせ変なガイジンなんだから。どこへ行ってもじろじろ見られるので、人の視線なんて逆に気にならなくなって、心が楽になるんです。それに金銭的な余裕も生まれるので、さらに精神は落ち着く。母国から遠く離れた環境に身を置くと、何をしても実生活ではないような感覚になるんです」

クリスタは長身のブロンドで、外見も派手だった。日本に来た彼女は英語教師として働き出すが、仕事は退屈そのものだった。そして数週間もしないうちに仕事を辞め、〈フレーシュ〉という名の小さなクラブのホステスとして働きはじめる。店は、六本木と隣接する赤坂にあった。六本木が若いガイジンのための街だとすれば、赤坂は日本人サラリーマンのためのより高級な繁華街だった。この街には、本物の芸者による歓待の伝統が残っており、日本人政治家や巨大企業の重役が贔屓にする高級料亭が何軒かあった。しかし、そういった人々が〈フレーシュ〉を訪れることはほとんどなかった。クリスタの客の多くは、孤独でつまらない男ばかりだった。若く美しい外国人女性と英語で話す数時間が、彼らにとっては得難い経験であり、喜びだった。

「小さなバーカウンターに、カラオケマシンがあるくらいの平凡な店でしたよ。ホステスは六人から八人くらい在籍していました」とクリスタは言った。「お客さんはいい人ばかりでした。もちろん、なかには嫌な客もいましたけど――威圧的だったり、意地悪だったり、口臭がきつかったり。でも、そんな客は一握りでした。いちばん辛かったのは、退屈との闘いです。同伴はまったく平気でした。だって、赤坂のどこかで夕食を食べて、店に戻ればいいだけでしたから」。人気の出るホステスはたいてい、初心《うぶ》で無邪気な人間を演じる。客の多くは、自分よりも頭の悪い人間と会話することに安心感を覚える。しかしクリスタは馬鹿を演じることなどできず、別の方法で客を楽しませた。くだらないドリンクゲーム（実際、彼女は大酒のみだった）や、相手を誘うようなセクシーな会話だ。さらには、ドラッグで退屈さを紛らわせることもあった。

彼女が来日した一九九〇年代半ば、日本のバブル経済はとうに崩壊していたものの、東京の景気はまだ大不況というほど落ち込んではいなかった。戦略に長けたホステスには周囲が羨むような報酬が与えられることもあり、のぼせ上がった客から贈られる高価なプレゼントの噂は絶えることがなかった――ロレックスの腕時計、金の延べ棒、さらにはマンション。六本木に比べて高級感のある赤坂では、ホステスに支払われる給料も高かった。ロンドン時代のクリスタの週給は二万円弱だったが、ホステスの時給は三〇〇〇円で、さらに指名や同伴のボーナスが加わった。

ある夜、クリスタが初めて見る客が来店した。店長のお辞儀の深さや、媚びるような歓迎ぶりから、その男が金払いのいい常連客であることは容易に察しがついた。さらに、ホンダユウジと名乗るその男が、ただの常連ではないと気づくまでにそう時間はかからなかった。ユウジは四〇代前半の背の低い男だった。顔は平凡だったが、その立ち居振る舞いが、典型的なサラリーマンではないことを如実に物語っていた。シルクの開襟シャツに高級そうなジャケットを羽織り、常にりゅうとした身なりだった。英語も堪能で、ほかの多くの客とは異なり、彼には嫌らしいところも、おどけたところも、惨めなところもまったく見られなかった。「彼には根拠のない傲慢さと自信があって、私としては、そこがなんだかおもしろかったんです」とクリスタは言った。「だって、彼はあまりハンサムなほうではないし、性格が飛び抜けてすばらしいというわけでもなかった。でも、ほかの男とは何かがちがった。そこに興味をそそられました。掴みどころのない性格というか、少し変わったところがある人でしたね。

歩き方も、いかにも威張った感じでした。それに、話し方に妙なところがあったんです。なんて説明すればいいのか――舌足らずで、口の形が変でした。まるで赤ん坊の口のようでした。あと、トカゲみたいに舌をぺろぺろと出すんです」。なによりも眼を惹いたのが、汗の量だ。エアコンが効いた涼しい店内でも彼は汗をかきつづけ、小さなハンドタオルを取り出しては、頻繁に顔や首を拭った。

最初の夜、ユウジはずっとクリスタとふたりきりで過ごし、また来店すると約束した。完璧な〝同伴関係〟の始まりだった。

それから一ヵ月、ふたりは週に一度は夕食に出かけた。毎回、彼はちがう車でやってきた——ロールスロイスの白いオープンカー、三台のポルシェ。クリスタはあえて彼の裕福さに驚かない振りを決め込んだが、しっかりと認識していた——ユウジは、どんなホステスも羨む夢の顧客だった。ある夜には、彼はクリスタを高級中華料理店に連れていき、フカヒレのスープやアワビを振る舞った。また別の夜には、ふたりは高級フグ料理店を訪れた。ユウジは自分のことを詳しく話そうとしなかったが、金を見せびらかすのは重要なことのようだった。彼の家族は日本で五番目に金持ちらしい、とクラブの同僚が噂していたこともあった。

「ユウジはフグが大好きで、毎日食べていると言っていました」とクリスタは当時を振り返った。「口から出るのはそんな自慢話ばかりですよ。人ってお金を持つと、自分が立派な人間であるかのように錯覚するんですよね。それがおかしくて」。それこそが、クリスタがユウジに抱いた印象だった——変わり者で、少し滑稽で、害のない男。

一九九五年五月のある夜、ユウジは仕事終わりのクリスタを車で拾うと、海辺へのドライブに彼女を誘った。時間は午前三時。クリスタは睡眠を削ってでも冒険を好む性格だったし、ユウジが話す海辺のリゾートにも心惹かれた。ふたりは白のロールスロイスで海に向かった。車内は過剰なエアコンで冷え冷えとしており、クリスタはぶるぶる震えていたが、薄手のシルクシャツ姿のユウジは汗まみれだった。「すさまじい汗の量でした」と彼女は言った。「コカインか覚醒剤でもやっているんじゃないかと思ったほど。実際にはやってなかったわけですが。それに、運転がとにかく下手。アクセル全開か、ブレーキを強く踏むか、どちらかだけ。その中間ってものがないんです」。車がどこに向かっているか、クリスタはぼんやりとしか気に留めていなかった。一時間後、ふたりはヨットが係留されたマリーナに到着した。海沿いにはリゾートマンションが建ち並び、背の高いヤシの木の葉を海風が揺らしていた。ユウジの口からこの場所について聞いたときには、クリスタはカリフォルニアやオーストラリアの海岸沿いの一軒家——広い庭とプライベート・プールのあるヴィラ——を想像していた。ところが、現実はまったくちがった。眼のまえに広がるのは、似たような狭苦しい部屋が並ぶ巨大な建物だった。「その場所に着くなり、〝私はいったい何をしているんだろう〟って後悔しましたよ」と彼女は言った。「〝この男は自分で言うほどの金持ちではないんじゃないか〟って」

彼の部屋は三階にあった。みすぼらしく小さな部屋で、典型的な独身男性の部屋だった。細長いバルコニー、狭い台所。居間の奥には壁で仕切られた小さな空間があり、そちらは寝室のようだった。海辺のリゾートの魅力やロマンティックさは何ひとつ見当たらなかった。詰め物入りのやけに仰々しいソファーは、ツタの葉とキャベッジローズ柄の分厚い生地に覆われていた。うしろの食器棚には、さまざまな色と形の壜。「趣味の悪い部屋でした」とクリスタは言った。「母親がインテリアを決めたのか、とにかくダサかった。家具はどれも七〇年代の代物かと思うほどでした。祖母の家で見かけるような家具ばかりで、花柄がやけに目立っていました」

ふたりはソファーに坐ってビールを飲みながら、ユウジが持ってきたフグを食べた。そのあと、彼はエレキギターを取り出してアンプに繋ぎ、録音された伴奏に合わせてギターを弾きながら歌い出した。曲は、彼が熱狂的なファンだというカルロス・サンタナの『君に捧げるサンバ』。アメリカでサンタナと一緒に撮った写真まで見せられた。「サンタナは私も嫌いではありませんでしたが、カラオケで一緒に歌うのはちょっと……正直、ダサいと思いました」とクリスタは言った。「その頃には空も明るくなってきて、長居しすぎたと私は感じはじめていました」。彼女が東京に戻りたいと伝えると、ユウジは言った。最後にひとつだけ見せたいものがある、フィリピン産の珍しいワインがあるから試してみてほしい、と。彼は食器棚に乱雑に置かれた壜のひとつを取り上げ、中身をクリスタルのデキャンタに移し替えてから、さらに小さなグラスに一杯分注いだ。グラスを受け取ったクリスタは、窓辺に突っ立ったまま一口で飲み干した。

同じ状況に追い込まれたほかの多くの女性にとっては、それが最後の記憶になった――咽喉を刺激する、薬品のような〝ワイン〟の味。しかし、それまで何カ月も暴飲を続けてきたクリスタは、最も強力なアルコールにも負けない耐性を持っていた。「まさか変なことが起きるなんて、想像もしていませんでした」と彼女は言った。「おそらく、彼は気がついたんでしょうね。私が酒好きで、新しいことに積極的に挑戦するタイプだって。当時の私にしてみれば、ワインを断るなんてありえなかった。どんなことにも強気でしたから。いまでもあの感覚は忘れられません。窓辺に立っていると、頭がぼうっとしてきた。そこで、やっと自分の置かれた状況を理解しはじめました。大変なことになった、とね。状況について、じっくりと反芻《はんすう》する時間さえありましたよ。〝ああ、もう最悪〟と考えていたのを覚えています。全身麻酔をかけられたような気分でした。でも恐怖を感じるまえに、意識が朦朧《もうろう》としてきたんです」

暗闇のなか、ひとりベッドに横たわるクリスタは眼を覚ました。その瞬間、彼女は事態を把握した。意識を失っているあいだに起きたことも、容易に想像がついた。「〝具合は大丈夫？〟と心のなかで自分に語りかけたのを覚えています。何があったのか、正確に理解しようとしましたが、何も痛みは感じません。それに、私は服を着ていたんです。きっと、相当長いあいだ寝ていたのだろうと思いました。だって、わざわざ私に服を着せる時間まであったわけですから」

ふたりが車でリゾートマンションに到着したのは土曜日の早朝で、クリスタが眼を覚ましたのは土曜日の夕方だった。つまり、彼女は一二時間以上意識がなかったことになる。ユウジは平静を装っていた。まるで、彼女のほうから何か言い出すのを、非難の言葉を待っているかのようだった。しかし、クリスタは何も言わなかった。「とにかく家に帰りたかった。〝もし彼が送ってくれなかったら、どうやって東京に戻ればいいの？〟――それしか頭にはありませんでした。だって、自分がどこにいるか、まったくわからなかったから。でも結局、彼は車で送ってくれました」。車内でクリスタはひどい二日酔いに襲われたが、当時の彼女にとって、それは珍しいことではなかった。それ以外、変わったことは何もなかった。「なぜあんな態度を取ったのか——いま考えてみれば不思議なことです。でも、ホステスの仕事は女と男のゲームみたいなものですから。女は、何も与えることなくお金を獲得しようとする。男は、クラブの勘定だけでなるべく多くを獲得しようとする。その日、眼を覚ました私は怒っていました。でも、こんな状況に陥ったのは、自分のせいでもあると感じていた。私が聞いたかぎり、レイプされた女性が自分にも非があると感じるのは、よくある話のようです。

ゲームのルールはしっかり熟知しているつもりでしたが、私の勘ちがいでした。そういう意味で、私は考えが甘かったんだと思います。その点では、彼がゲームに勝った。もちろん腹は立ちましたが、あまり深く考えないようにしました。自分がどれほど危険な世界に足を踏み入れているか、それほど意識していなかったんです。意識したのは、数年経ってからのことですね。当時は、真剣に考えたくなかった。だって、それが危険なことだと認めてしまったら、私は生き方自体を変える必要があったわけですから」

その夜、クリスタは自宅の近くでユウジの車を降りた。翌週からも彼女はクラブの仕事を続けたが、ユウジが来店することはなかった。

クリスタはその後も日本に留まり、各地を転々としながらホステスの仕事を続けた。二、三カ月働いて金を貯めると、インドやアイスランド、カナダに何週間か観光旅行に行き、また日本に戻る。その繰り返しだった。

一九九九年、札幌にいたクリスタは、知り合った外国人女性からこんな話を聞いた――東京に住む資産家の男が、ホステスたちを海辺のマンションに連れていっては、薬物を飲ませてレイプに及んでいるらしい。ホンダユウジにまちがいなかった。あの事件から数年が過ぎたそのとき、彼女は初めて当時の出来事について意識して考えるようになった。

数カ月後、今度は大阪にいたクリスタのもとに、古い友人――かつて東京でホステスとして働き、いまはロンドンに住む女友達――から電話がかかってきた。彼女の妹が、友人と一緒に日本に行くので、東京で少し世話をしてやってくれないかという用件だった。

電話の相手はエマ・フィリップス。東京へ来る予定のふたり組は、ルイーズ・フィリップスとルーシー・ブラックマンだった。

クリスタはふたりのために〈代々木ハウス〉の部屋を予約した。ルイーズとルーシーが到着した日、マリファナを吸いながら、ルイーズを震撼させたどろどろのオイルを髪に塗りたくってふたりを出迎えたのがクリスタだった。その晩、三人は一緒に夜を過ごした。ルーシーとルイーズは、アクの強いクリスタに圧倒されっぱなしだった。が、クリスタのほうは、すぐにふたりを気に入った。それどころか、彼女たちを魅力的で素敵だとさえ感じたという。

「ふたりとも有頂天で、とても楽しそうでした。若い女の子ふたりが初めて親元を離れ、大きな旅に出たんですから、当然です。自立への第一歩を踏み出したわけですから。ルーシーはまるで、一九歳の頃の私でした。肉体的にという意味でね――背が高くて、ブロンドで。

ルイーズのほうは、姉のエマと一卵性双生児のようにそっくり。だから、ふたりが一緒に室内を歩いていると、少し奇妙な感じがしました。五年前の私とエマを見ているようで。そのとき、ルーシーはユウジのタイプだと直感的に思いました。私が彼のタイプなら、ルーシーもまちがいなくタイプだった。それに、ふたりとも驚くほど世間知らずだったから、少し心配でした。でも本当にわくわく楽しそうにしていて、私としてはそんな雰囲気を壊したくなかった。だから、ユウジについてはあえて何も言いませんでした。ただ、彼のことが頭をよぎったのは事実です。普段はあの男のことなんて考えもしないから、不思議と言えば不思議でしたね」

その二カ月後、大阪に戻っていたクリスタのもとに、ルーシー失踪の一報がエマから届いた。「クラブの客と海にドライブに行ったまま帰ってこない。そう聞いた瞬間、ユウジだと確信しました。彼にまちがいない、と」

クリスタはルイーズに電話をかけてみたが、彼女はまっとうな受け答えができる状態ではなかった。「それでも、私の場合と同じように、薬物が抜けて意識が戻ったらルーシーは帰ってくると思っていました。ユウジが東京に送り届けるだろうって」。しかし、二日経ってもルーシーが戻ってこないことがわかると、クリスタは新幹線に乗って東京に行き、麻布警察署に直行した。

「過去稀に見る不名誉な状態」

日本の警察は、世界でいちばん愛くるしい警察にまちがいない。〝お巡りさん〟（文字通りの意味では、警ら中の警察官の愛称）を見ると、子供やかわいらしい小動物を眼にしたときと同じように、日本人の多くは優しい気持ちに包まれるという。外国人にとっても、日本の警察官の立派な濃紺の制服や飾り気のない旧式自転車は、どこか懐かしさを呼び覚ますところがある。腰につけたピストルに実弾が装塡されているなど信じがたいし、発砲する場面は想像すらできない（子供の手袋のように、ピストルと制服はコードでしっかりと繫がれている）。そして、日本で最も名誉ある警察部隊〝警視庁〟のシンボルは——獰猛なマスティフ犬でも、眼光鋭いタカでもなく——愉快なオレンジ色の妖精、ピーポくんだ。近代的な東京にはどこかレトロで、純朴で、五〇年代の雰囲気がまだ残っているが、警察も大きな要因のひとつだろう。東京の警察はまるで、悪党から街を守ろうとする真面目なボーイスカウトの一団のようだ。

表面的に見れば、日本の警察は世界でも屈指の優秀な警察だと言える。(3) ほかの多くの先進国と同じように、日本でも、若者の非行や伝統的な倫理観の低下は大きな社会問題となってきた。だとしても、日本がこの地球上で最も安全で、犯罪率の低い国であるという絶対的事実を覆《くつがえ》すことはできない。それはまちがいない。日本における強盗、ひったくり、ドラッグ取引などの犯罪——世界のほかの大都市の住人にとって日常生活の一部と化した犯罪——の発生率は、欧米に比べて四分の一から八分の一に過ぎない。

暴力犯罪はさらに稀で、日本の警察は自らの手柄としてその事実を誇ってきた。つまり、犯罪率が世界一低いのは日本の警察が世界一優れているからだ、と彼らは自負してきたのだ。また、そんな考えは日本国民のあいだにも古くから根づくものだった。世界のほかの都市の住人であれば、治安当局を本能的に白い眼で見るのが常識だろう。ところが、日本では逆だった。しかし二〇〇〇年、クリスタ・マッケンジーが麻布警察署を訪れた頃には、そんな国民の忠誠心は揺らぎはじめていた。

当時、日本じゅうで警察官による不祥事が次々に発覚していた——セクハラ、贈収賄、恐喝、麻薬摂取、暴行、あるいは単なる〝無能ぶり〟。そんな度重なるスキャンダルの末、日本の警察は数十年に一度の激しい非難にさらされることになった。(4)* 保守系・体制派メディアとして有名な読売新聞でさえも、この事態を「過去稀に見る不名誉な状態」と宣した。同紙の社説は「規律を完全に失ったこの組織を正す唯一の解決策は、完全かつ抜本的改革以外にないだろう」と警察を厳しく批判した。当時の世論調査でも、六〇パーセントもの日本人が〝警察を信用していない〟と答えた(二年前の調査では二六パーセント)。不安に駆られた警察が保身に汲々《きゅうきゅう》とするさなか、ルーシー失踪事件の調査が始まったのだった。

警察は普段以上の迅速さで捜査を進めた、というのが彼らの言い分だった。「われわれがいかにスピーディーに連携を取り合って動いたか、どうか理解していただきたい」と麻布警察署長の松本房敬《まつもとふさのり》警視正(ルーシー・ブラックマン事件の初動捜査を監督した人物)は言った。「ベテランとしての直感に従ってすぐに動き出しました。それに、失踪した女性がイギリス人であったこと、さらに〈英国航空〉のような有名航空会社の客室乗務員だったこと

＊非難の的となった不祥事には、行方不明者の捜査に関連する事件も数件あった。なかでも忌まわしいのが、前年の一九九九年一二月に発生した、一九歳の少年・須藤正和《すどうまさかず》さん殺害事件だ。栃木県山中で死体が発見されるまでの二ヵ月近く、正和さんは行方不明になっていた。しかし、彼の両親にはその理由がわかっていた。三人の少年A、B、Cが正和さんを拉致・監禁していたのだ。少年三人は、正和さんをATMや消費者金融に連れていって無理やり金を工面させ、多額の現金を奪い取った。

正和さんの両親は何度も警察署に相談に行ったものの、警察は一貫して捜査を拒んだ。正和さんはそもそも不良であり、麻薬使用の疑いもある、と警察官は言い放ったという。ある日、犯人の命令を受けた正和さんが、親の携帯電話に連絡をしてきた。そのとき偶然にも両親は警察署におり、その場にいた巡査部長――捜査を拒みつづけた警察官――に息子の友人の振りをして誘拐犯と話をしてほしいと依頼。巡査部長は渋々電話に出たものの、自ら警察官であることを名乗ってしまう。その直後、犯人たちは須藤正和さんを山中に連れていって絞殺した。三人の少年はのちに起訴され、殺人罪で有罪となった。犯人のうちひとりの父親は、栃木県警の警察官だった。

二〇〇〇年初めには、ブラックマン一家にとっても恐ろしい事件が発生していた。一九九〇年に新潟県で行方不明になった九歳少女の監禁事件だ。解決の糸口も見つからないまま一〇年が過ぎた二〇〇〇年一月、少女は地元の病院で保護された。彼女はそれまでの約一〇年間、警察署から数百メートルほどの距離にある民家の一室に監禁されていた。犯人には児童への性的虐待未遂の前科があった。それでも、警察が犯人の部屋を訪れることはなかった。

も影響しましたね。多くの若い女性が憧れる仕事ですから」

裏を返せば――もちろん、警視正が明言したわけではないが――もし失踪した女性が中国人やバングラデシュ人で、ホステスになるまえに魚肉缶詰工場やマッサージパーラーで働いていたとすれば、事件にそれほど興味を抱くことはなかったかもしれない、というわけだ。「初めは、あまり注目される事件ではありませんでした」と、ある捜査関係者が私に教えてくれた。「六本木で若い女性がいなくなったって、誰も気に留めやしません。フィリピン人、タイ人、中国人――東京で女性が行方不明になるのは珍しいことじゃない。全員を捜索することはできませんからね」。しかし、この事件が特別扱いされたのは、単に犠牲者の国籍や前職のせいだけではなかった。外部からの圧力もまた大きな要因だった。

最初、警察署を訪れ、事件の早急な解決を激しく要求したのは妹ソフィー・ブラックマンだけだった。しかし、すぐに恐るべき英国総領事アラン・サットンも一緒に署にやってきた。その後、大使館のスタッフから、毎日のように進捗を確認する電話が入るようになった。そして、ティム・ブラックマンの到着。信じられないことに、彼はトニー・ブレアを巻き込むことに成功する。その展開に、刑事と日本人記者はびっくり仰天した。失踪した水商売の女性の捜索に一国の首相が介入するなど、日本では考えられないことだった（あるとき、松本警視正がインタビュー中にこう私に訊いてきたことがあった。「あのブラックマンさんというのは、ブレア首相のお友達なんですか？」。彼にとっては、それ以外に理由が考えられなかったのだろう）。

トニー・ブレアから直々に捜査依頼を受けた日本の総理大臣は、何十人もの記者の眼のまえで、事件についての懸念と解決への決意を表明せざるをえない状況に追い込まれた。「日本のマスコミのことは熟知していましたから、彼らの扱いは問題ありませんでした」と松本警視正は言った。「だが、外国のメディアをどう扱えばいいものか、われわれには知識や経験がなかった。そちらが実に厄介でしたよ」

松本はセヴンオークスのジェーン・ブラックマンにも電話をかけて話を聞いたが、彼女もまた、ほかの関係者全員と同じ言葉を繰り返すだけだった――事前の説明もなしに、ルーシーが自ら姿を消すとは考えがたい。七月一一日、ルーシー失踪事件のための特別捜査本部が麻布警察署内に設置されると、警視庁でも最も経験豊富な刑事のひとり、有働俊明《うどうとしあき》がリーダーとして任命された。有働が所属する警視庁刑事部捜査一課は、殺人、強姦、誘拐、武装強盗といったセンセーショナルな凶悪犯罪の捜査を専門とする、エリート揃いの花形部署だった。

＊＊　ルーシー事件によって、客室乗務員へのイメージや立場が国によって異なることがわかった。イギリスでは、客室乗務員は〝空飛ぶウェイトレス〟などと揶揄され、憧れとともに常に侮蔑がつき纏う職業である。一方の日本では、スチュワーデスは〝空飛ぶエリート〟であり、魅力的で洗練された女性だけが就くことのできる象徴的な仕事だった。一九八〇年代後半のバブル時代、客室乗務員の人気は絶頂を迎え、多くの人気歌手や力士がスチュワーデスと結婚した。〈英国航空〉の仕事を辞めて六本木のホステスに転身するというルーシーの行動は、多くの日本人にとって解せないものであり、きわめて不審な行動でもあった。

た。その華やかさと名声は、ロンドン警視庁の特務捜査隊にも匹敵し、映画やテレビ、小説にもたびたび登場するほどだ。その捜査一課のナンバー二である有働警視は、日本の戦後最大の犯罪捜査にも参加した経験を持っていた。一九九五年、朝のラッシュアワーの東京の地下鉄に、終末思想を唱えるカルト集団〈オウム真理教〉がサリンを散布した事件だ。有働は背が高かった。卵形の顔に、大きな眼。その眼差しは鋭く、常に少し驚いているかのようにも見えた。屈強な刑事というよりは、優しい教頭先生という雰囲気で、激しい感情をあらわにするところなど想像がつかなかった。しかし、ルーシー事件は文字通り有働の心を揺り動かしたという。「私はそれまでも多くの大事件、有名事件に関わってきました」と彼は私のインタビューに答えた。「それでも、ルーシー事件解決の責任者になったときには、緊張に体が打ち震えました。実際に震えたんです。直感的に、重大な犯罪が絡んでいることがわかりましたから。刑事の勘で、無視できない事件だと気づいたんです」

有働の直属の部下である光眞章が、ブラックマン一家の対応を担当することになった。その後、警察のシステムが眼を覚まし、咳払いをして、捜査方針が決まるまでに一週間以上を要した。が、彼らの基準からすると、それは幸先のいいスタートだった。

ドラッグ

それから数週間、警察はどんな捜査をしたのか？　それを完全に解明するのはむずかしいが、眼に見える進展がしばらくなかったことだけは確かだ。有働率いる特別捜査本部が立ち上がるまえに、麻布署の刑事たちは、ルイーズの証言の基本的な事実確認をすでに終えていた。ふたりの日本での滞在状況、〈代々木ハウス〉の生活、〈カサブランカ〉での仕事についてなどの調査に三日が費やされた。しかし、七月三日にルイーズがルーシーの失踪を届け出たあと、警察の捜査に具体的な進捗があったのは六週間も経ってからのことだった。

初期の捜査は、千葉県の宗教団体を中心に行なわれた（「ただ、数があまりに多すぎました」とある刑事は言った。「もっと具体的な情報が必要です」）。ほかにも捜査すべきことはいくつもあったが、ほぼ手つかずの状況だった。たとえば、失踪から二週間が過ぎても、警察は交際相手のスコット・フレイザーから事情を聞いていなかった。それどころか、奇妙な電話の発信者である、タカギアキラを名乗る人物の正体を辿る気配はゼロだった。「偽名かもしれません」と警察の広報担当者が言った。「同姓同名の方が不要のトラブルに巻き込まれると困りますので」

警察は〈カサブランカ〉を訪れ、所属するホステスから事情を聞き、クラブの記録を隅々まで調べた。客のなかには、店に名刺を渡している者も少なくなかった。また、商用でクラブを利用した客については、会社宛てに領収書が発行されており、クラブにはその写しが保管してあった。このような貴重な情報を発掘したにもかかわらず、その分析プロセスには恐ろしいほど長い時間がかかった。たとえば、イカ釣りの釣果の話でルーシーを楽しませた編集者・井村一のもとに初めて警察が話を聞きにやってきたのは、八月も半ば近くになってからのことだった。

代わりに、警察はルイーズ・フィリップスから再三にわたって話を聞いた。ルーシー失踪の翌週、七月四日の火曜日、ルイーズは丸一日を麻布警察署で過ごした。それから五週間、月曜日から土曜日まで毎日、彼女は警察署に呼び出された。

事情聴取は、一〇平米ほどの小さな部屋で行なわれた。部屋には机がひとつ置かれ、ルイーズ、ふたりの刑事、通訳が席についた。聴取は朝いちばんに始まり、夜まで続くことも珍しくなかった。さらに、最初の段階から、ルイーズは日本の警察官たちの温かく優しい対応に感銘を受けた。過酷な長時間労働をものともしない真面目な仕事ぶりにも驚いたという。ルイーズは毎日、警察が用意した昼食を食べた。何度か、警察官の妻から手作り弁当が差し入れられたこともあった。警察はルイーズが滞在するためのアパートを手配し、一日につき五〇〇〇円の手当を支給した(図太くも、彼女はその金を貯めてカメラを買った)。事情聴取の最中、ルイーズは混乱と不安に襲われ、流れ出る涙を止められないこともあった。そんなときには、女性の通訳だけでなく、聴取を担当する男性警察官さえもが一緒に涙を流したことがあった。それも、一度や二度ではなかった。

とはいえ、事情聴取の内容はお粗末そのものだった。ルイーズが重要参考人であることは誰の眼にも明らかだった。ルーシーと最も長いつき合いの友人であり、いちばんの親友であり、彼女を最後に目撃したとされる人物だ。ルイーズにしてみても、日々新しい質問を受けるのであれば、長い尋問も仕方ないとあきらめるしかなかった。しかし、刑事はいくつかの同じ質問をひたすら繰り返すだけだった。恐ろしいほど細部までこだわる几帳面さは見事ではあったが、彼らの関心は際限なくあらゆる事柄に及び、ルイーズはこう感じずにはいられなかった――きっとまだなんの目星もついておらず、捜査の範囲を限定することもできずに、どこから始めればいいか手をこまねいている状態なのだろう。

「私たちが一緒に訪れた場所、これまでの行動……ルーシーに関することなら、どんなに細かいことでも、警察はすべてを知りたがりました。日本に来るまえのことも全部です」とルイーズは言った。「彼らの仕事ぶりにはすさまじいものがありました。本当に一生懸命でした。たとえば、ルーシーの痣《あざ》――生まれつき太腿のつけ根にある痣のことまで訊かれました。あとは、ルーシーが幼かった頃に罹った病気、私の彼氏、ほかの友人、同居人、クラブの客のことなどいろいろと訊かれました。タトゥーを入れた客は？　なんて質問もありましたね。でも、とにかく同じ質問を何度も繰り返すんです。それも連日」

「あなたとルーシーはレズビアンの関係ですか？」とためらいがちに訊かれたこともあった（ルイーズはその質問に声を出して笑った）。警察はルーシーの性生活の詳細を知りたがった――スコットとの関係、セックスの頻度、避妊方法。「ルーシーはクラミジアに感染したことはあるか？　そう一週間ひたすら訊かれたこともありました」とルイーズは続けた。

「質問の意図がいっさい理解できませんでした。支離滅裂な質問も多くありましたよ。それが何時間も延々と続くんです」

「ルイーズにはいい印象を持ちましたよ」と松本警視正は私に教えてくれた。「だとしても、ルイーズが考えられるかぎりあらゆるシナリオを考慮しなければいけませんでした。たとえば、ルイーズが陰謀に加担しているのではないか？ ルイーズはルーシーと同じ男を好きになり、その男をモノにするために友人を消したのではないか？ あるいは、金目的でルーシーを殺したのでは？」。捜査官たちが想定したシナリオのなかには、もっと異様なものもあった。「ルーシーは北朝鮮にいるとか、女スパイだとか、ホステスクラブ関係者からそんな情報も寄せられました」と松本は続けた。「そういった情報はあまり考慮しませんでした。というのも、ルーシーはほとんど金を持っていなかったんです」

ドラッグ絡みかどうかという問題は、すぐに解決した。「ルイーズの顔色から、麻薬使用の様子は見受けられませんでした」と松本は言った。「さらに、長時間の尋問を受けているときの彼女の体の状態からも明らかでした。薬物使用者は口角に泡がたまることが多いのですが、それも見られませんでした。痩せてもいなかったし、疲れやすいということもなかった。薬物使用の兆候は皆無でした」。言い換えれば、顔色と肉づきがよく、口から泡を吹いていなければ、違法薬物の使用者ではないというわけだ。なんとも純粋無垢な意見だが、これはれっきとした警察上層部の言葉だ。その認識の甘さは滑稽でもあり、日本の警察がいかに純朴で世間知らずかということのさらなる証明とも言えるだろう。重大犯罪に直面した経験がほとんどない彼らは、ときに物事の表面しか捉えることができない。

ただし、松本警視正のあとを引き継いだ刑事たちは、それほど純朴ではなかった。ある日、ルイーズが取調室に入ると、日本語の翻訳文と一緒にルーシーの日記が机に置いてあった。「おはようございます、ルイーズさん」と刑事は言うと、机の書類を手に取って続けた。

「ルイーズ、あなたとルーシーのどちらかが、日本でドラッグを使用したことはありますか？」

「いいえ、一度もありません」とルイーズは首を振って答えた。

「本当ですか？」と刑事は日記をめくりながら言った。

「ええ、もちろんです。一度もありません」

それまで、警察がルイーズをあからさまに疑うような素振りを見せることはほとんどなかった。時間をかけて事情聴取をするのも、ルイーズを疑っているからではなく、念には念を入れて調べたいという警察の純粋な気持ちの表れのように思えた。しかし、その日の雰囲気は、いつもとはちがった。

刑事はルイーズに尋ねた。「では、ルーシーはなぜ日記にこう書いたのでしょう？〝音楽、ポストカード、そしてドラッグを求める果てしない旅〟」

ルイーズは動揺した。「〝ドラッグ使用者のレッテルが貼られると、ルーシーの印象が悪くなってしまう〟と私はとっさに考えました。それで、こう言ったんです。『それ……ルーシーは頭痛薬か何かを探していたんですよ』」

「日本で違法薬物を使用したことはないんですね？」と刑事は問い詰めた。

「はい、ありません」

「本当ですか？」

「ええ」

「ルイーズ、〝私は嘘つきです〟と顔に書いてありますよ」

「刑事さんの言うとおりでした」とルイーズはのちに私に語った。「そこまで来たら、すべてを話すしか道はありませんでした」

二一歳の一般的なイギリス人女性の基準に照らすと、ルーシーとルイーズのドラッグの経験はきわめて少ないほうだった。「もちろん、周囲にはドラッグが溢れていましたが、私たちはほとんど興味がなかったんです」とルイーズは言った。「一度、同居人の数人がマジックマッシュルームを食べていたのですが、私たちは決して手を出しませんでした。ルーシーも『あんなふうにトリップして、自制が利かなくなるなんて絶対に嫌』と言っていました」。事実、ふたりは自分たちでマリファナを買い求めたことはなかった。が、〈代々木ハウス〉の居間でまわってきたマリファナタバコを吸ったことはあった。さらにルイーズの説明によると、六本木のクラブに行ったときに、エクスタシーの錠剤を飲んだことがあったという――ルイーズは二度（一度は〈ディープブルー〉での乱闘騒ぎのとき）、ルーシーは一度。ルーシーが失踪したあの七月一日の夜のクラビングの際にも、ふたりはエクスタシーを買うつもりだった。

通常の状況であれば、日本国内でのドラッグ使用を認めた外国人は、大きなトラブルに直面することだろう。たとえ個人使用のための微量であっても、エクスタシーのようなドラッグの所持は日本では重大な犯罪となる。「それでも、正直に打ち明けなくてはいけないと思い、ありのままを話したんです」とルイーズ。「いつ、どこで、どれくらいの量を使用したのか。でも、警察は見逃してくれました。ルーシーを捜すほうがもっと大切だったんです。日本の警察のみなさんは、一生懸命捜査してくれました。まさに二四時間態勢で。私も遅くまで警察署にいましたが、彼らが帰るのはさらに数時間あとでした。あまりの激務に、体調を崩して休む人まで出るほどでした」

第一三章　海辺のヤシの木

ケイティの証言

六本木——少なくとも、外国人ホステスとその顧客にとっての六本木——は小さな村だ。事件発生後、二日もしないうちに、村民全員にルーシー失踪の話が知れ渡ることになった。一週間後には、イギリスと日本で大々的に報道されるようになった。さらにその二日後、彼女の顔は三万枚のポスターに印刷されて全国に配布された。東京だけでなく、ロンドン、メルボルン、テルアヴィヴ、キエフにいた現役および引退したホステスたちが、クリスタベル・マッケンジーと同じ経験、突如として断片的に蘇る恐ろしい記憶を共有していた。カナダのクララ、オーストラリアのイソベルとシャーメイン、イスラエルのロニア、アメリカのケイティ、イギリスのラナ、ウクライナのタニア[1]は、それぞれが別の男性の名前を記憶していた——ユウジ、コウジ、サイトウ、アキラ。しかし、彼女たちの体験は同じだった。洒落た身なりで高級車を乗りまわす、英語が流暢な中年男性。ヤシの木が立ち並ぶ海辺のリゾートマンション。ドリンクを一口飲むと、頭に広がる暗闇。そして、何時間もあとに意識を取り戻したときの、ひどい眩暈《めまい》と吐き気。

被害者のなかには、知り合い同士だった者もいた。また、経験した話を信頼できる相手に打ち明けた者も少なからず存在した。ルーシー事件について聞いたとき、彼女たち全員の反応は同じだった——あの男にちがいない。

被害を受けたあとに警察に通報した女性はほとんどおらず、その理由はみな同じだった。まず、ビザの問題があった。さらに、意識を失っているあいだ、自分の身に何が起きたのか正確にはわからなかった。あるいは、きちんと把握していたとしても、その経験を直視する気になれなかった。が、アメリカ人女性ケイティ・ヴィカーズは、泣き寝入りするつもりなどなかった[2]。しかし彼女の経験は、警察への通報をためらったほかの女性たちのほうが正しかったことを証明するものだった。同時に、ケイティ・ヴィカーズの一件は、警視庁にとって反論しようのない大失態を意味するものだった。

一九九七年、ケイティは〈クラブ・カドー〉で働いていた。そのスマートな出で立ちの中年男性は、コウジと名乗った。彼女が渡された酒はジントニック。最初の一口が、ケイティの最後の記憶だった。

一五時間後に眼を覚ますと、彼女は下着姿でソファーに横たわっていた。ガス漏れが発生し、自身もひどい頭痛がする、とコウジは説明した。その後、彼はケイティを車で東京に送ろうとしたが、途中で車を停め、彼女をタクシーに移動させた。ケイティのハンドバッグには、現金とタクシーチケットがたくさん入っていたという。

クリスタ・マッケンジーの症状は〝強烈な二日酔い〟程度のものだったが、ケイティはひどい吐き気を催し、それは数日間も続いた。彼女が〈クラブ・カドー〉に現れたときには、ふらふらの状態で、唇は青ざめ、呂律《ろれつ》もまわっていなかった。クラブのオーナー兼店長の宮沢櫂（私にホステス業の秘密を教えてくれたポニーテールの実業家）はケイティを見るなり、すぐに病院に連れていき、翌日には麻布警察署にもつき添った。

警察の対応にふたりは愕然とした。「私たちは取調室に通されることも、席に案内されることもなく、ただ受付に立たされたままでした」とケイティはのちに私の取材に答えた。「手助けする素振りなどいっさい見せず、やる気もゼロ。正式な調書も取らないで、ただメモ用紙に簡単に記録するだけ……証拠不充分で捜査はできない、と彼らは言い切りました……私は男の特徴を事細かに説明できたし、マンションの正確な場所だって教えることができた。それに〝コウジ〟が自分で携帯電話番号を書き留めた紙まで渡したんです。私には充分な証拠だと思えました。少なくとも、男の素性や前科を調べるくらいのことはできたはずです。でも警察署にいると、私のほうが相手の時間をただ無駄にする邪魔者みたいに感じられてきて……」

宮沢は知り合いの警察官に電話をかけて相談した。「結局最後には、警察はこう言うんだよ。『宮沢さん、外国人ホステスというのは、みんなドラッグをやってるんです。だから、これは彼女が自ら招いた問題なんですよ。関わらないほうがいい』。それを聞いたケイティはずいぶんと怒ってたね。一週間経っても彼女の怒りが収まらないから、俺は改めて警察に相談に行ったんだ。そのときも、警察は『関わらないほうがいい。忘れたほうがいい』の一点張りだよ」

三年後、ルーシーが失踪したとき、ケイティはまだ東京にいた。ニュースを耳にするなり、彼女は麻布警察署に飛んでいった。対応した女性の刑事はいくつかの証言を正式に記録に残したものの、とくに大きな興味も関心も示さなかった。宮沢も再び、知り合いの刑事に電話をした。「ただ、その刑事はもうほかの部署に異動していて、『俺の担当じゃない』と言うだけだった。だが、俺は一〇〇パーセント確信していたよ──ケイティのときと同じ男だ、ってね」


事件発生直後の七月、ルーシーの失踪について警察は三つの可能性を考慮した──カルト教団、違法麻薬取引に関わる犯罪、あるいはヤクザ関連（日本の暴力団員の証である入れ墨についてルイーズに尋ねたのは、そのためだった）。六本木という街の性質や、日本国内の犯罪全般の傾向を考えれば、捜査の線は当然かつ妥当なものだった。しかし、もうひとつの可能性を指摘する情報が、警察には多数寄せられていた。彼らの眼のまえで、何年ものあいだ悪事を働きつづけてきたある犯罪者についての情報だ。過去にも同じ内容の通報があったにもかかわらず、警察はいっさい捜査をしてこなかった。つまりこの事件に関して言えば、警察の側に〝未必《みひつ》の故意《こい》〟があることが充分に考えられた。少なくとも初期段階でその線を一向に捜査しようとしなかったのは、そんな理由からだろうか？

クリスタ・マッケンジーはわざわざ大阪から東京にやってきて、警察に〝ユウジ〟のことを伝えた。ケイティ・ヴィカーズは〝コウジ〟の話を知らせた。ヒュー・シェイクシャフトの友人イソベル・パーカーとクララ・メンデスも、混乱状態のティム・ブラックマンに話を打ち明けたのち、自ら警察に行って話を伝えた。相手の男の名前はちがったが、彼女たちの体験の内容はすべて同じだった。それでもなお、四人は無関心の壁に直面する。「やっと真剣に取り合うようになったのは、一カ月も経ってからです」とクリスタ。「とにかく行動が遅いの。それに、やる気の問題もあると思いますよ。何を話しても、最初はぜんぜん興味を示さないんだもの。『ええ、そうですね。しかし、彼女はおそらくカルト教団に入信したのでしょう』と繰り返すだけ。警察は、本気でカルト教団の可能性が高いと考えていました。ルーシーはそういうタイプの人間じゃない、そう周囲が何度言っても聞く耳を持たないんです。あるいは、ほかの可能性を調べるのが面倒くさいから、そう信じる振りをしているだけなのか」

　ルーシーの偽の署名入りの手紙が最初に届いたのは、捜査本部が立ち上がって間もなくのことだった。ティムの誕生日と同じ七月一七日付けで、消印は千葉県内の郵便局のものだった。ルイーズには一目でそれが偽物だとわかった。署名は驚くほど似通っていたが、本文にスペルミスが多すぎた。実のところ、ティムとソフィーが見た手紙は、大部分が注意深く削除された一部に過ぎなかった。ルイーズが見た本物の手紙は、もっと暴力的で、生々しく、怒りに満ちたものだった。

　ルイーズはメモを取ることを禁じられていたが、刑事が部屋を出ると、紙の切れ端に手紙の内容を大急ぎでメモした。

——ルイーズ、あなたのことは本当の家族のように愛している。でも、あんたのせいで私は有名になってしまい、せっかくの計画が台無しよ。

——彼はホテルの部屋で私をファックした。何人ものホステスをファックした。

——私は自分が望む自分でありたい。

——日本に来たのは金目的。それが真実。

——逃げ出したい。

——あなたに電話で連絡してもらうよう、彼に頼み込んだの。

——スコットに愛していると伝えて。でも、もうこれ以上つき合いたくはない。

——私はそんな純粋じゃない。いろいろ経験してきたわ。

——何人もの金持ち客とファックした。

——ルイーズ、あなたは私のことを知っているつもりだろうけど、それはちがう。

「辛い言葉ばかりでした」とルイーズは振り返った。「心の痛む言葉ばかり」。彼女は一日じゅう警察署で過ごすと、用意されたアパートへとひとり戻った。毎晩のように、彼女は悪夢にうなされた。そんなルイーズを心配してクリスタが何日かつき添ったこともあったが、彼女自身もまた罪悪感に苛まれていた。なぜもっと早く警察に行かなかったのだろう？　ルーシーと初めて会ったときに聞こえた、警告しろという内なる声をなぜ無視してしまったのだろう？　そんなクリスタとルイーズは、お互い慰め合うことなどできなかった。ふたりで話しても、ただ絶望が増すだけだった。

「ルーシーがどこにいるのか、考えるのはそればかりでした」とルイーズ。「どんな場所に閉じ込められているのか？　お腹はすいてない？　寒くない？　食べ物と飲み物はちゃんととれてる？　生理が来たらどうしよう？　そんなことを毎晩のように考えていると突然、レイプや拷問を受けるルーシーの姿が頭に浮かぶんです。六人の男たちが彼女を取り囲んで、ひどいことをする。刑務所のようなイメージも頭をよぎりました。同じ独房がいくつも並ぶ場所です。でも、ルーシーが死んだと思ったことは一度もありません。もし彼女が死んだら、きっと心のなかで何か感じると信じていましたから」

〈逗子マリーナ〉の男

〈クラブ・カドー〉のオーナー宮沢にとって、二〇〇〇年の夏は試練の季節でもあった。「テレビは連日、ルーシー・ブラックマンのニュース一色だった」と彼は言った。「とにかく大騒ぎさ。記者がわんさか六本木に集まって、街じゅうで誰彼かまわずインタビューしまくって。で、俺のクラブには客が誰も来ないってわけさ」。八月のある日、麻布警察署から電話が入った。ルーシーが失踪した直後に警察署に門前払いを食って以来、連絡があったのはその日が初めてだった。相手は有働警視の部下だった。「で、そいつはこう言った。『七月におたくが同僚に話した件について、ちょっとお話をお伺いしたいので、麻布警察署に来てください』ってな。で、俺は言ったんだ。『いい加減にしてくれ。記者がまわりにうじゃうじゃいる。俺はただ自分のクラブの仕事をしたいだけなんだ。面倒はごめんなんだよ。仕事にも影響が出てきてる。この騒ぎが早く終わってくれないと困るんだよ。とにかく、事務所に車で来てくれ。話をしてから、車で出かける』。それから、俺はケイティに電話した」

ドラッグ、暴力団、カルト教団の線での捜査が行き詰まり、警察はほかの可能性についても考慮せざるをえない状況になった。捜査本部の刑事、宇佐美《うさみ》と浅野《あさの》は、宮沢とケイティを車に乗せて東京を離れ、彼女がコウジに連れられて薬物を飲まされた場所に向かった。しかしケイティの記憶は曖昧で、〝東京から南西に行った三浦半島のどこか〟としか覚えていなかった。一方、宮沢は当時の話を鮮明に記憶しており、現地まで無事に車が辿り着けたのは彼の功績によるところが大きかった。「どういうわけか、『その先を右』とか指示が自然と出てきた。きっと、どっかの神様が俺を導いてくれたんだろうな」

海岸沿いを三キロほど走ると、彼らは〈逗子マリーナ〉に到着した。完成した一九七〇年代には、活気溢れる大人気リゾートだった場所だ。当時、定年を迎えた裕福な老夫婦や東京の有名人たちが、富士山を望むこのリゾートマンションを競うように購入した。一九七二年、ノーベル賞作家の川端康成がガス自殺したのもここだった。周囲に広がるのは、海、ボート、バルコニー付きのリゾートマンション。そして、ここまで北部の地域では珍しい、何百本もの背の高いヤシの木。ケイティは、到着した瞬間にその場所を思い出した。「ぞくぞくして鳥肌が立った」と宮沢は言った。「この話をしているいまも鳥肌が立ってる。俺の思ったとおりだったのさ。初めからわかってたんだ。俺は正しかった。一〇〇パーセント確信してたんだ。で、やっぱり本当だったんだ。そのときは、最高の気分だったよ！」

イソベル・パーカーとクララ・メンデスは、ルーシー失踪後の早い段階で、自分たちが遭遇した事件についてティムに伝えた。しかし、息が詰まりそうなほどの恐怖に襲われて放心状態だった彼は、警察と同じように、ふたりの話の重要性を完全に見逃してしまった。その後、捜査の進捗（あるいは停滞）について、警察はティムに積極的に伝えようとはしなかった。「捜査の進捗を確かめに、父親がよく警察署にやってきました」とすでに定年退職した刑事が私に教えてくれた。「けれど、『捜査は順調に進んでいます』としか答えられませんでした。正直言って、彼が派手に記者会見を開いているのが、警察としては気に入らなかったんです。父親が『どうしてもっと教えてくれないんだ？』と言うと、われわれはこう答えた。『あなたの背後にはマスコミがいる。捜査の詳細をあなたに伝え、その情報がマスコミに漏れたら、捜査に支障が出るかもしれない』とね」

実際、捜査の進捗について警察はティムに嘘をついた。初めのうちは、遅々として進展しない状況を隠すためだったのだろう。しかし、容疑者を絞り込んで一挙一動を監視する段階になると、警察の動きを悟られないようにするため、ティムにも情報が伏せられたのだった。これが、周囲の混乱を招く要因のひとつになった。

夏から秋にかけて、警察による電話の通話記録の追跡が山場を迎えようとしていた。失踪当日、ルーシーと出かけたとされる男が〈代々木ハウス〉のピンク電話にかけてきた通話の発信元や、〃コウジ〃と〃ユウジ〃がケイティとクリスタに教えた電話番号の所有者の特定が急ピッチで進められた。警察は七月上旬にはすでに（ケイティの相手の〃コウジ〃の番号は一九九七年から）電話番号を知っていたが、彼らが本腰を入れて捜査を始めたのは八月に入ってからのようだった。

しかしそれは、多大な時間と労力を要する複雑な捜査だった。電話会社の記録に残っていたのは発信番号だけで、着信記録は保存されていなかった。つまり、〈代々木ハウス〉のピンク電話から、謎の発信者を逆探知することは不可能だった。一方、クリスタが警察に提供した〃ユウジ〃の電話番号は、〃田中一《たなかはじめ》〃名義（英語で言えば、マイケル・スミスやポール・ジョーンズくらい平凡な名前）だとわかった。さらに、契約時に使われた健康保険証は偽物だった。登録の住所は実在したものの、田中一という人物は住んでいなかった。ケイティが警察に伝えた〃コウジ〃の番号は、正式な契約も口座登録も不要なプリペイド方式の携帯電話のものだった――隠しごとがある人間に人気の電話だ。さらに、通話記録を調べるには、裁判所から一件ずつ捜査令状を取る必要があった。申請に必要な書類を作成し、裁判所に提出し、許可が下りるまでには約一週間を要した。

捜査はピンク電話から始まった。ルーシーが失踪した当日、彼女の顧客がピンク電話に架電したおおよその時間は判明していたため、まずはその前後六分に時間が絞り込まれた。次に、その時間帯にピンク電話の番号に発信した契約者がいないか、すべての記録を調べるように各電話会社に依頼。そのためには、何百万件もの記録を精査する必要があり、電話会社が重い腰を上げたのは、警察による度重なる説得の末のことだった。

「前代未聞の捜査でした」と元刑事のひとりは言った。「一日で終わるような作業ではないですし、電話会社の社員も大勢必要になる。捜査が決まったのは、来日したブレア首相が日本政府に特別な協力を依頼したあとのことです。そういう話になれば、日本の警察の威信にかけて命がけでやるしかありませんでした」

捜査の結果、ある一一桁の電話番号が捜査線上に浮上した。こちらも匿名のプリペイド式携帯電話の番号だったが、購入された状況が実に興味深いものだった。二〇〇〇年六月に東京のある量販店でこの携帯電話を購入した客は、同時に七〇台ものプリペイド式携帯電話を一括で手に入れていたのだ。登録の名前は偽名だった。さらに、購入されたのは法律改正の直前――プリペイド式携帯電話の購入時にも住所と本人確認が必要になる数日前――のことだった。だとしても、一括購入されたすべての携帯電話の番号を摑んだ警察は確信した。七月一日にルーシーに何度か電話し、その後に落ち合った男が、この七〇台の携帯電話の所有者にちがいない。

そのうち、実際に起動されたのは一〇台ほどだった。新たな令状のもと、警察はその一〇台の携帯電話から発信された番号を突き止め、さらにその発信先の番号から架電された番号まで確認した。各電話番号を〝親〟〝子〟〝孫〟で区別し、家系図にも似た複雑な図表に記録がまとめられた。そしてついに、この数字の茂みのなかから、ルイーズの携帯電話の番号が浮かび上がってきたのだった。それは、土曜日の夜に「もうすぐ帰宅する」とルイーズに伝えた通話――生前のルーシーが最後にかけた電話だった。

電話会社の調査によって、その通話が逗子の基地局を経由していたことも判明した。

それは、コウジに〈逗子マリーナ〉に連れていかれ、被害に遭ったというケイティ・ヴィカーズの証言を裏づけるものだった。警察はほかの女性たちも逗子に連れていき、確認を取った。すると、クリスタ、クララ、イソベルの三人全員が、薬物を飲まされて裸にされたのが〈逗子マリーナ〉だったと認めた。しかし、どの部屋なのか、あるいはどの棟なのかさえ、誰も覚えてはいなかった。そこで、警察は各部屋の所有者全員をリストアップし、それぞれの前科を照合した。過去の違反が山ほど出てきたが、その数百人のなかで性犯罪の前科を持つ人物はひとりだけだった。[3]

その男は四三一四号室の所有者で、彼の前科ファイルにはふたつの事件についての記述があった。一九八三年、前方の車に追突する交通事故を起こし、少額の罰金刑に処された。そして二年前の一九九八年一〇月、彼は南紀白浜海岸の女子トイレをビデオカメラで盗撮した容疑で逮捕された。[4]さらにそれ以前にも、同じような性犯罪での逮捕歴があった。のちの日本のマスコミの報道によると、二年前に逮捕された際、男は警察に偽名を名乗り、〝ノンフィクション作家〟を自称したらしい。彼が罪状を認めると、簡易裁判所は裁判を開くこともなく、罰金刑を下した。罰金はわずか九〇〇〇円で、〈カサブランカ〉や〈クラブ・カドー〉の一時間のセット料金よりも安い金額だった。

犯罪者ファイルには、逮捕の際に撮影された顔写真も残されていた。それに加えて、警察は彼の運転免許証の写真を入手。さらに、男の名前で登録された車、男が社長として登記された会社、それらの会社が日本全国に所有する多数の不動産物件についても詳細が明らかになった。

警察はクリスタ、ケイティ、クララ、イソベルに対し、男の写真を含めた複数の顔写真を示して面通しを行なった。すると四人全員が、乱暴した顧客として、その男の写真を選んだ。

「とても奇妙な写真でした」とクララは振り返った。「眼はほとんど閉じたままで、いまさっきドブ川から引っ張りあげられてきたかのような感じです。あの男のことを知らない人なら、酔っぱらいか何かだと思うかもしれません。でも実際のところは、顔を背けて、なんとか正面から写真を撮らせないように画策したんだと思います」

警察はNシステム（自動車ナンバー自動読取装置）を利用し、男の車の一台であるスポーツタイプの白のメルセデス・ベンツの動きを解析。その結果、ルーシー失踪当日、男が東京から逗子まで移動したことが確認された。また、それから数日のあいだに、男が何度か東京と逗子を行き来し、さらに三浦半島の南北の移動を繰り返した事実も発覚した。

有働警視は、男の行動を監視するように捜査員に命じた。ただ、尾行をつけて相手に見つかるリスクを避けるため、複数の警察官を別々の場所に配置し、無線で容疑者の動きを伝え合うという方法を採用した。徒歩、オートバイ、車に分かれ、毎日一〇人程度で容疑者の行動を追った。有働はこの監視方法を〝ピンポイント・メソッド〟と呼んだが、必ずしも確実な方法とは言えず、男を見失うことも少なくなかった。ある日、男が千葉方面へと車を走らせたまま姿を消した。すると翌日、千葉の消印が押されたルーシーの署名入りの封書が麻布警察署に届いたこともあった。

不審な物音

九月末になると、有働警視は事件の犯人を特定できたと確信した。ルーシー失踪当日の男の動き、ほかのホステスの話に鑑みれば、もはや疑いようがなかった。しかし、決定的な証拠が見つからなかった。ケイティ・ヴィカーズの事件については、三年前に彼女を門前払いにしたときと同じように、警察は大きな興味を示そうとはしなかった。ケイティやほかの女性たちの事件は、あくまでもルーシー事件解決のための手段にすぎなかった。「重要だったのは、ルーシーの身に何が起きたか、どのように殺されたのか、死体がどこにあるのか、それを解明することでした」と有働は明言した。「ルーシー事件の解決こそ、私たちの目標だったのです」

警察は容疑者の素性や、ここ数週間の動きについての捜査も始めた。男の会社は、北は北海道、南は九州まで多数の不動産物件を所有。ほとんどの物件が賃貸に出されていたものの、数軒は個人的な住居として使用されており、そのなかには東京都心の三軒のマンション、高級住宅地の田園調布にあるプール付きの二階建ての豪邸などが含まれていた。さらに、逗子から二五キロほど南、三浦半島西岸の諸磯《もろいそ》にも容疑者の別宅があった。岩場の入り江と砂浜が広がる海岸沿いに、リゾートマンションと漁師の家が共存するその地域で、男は〈ブルーシー油壺〉というマンションの一室を所有していた。

諸磯から最も近い神奈川県警三崎警察署に立ち寄った際、捜査員はある貴重な情報を手に入れた。

七月六日、〈ブルーシー油壺〉の女性管理人である安倍からの通報を受け、三人の警察官が臨場した。前日の午後、それまで何年も使用されていなかった四〇一号室に突然、ひとりの男が現れたという。鍵を持っていなかった男は、管理人に相談もなしに勝手に鍵屋を呼んでドアを開錠し、室内に入った。男の車――ふたり乗りのメルセデスのスポーツカー――が、マンションのそばに停められていた。安倍のパートナーの広川の証言によると、車内に白いシートで覆われた大きな荷物が積んであり、運転席だけが空だったという。その後、怪しい男の部屋から何かを叩くような不審な物音が聞こえてきた。警部補の原田直樹《はらだなおき》と部下のひとりが階段を上がって部屋に向かうあいだにも、室内からバンという大きな音が聞こえた。

警察官はドアをノックしたが、しばらくのあいだ返答はなかった。呼び鈴を再び鳴らし、インターホンに向かって警官だと名乗り、室内を確認させてほしいと呼ばわった。いっとき経過し、ドアが開いた。姿を現したのは、背の低い薄毛の中年男性だった。「上半身は裸で、下はパジャマのようなズボンを穿いていました」(5)と原田警部補はのちに証言した。「顔や上半身の玉の汗がすごかった。態度もそわそわして、息もはあはあと荒かった。汗まみれという印象で、体も薄汚れており、部屋のなかで相当激しい作業をしているのだと思いました」

男は「服を着替える」などと言ってドアを閉めた。すると、また室内からバンという音が何度か響いた。ドアが再び開くと、原田警部補は玄関に入った。「廊下に鍬のようなものが置かれ、コンクリート破片がまわりに散らばっていました。リビングの奥に麻袋のようなものが置かれ、なかに何か入っていました。丸い灰色の物体で、直径は二〇センチほどです」

しかし、男は警察が室内を確認することを頑なに拒否し、風呂場のタイルを張り替えているだけだと主張。「部屋のなかを見せるのは、裸を見せるのと同じだ」と怒気を込めて言った。

原田警部補は応えた。「あなたの裸に興味があるわけじゃない。ちょっと部屋を見せてくれれば、すぐに立ち去る」。しかし、令状もなく、特定の犯罪に対する証拠もない状況では、強制的に立ち入り検査する権利は警察にはなかった。署に無線で連絡し、男がその部屋の法律上の正式な所有者であることを確認すると、警察官たちは部屋を出て階段を下りていった。

しばらく経ってから、この話の最も奇妙な部分が幕を開ける。あとになって男がわざわざ階下までやってきて、警察官たちを室内に招き入れたのだ。「彼は赤ん坊を抱くように紙の包みを抱えていました」と原田は言った。「で、その包みを開いてみせたんです。すると、犬の頭が出てきました。『かわいがっていた犬が死んだんだ。犬の死体が室内にあったら変だと思われると考えて、部屋を見せたくなかった』と彼は言いました」

犬の体は冷凍されて固かった、と警察官のひとりは記憶していた。「昨日今日に死んだものとは思えませんでした」

「もしかすると、何か重大なことが行なわれているのかもしれない、と私は思いました。たとえば、死体でも埋めているのかな、と」と原田警部補は数年後に法廷で証言した。しかし、この男と犬の死体の出来事を、地元警察がそれ以上追及することはなかった。また、数日後の報道――外国人女性が車で海に向かったきり行方不明になった――との関連性を疑うこともなかった。

Xデー

七月から一〇月にかけ、麻布警察署長と警視庁捜査第一課宛てに六通の手紙が届いた。うち二通は似たような不自然な英語で書かれ、ルーシー・ブラックマンの偽の署名が入った手紙だった。別の一通は日本語で八枚に及び、〝ある場所で〟ルーシーと会ったという正体不明の〝知り合い〟を名乗る人物から送られてきたものだった。文面には、ルーシーは統合失調症と多重人格障害に苦しみ、売春婦として働きながら多額の借金を返済中だと書かれており、「誘拐ではなく、彼女は男を利用したのだ」という嘲笑的な一節もあった。手紙から、公衆トイレ盗撮で逮捕された男の指紋が検出されることが期待された。が、手紙にも封筒にも指紋はひとつも見つからなかった。

一〇月初め、新たに分厚い封筒が麻布警察署に届いた。なかには一一八万七〇〇〇円分の札束。こちらにも〝ルーシー〟の署名が入った手紙が同封されており、次のようなことが書かれていた——これは七四一八ポンドの借金を清算するための現金であり、実際の返済は妹ソフィーに託したい。私がしばらく姿を消したのは借金返済のためで、いずれ日本から離れる予定だ。写真入りのポスターがいくら配布されようと、私は誰も知り合いのいない場所へ逃げる。その決意は変わらない。

警察による懸命な監視活動にもかかわらず、容疑者が金を銀行から引き出したり、手紙を投函したりする姿は確認されなかった。しかし、別の怪しい行動を警察は摑んでいた。一〇月一日、容疑者はボートを購入した。

全長六メートルのヤマハ製フィッシングボートだった。ボートは横浜のディーラーから約三五〇万円で購入され、〈ブルーシー油壺〉から北に約二キロ先の〈シーボニアマリーナ〉で引き渡された。数日後、容疑者は〈シーボニア〉のボート用品店を訪れ、コンパスや長いアンカーロープを買った。彼は店長に、水深のかなり深い場所で停泊するため、一〇〇〇メートルほどのロープが必要になると説明した。「相模湾には、確かに水深一〇〇〇メートルの場所もあります」と彼は語った。「だけど、その深さまで錨《いかり》を下ろすのは相当むずかしいことです。それで、私は彼に言ったんです。『かなり重い錨が必要になるし、ロープを何本も結ばなくてはいけない』と。それでも、自分は上級者だから大丈夫だ、と向こうは言い張りました。私はそうは思いませんでした。経験豊かな船乗りであれば、そんな長いロープを注文することはまずありませんから」

来店するほとんどの客はショートパンツにサンダル姿だったが、その男はピンストライプのスーツ、ネクタイ、黒い革靴という恰好だった。「少し変だとは感じました」と店長は続けた。「様子もどこかおかしかったし、なによりも汗の量がすごかった」

男が退店して一〇分後、捜査員たちが店に行き、会話の内容をすべて聞き出した。また、その奇妙な客について口外しないよう、店長に念押しした。

突如として、有働警視はあらゆる可能性を検討する必要に迫られた。容疑者がボートを買った理由とは？　セーリングの季節はもう終わろうとしていた。そもそも男がボートに興味があるという話は聞いたことがなかった。だとすれば、アンカーロープや相模湾についての男の会話は、ある明確な説明を指し示すものだった。おそらく、男には処理しなければいけない何かがあり、それを海底深くに捨てようとしているにちがいない。

〈シーボニア〉から出航するには、マリーナのボートクラブ会長への事前申請が必要だった。警察は会長にも事前に接触し、動きがあり次第連絡するよう伝えてあった。その翌週、会長から連絡が入った――容疑者は一〇月一二日の木曜日に出航予定。「ルーシーの死体がどこか近くにあり、容疑者が海に捨てるつもりなのだと踏んでいました」と有働は言った。「その朝に逮捕するべく、われわれも準備を進めました」。東京地方検察庁が大慌てで取った逮捕状の罪状は、ルーシー失踪に関するものではなく、別のホステス一名に対する強姦容疑だった。

前日の一〇月一一日の夜、容疑者は東京の別宅――六本木交差点から一〇分ほどの場所にあるワンルーム・マンション――で過ごした。逮捕は翌日の早朝に予定され、有働がその夜に眠りにつく頃には、すべてが順調かと思われた。

午前三時、有働は日本人記者からの電話で眼を覚ました。日本一——いや、世界一——の発行部数を誇る《読売新聞》が、朝刊の社会面一面にこんな記事を掲載するというのだ——ルーシー・ブラックマン失踪に関与した疑いのある男に逮捕状。

「すぐに情報が流れ、テレビで報道されることはまちがいありませんでした」と有働は語った。「とにかく、容疑者が朝のニュースを見るまえに行動に出る必要があったんです」。その頃には監視体制は充分すぎるほど整っており、容疑者が逃げ出す可能性は少なかった。しかし、警察が恐れていたのは、逮捕に直面した男が自殺することだった。

朝六時、マンションに張り込んでいた捜査官が、容疑者が建物を離れて角のコンビニエンスストアに入る姿を確認。新聞の束を抱えて店を出てきたところで、警察は彼の身柄を確保し、一九九六年三月三一日のクララ・メンデスに対する拉致および準強制猥褻の容疑で逮捕した。その日の夕刊には、容疑者として四八歳の会社社長、織原城二《おばらじょうじ》の名前が掲載された。

「捜査員が令状を読み上げると、容疑者は震え出したそうです」と有働は言った。「さらに、大量の汗をかきはじめました」

（下巻に続く）

原　注

本書の内容はすべて事実に基づく。各出来事の説明は、私が実際に眼にしたこと、さまざまな関係者による証言、信頼できる情報源（紙および放送媒体）の報道内容に即して記述したものである。このような物語においては必然的に、人や媒体によって説明がそれぞれ異なることも少なくない。筆者としては、何が信用に値する内容で、何がちがうのかを区別することに努めた。この区別がむずかしい際には、本文内にそう明記した。以下の原注内に言及がない場合、記載した事実情報や引用は、当事者との個人的なやり取り、対面インタビュー、私自身が参加した記者会見、およびティム・ブラックマン、アネット・リッジウェイ、ナイジェル・リッジウェイ、ジェーン・スティアの個人的な記録に基づくものである。

織原城二のほぼすべての公判（第一審、控訴審）には、私が雇った日本人調査員が参加し、内容を詳細に記録した。日本では通常、ジャーナリストが刑事裁判の公式速記録を閲覧することはできない。しかし私は独自のルートを通し、多くの公判の速記録のコピーを入手した。また、被害者とその家族に公判内容を知らせるために作成された、警視庁の英語報告書も参照した。

この注記で示すいくつかの事例において、登場人物の名前や身元の特定に結びつく詳細を変更した。その理由は、以下の3つである。インタビュー相手が匿名での掲載を希望した場合。さまざまな事情から、本人と連絡が取れなかった場合。また、性犯罪被害者が生存する場合も、原則としてすべて匿名とした。この3つ目のカテゴリーの人々については、情報を大幅に変更し、親しい友人や親戚でも個人を特定できないように工夫した。名前だけでなく、経歴自体に変更を加えたケースも一部含まれる（出来事の順序や起きた年はそのままにした）。しかしながら、これらの変更は本書の主題にはなんら影響を与えるものではない。〔その他、著者と協議のうえ、英語版原書の情報を一部変更した。——早川書房編集部〕

本書の英語タイトル“*People Who Eat Darkness*”は松垣透著『ルーシー事件——闇を食う人びと』（彩流社、2007年）に想を得たものである。松垣氏の温かいサポートに、この場を借りて深く感謝したい。

プロローグ　死ぬまえの人生

1　ルーシーに何か起きたみたい。*Mail on Sunday,* July 16, 2000.

2　一緒に出かけたという顧客について訊いたところ……。英国大使館副領事イアン・ファーガソンによるメモ "Lucie Jane Blackman–Report as of Close of Play 4 July 2000（ルーシー・ブラックマン——2000 年 7 月 4 日付け業務日誌)"。

第二章　ルールズ

1　二一日間の訓練コース。〈英国航空〉の訓練の詳細は、同社でのルーシーの同僚ベン・ゲスト、サラ・ゲストへのインタビューより。

2　ジム、ロバート、グレッグは仮名。

第四章　HIGH TOUCH TOWN

1　当たりまえに生きられないのがここでの生活。ドナルド・リチー著 *The Japan Journals, 1947-2004* (Berkeley: Stone Bridge Press, 2004)［未訳］280 ページより。

第五章　ゲイシャ・ガールになるかも（笑）！

1　井村一は仮名。

2　渡辺一郎は仮名。

3　日本でホステスとして働いた経験を持つイギリス人推理作家モー・ヘイダー。Janice Turner "My Life as a Tokyo Bar Hostess（バーホステスとしての東京での生活)" *The Times,* May 7, 2004.

4　ヘレン・ダヴは仮名。

5　日本における女性の接待の歴史については、ライザ・ダルビー著『芸者——ライザと先斗町の女たち』（入江恭子訳、ティビーエス・ブリタニカ、1985 年)、エドワード・サイデンステッカー著『立ちあがる東京——廃墟、復興、そして喧騒の都市へ』（安西徹雄訳、早川書房、1992 年）を参照。芸者の衰退についてのサイデンステッカーの引用は 52 ページより。

6　六本木が歓楽街として発展を始めたのも、ちょうどその頃のことだ。六本木の歴史については、サイデンステッカー著『立ちあがる東京』とロバート・ホワイティング著『東京アンダーワールド』（松井みどり訳、角川文庫、2002 年）を参照。

7　六本木交差点の高速道路の側壁のスローガンが "HIGH TOUCH TOWN"

……。六本木の多くの常連客に惜しまれながらも、この看板は2008年に撤去された。

8 アン・アリスン。*Nightwork: Sexuality, Pleasure and Corporate Masculinity in a Tokyo Hostess Club* (Chicago: University of Chicago Press, 1994)［未訳］。この章の引用は48、160ページより。

9 私たちホステスは三つのことを教えられる……。Anne Allison "Personal Services（個人的サービス）" *The Times*, July 14, 2000.

10 鈴木健二は仮名。

第六章　東京は極端な場所

1 宮沢櫂、〈クラブ・カイ〉は仮名。

2 ホステスのなかには、自らの仕事が性行為をともなわないため……。Evan Alan Wright "Death of a Hostess（ホステスの死）" *Time*, May 14, 2001から引用。

3 ホステスの仕事……には、必ず淫らなイメージがつき纏う。アリスン著 *Nightwork*、173～174ページより。

4 ルーシーはとても幸せそうでした。Paul Henderson "I Told Lucie I Loved Her–They Were the Last Words We Ever Spoke Together（僕はルーシーに愛してると言った――ふたりが交わした最後の言葉）" *Mail on Sunday*, July 30, 2000から引用。

第七章　大変なことが起きた

1 ふたつのバージョンがある……。ルパート・ブラックマン、ソフィー・ブラックマン、ティム・ブラックマン、ヴァレリー・バーマン、ジョセフィン・バー、ジェーン・スティアへのインタビューより。

2 情報は錯綜していた。John Coles "BA Girl Lucie 'Held as Cult Sex Slave'(BA乗務員のルーシーが「カルトの性奴隷」として囚われの身に)" *Sun*, July 11, 2000、Mark Dowdney and Lucy Rock "Snatched by a Cult（カルト集団に捕まる）" *Mirror*, July 11, 2000、Richard Lloyd Parry "Missing Hostess Vanished after Meeting at Club（クラブホステスが失踪）" *Independent*, July 11, 2000、"Japanese Journalists Fear the Mob May Be Involved（日本のマスコミは暴力団の関与を疑う）" *Sevenoaks Chronicle*, July 20, 2000.

3 ソフィーに記者会見に参加しないよう勧めていた……。英国大使館の報道公報担当官スー・キノシタからティム・ブラックマンへの手紙（2000年7月12日）。

4　四弦バンジョーを担当。Stephen Pritchard "Why I Took '100 Million Pieces of Silver' for My Daughter's Death（娘の死と引き換えに私が１億枚の銀貨を受け取った理由）" *Observer*, April 29, 2007.

5　過激な報道も散見された。Frank Thorne "Peril of Jap Vice Trap（日本《ジャップ》の売春地獄《トラップ》に潜む危険）" *People*, July 16, 2000、Gary Ralston "21st Century Geisha Girls（21 世紀版ゲイシャ・ガールズ）" *Daily Record*, July 14, 2000、John Coles "From High Life to Hostess（上流社会からホステスに）" *Sun*, July 13, 2000.

6　家族の苦悩――を描くものだった。"I Will Never Leave Japan Without My Lucie, I Just Pray That She's Safe" *Daily Express*, July 13, 2000、John Coles "I'm Not Leaving Without My Sis" *Sun*, July 13, 2000、"Family Pleas for 'Cult' Woman" *Daily Telegraph*, July 13, 2000、John Coles "Why Us?" *Sun*, July 14, 2000.

7　白いウサギの人形。ダイヤモンドホテルは一部の施設を売却し、改装後に営業を再開。残念なことに、現在はウサギの人形は存在しない。

第八章　理解不能な会話

1　トニー・ブレアと面会した。各種新聞報道より。また、在東京英国大使館発表 "Consular Case: Missing British Citizen: Miss Lucie Blackman–Notes of Main Points in Case and Actions Taken by Embassy（領事部事案：英国国民ルーシー・ブラックマンの失踪――事件の概要と大使館による活動について）" August 2, 2000 も参照した。

2　タニアは仮名。

3　数十件の連絡が入りはじめていた。寄せられた情報の詳細は、ティム・ブラックマン所有のメモ（2000 年７月 31 日付け）、および英国大使館副領事イアン・ファーガソンがティム・ブラックマン宛てに送付した書類（2000 年 10 月 13 日付け）より。

4　超自然的な才能を持つと主張する人々……。当時のジェーンの精神状態、霊能者が語った情報の詳細は、ジェーン・スティアとのインタビュー、ジェーンからソフィー・ブラックマンへのメール（2000 年７月 26、27、29 日および８月２日）、Ｎ・Ｔ・クラウザーからジョセフィン・バーへのファックス（2000 年７月 26 日）に基づく。

5　共同記者会見に参加するよう依頼……。英国大使館発表 "Consular Case: Missing British Citizen（領事部事案：英国国民の失踪）" より。

6　トニー・ブレアに手紙を書き……。ティム・ブラックマンからトニー・ブ

レアへの手紙（2000年7月28日）。

第九章　小さな希望の光

1　マイク・ヒルズと名乗る男から……。マイク・ヒルズの詐欺事件に関する記述は、ティム・ブラックマン提供の手紙や書類（ヒルズからのメールやファックスも含む）、エセックス警察でのティムの証言（2000年10月31日）、ティム・ブラックマン、アダム・ウィッティントン、ソフィー・ブラックマンへのインタビュー、2000年のポール・ワインダー誘拐事件および2003年のマイク・ヒルズの逮捕、裁判、有罪判決についてのイギリス各紙の報道に基づく。

2　手がかりがまったくありませんでした。David Sapsted "Lucie Blackman's Family Gave Cruel Conman £15,000（狡猾な詐欺師が、ルーシー・ブラックマンの家族から15,000ポンドを騙し取る）" *Daily Telegraph*, April 24, 2003.

3　これがあんたの望むことじゃなかったら、それは謝る。マイク・ヒルズからティム・ブラックマンへのファックス（2000年8月6日）。

第一〇章　S & M

1　カナダ人ホステス、ティファニー・フォーダム。ティファニー・フォーダムの失踪については、以下を参照。Miroi Cernetig "Red-light Alert in Tokyo—Police Hunt for Missing Briton and Canadian Turns up Chilling Evidence of Risks Women Run in Hostess-Bar Scene（東京の赤線地帯に赤信号——失踪したイギリス人とカナダ人捜索の過程で、ホステスバー業界の危険を明らかにする身も凍るような証拠が発覚）" *Globe and Mail*, October 28, 2000、Tim Cook "Family of Woman Missing in Japan Fears for Her Life–Police Seek Possible Link to Rape Suspect（日本で失踪した女性、安否を気遣う家族——警察はレイプ容疑者に繋がる手がかりを追う）" *Toronto Star*, October 30, 2000。六本木の警察では、ルーシーが行方不明になった2000年までに、ティファニーの失踪は過去の事件として完全に忘れ去られていた。あるとき、ルーシー事件の捜査本部長である有働警視に、ティファニー事件について尋ねてみたことがある。が、警視はまったくピンと来ないようで、事件について耳にしたこともない様子だった。

2　イソベル・パーカーとクララ・メンデスは仮名。

3　八月のある日、ひどく興奮した様子の日本人男性から……。ＳＭサークルや高本昭雄（仮名）の死についての記述は、以下の資料に基づく。片山賢太郎による小野誠（仮名）へのインタビュー。ティム・ブラックマン、ダ

イ・デイヴィス、片山賢太郎、黒田良雄（仮名）、アダム・ウィッティントンへの私のインタビュー。《週刊宝石》（2000年8月23日号）および《週刊現代》（2000年10月11日号）の記事。ＳＭ愛好家の名前はすべて仮名であり、個人情報の一部も変更した。

4 黒田良雄は仮名。

第一一章 人間の形の穴

1 ティムは尋ね人のポスターの束を持って……。この出来事は Wm. Penn "Fuji TV Mounts the Podium for Fair Play（フジテレビがフェアプレイの表彰台に上がる）" *Daily Yomiuri*, October 5, 2000 で詳しく説明されている。

2 アラン・サットン総領事とともに、警察署を訪れた。ジョセフィン・バーによる会議の記録に基づく。

3 内心、いちばん恐れているのは……。2000年9月1日に行なわれた〈ＴＢＳ〉の片山賢太郎によるソフィー・ブラックマンへのインタビューより。

4 デイヴィッド・シーボーン・デイヴィスと彼の活動についての説明は、ソフィー・ブラックマン、ティム・ブラックマン、デイヴィッド・デイヴィス本人、ジェーン・スティア、アダム・ウィッティントンへのインタビューに基づく。また、デイヴィスによる "Preliminary Report and Executive Summary（中間報告と要旨）" September 17, 2000 も参照した。

5 記者たちとの関係構築には長けていた。たとえば、"Family's Fears for Missing Brit in 'Murder Riddle'（謎多き殺人事件——失踪したイギリス人の家族の恐怖）" *Express on Sunday*, July 7, 2002 を参照してほしい。

6 スーパー探偵。David Powell "Private Eye Goes on Trail of Missing Girl Louise（私立探偵、失踪した少女ルイーズを追う）" *Daily Post* (Liverpool), January 11, 2002.

7 ルイーズ・カートン失踪事件。驚くべきことに、ルイーズ・カートンとルーシーは〈ウォルサムストウ・ホール〉の学校時代の友人だった。2001年7月31日、24歳だったカートンは、婚約者の家族に会うために訪れたドイツから帰国する際に消息を絶った。失踪の真相はいまだ謎のままだ。

8 マンディー・ウォレスは仮名。

9 モンタージュ写真を作成させた。ロンドン警視庁 Facial Imaging Team（FIT）Ref: NW058/00.

10 ティムへの不信感が募っていった……。この前後の説明は、以下の資料に基づく。ソフィー・ブラックマン、ティム・ブラックマン、ダイ・デイヴィス、ヒュー・シェイクシャフト、ジェーン・スティア、アダム・ウィ

ッティントンへのインタビュー、ヒューについては関係者内で回覧された文書“Lucie Blackman（ルーシー・ブラックマン）”（2006）、“A Father's Betrayal（父親の裏切り）” *Daily Mail*, October 7, 2006.

11　《サンデー・ピープル》の単独インタビューに答えた。Katy Weitz “Why I Must Find Lucie（私がルーシーを見つけなければいけない理由）” *Sunday People*, September 17, 2000.

第一二章　警察の威信

1　日本の警察と検察については、次の資料を参考にした。ウォルター・L・エイムズ著『日本警察の生態学』（後藤孝典訳、勁草書房、1985年）、デイヴィッド・H・ベイリー著 *Forces of Order: Policing Modern Japan* (Berkeley: University of California Press, 1991)［『規律の力——現代日本の警察活動』未訳］、デイビッド・T・ジョンソン著『アメリカ人のみた日本の検察制度——日米の比較考察』（大久保光也訳、シュプリンガーフェアラーク東京、2004）、宮澤節生著 *Policing in Japan: A Study on Making Crime* (Albany: SUNY Press, 1992)［『犯罪捜査をめぐる第一線刑事の意識と行動——組織内統制への認識と反応』（成文堂、1985年）を大幅に改定・英訳］、L・クレイグ・パーカー・Jr. 著 *The Japanese Police System Today: An American Perspective* (New York: Kodansha, 1984)［『アメリカから見た現代日本の警察制度』未訳］。

2　クリスタベル・マッケンジーもまた……。個人の特定を避けるため、彼女の名前や経歴を変更した。

3　日本の警察は世界でも屈指の優秀な警察だと言える。日本の犯罪率については、ジョンソン著『アメリカ人のみた日本の検察制度』26～27ページを参照。

4　激しい非難にさらされることになった。引用は猪瀬直樹“Japanese Police Must Lift Shroud of Secrecy（日本の警察は秘密主義を排除せよ）” *Daily Yomiuri*, September 20, 1999、Doug Struck “Japan's Police Wear Tarnished Badge of Honor: Reputation of Once-Admired Constables Plummets with the Rise of Scandals and Corruption（日本の警察の色褪せた名誉——かつての栄光はいまやスキャンダルと汚職まみれに）” *Washington Post*, March 3, 2000より。

5　ただ、数があまりに多すぎました。Jonathan Watts, *Guardian*, July 11, 2000.

6　警察は交際相手のスコット・フレイザーから事情を聞いていなかった。麻

布警察署の三井敏彦警視へのインタビュー、Richard Lloyd Parry "Free Her Now, Father Urges Tokyo Captor（娘を解放せよ――父親から誘拐者への訴え）" *Independent on Sunday*, July 16, 2000 に基づく。

第一三章　海辺のヤシの木

1　クララ、イソベル、シャーメイン、ロニア、ケイティ、ラナ、タニアは実在する女性を示すものである。各情報はインタビューや裁判資料に基づく。また、全員の名前は仮名で、数人については国籍も変更した。

2　アメリカ人女性ケイティ・ヴィカーズは……。ケイティ・ヴィカーズ（仮名）についての記述は、宮沢櫂（仮名）へのインタビュー、検察官による冒頭陳述（2000 年 12 月）、ケイティ・ヴィカーズ本人の証言より。

3　性犯罪の前科を持つ人物はひとりだけだった。有働俊明警視へのインタビュー、"Alleged Rapist of Foreigners Fined for Obscenity in 1998（外国人連続レイプ事件――容疑者が 1998 年に猥褻行為で罰金刑）" Kyodo News, October 30, 2000、ルーシー事件真実究明班編・著『ドキュメンタリー――ルーシー事件の真実』（飛鳥新社、2007 年）757 ページより。

4　盗撮した容疑で逮捕された。2001 年 4 月 27 日、東京地方検察庁が東京地方裁判所に提出した追起訴状に基づく冒頭陳述書に依る。関連箇所には次のように書かれている。「被告人には、女子トイレののぞき見による軽犯罪法違反の前歴一件があるほか、平成 10 年（1998 年）10 月 12 日、ハンディカメラを使用して公衆便所における婦女子の用便姿をのぞき見したことにより、軽犯罪法違反で科料 9,000 円に処せられた前科一犯がある」

5　上半身は裸で、下はパジャマのようなズボンを穿いていました。東京地方裁判所における原田警部補の証言（2003 年 12 月 25 日）、Richard Lloyd Parry "Blackman Suspect Had Her Severed Head, Say Police（ブラックマン殺害容疑者、被害者の切断頭部を室内に保管していた可能性――警察が示唆）" *The Times*, December 26, 2003 に基づく。

本書は二〇一五年四月に単行本『黒い迷宮――ルーシー・ブラックマン事件15年目の真実』として早川書房より刊行された作品を改題、文庫化したものです。

シャーロック・ホームズの思考術

MASTERMIND
マリア・コニコヴァ
日暮雅通訳
ハヤカワ文庫ＮＦ

ホームズはなぜ初対面のワトスンがアフガニスタン帰りと推理できたのか？　バスカヴィル家のブーツからなぜ真相を見出だしたのか？　ホームズ物語を題材に名推理を導きだす思考術を、最新の心理学と神経科学から解き明かす。注意力や観察力、想像力をアップさせる脳の使い方を知り、あなたもホームズになろう！

図書館ねこデューイ

——町を幸せにしたトラねこの物語

Dewey

ヴィッキー・マイロン

羽田詩津子訳

ハヤカワ文庫ＮＦ

アメリカの田舎町の図書館で保護された一匹の子ねこ。デューイと名づけられたその雄ねこはたちまち人気者になり、町の人々の心のよりどころになってゆく。ともに歩んだ女性図書館長が自らの波瀾の半生を重ねつつ、世界中に愛された図書館ねこの一生を綴った感動のエッセイ。

オリバー・ストーンが語る もうひとつのアメリカ史

The Untold History of the United States

オリバー・ストーン＆ピーター・カズニック
大田直子・熊谷玲美・金子 浩ほか訳
ハヤカワ文庫ＮＦ

①二つの世界大戦と原爆投下
②ケネディと世界存亡の危機
③帝国の緩やかな黄昏

一見「自由世界の擁護者」というイメージの強いアメリカは、かつてのローマ帝国や大英帝国と同じ、人民を抑圧・搾取した実績に事欠かない、ドス黒い側面をもつ帝国にほかならない。最新資料の裏付けで明かすさまざまな事実によって、全米を論争の渦に巻き込んだアカデミー賞監督による歴史大作（全3巻）。

国家はなぜ衰退するのか（上・下）

——権力・繁栄・貧困の起源

Why Nations Fail

ダロン・アセモグル&ジェイムズ・A・ロビンソン

鬼澤 忍訳

ハヤカワ文庫ＮＦ

歴代ノーベル経済学賞受賞者が絶賛する新古典

なぜ世界には豊かな国と貧しい国が存在するのか？　ローマ帝国衰亡の原因、産業革命がイングランドで起きた理由、明治維新が日本に与えた影響など、さまざまな地域・時代の事例をもとに、国家の盛衰を分ける謎に注目の経済学者コンビが挑む。解説／稲葉振一郎

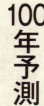

100年予測

The Next 100 Years
ジョージ・フリードマン
櫻井祐子訳
ハヤカワ文庫ＮＦ

各国政府や一流企業に助言する
政治アナリストによる衝撃の未来予想

「影のＣＩＡ」の異名をもつ情報機関が21世紀を大胆予測。ローソン社長・玉塚元一氏、ＪＳＲ社長・小柴満信氏推薦！　21世紀半ば、日本は米国に対抗する国家となりやがて世界戦争へ？　地政学的視点から世界勢力の変貌を徹底予測する。解説／奥山真司

戦場の掟

Big Boy Rules

スティーヴ・ファイナル

伏見威蕃訳

ハヤカワ文庫NF

イラク戦争で急成長を遂げた民間軍事会社。戦場で要人の警護、物資輸送の護衛などに当たり、正規軍の代役を務める彼らの需要は多く、報酬も破格だ。しかし、常に死と隣り合わせで、死亡しても公式に戦死者と認められない。法に縛られない血まみれのビジネスの実態を、ピュリッツァー賞受賞記者が描く衝撃作。

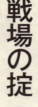

訳者略歴　ロンドン大学・東洋アフリカ学院（SOAS）タイ語および韓国語学科卒，同大学院タイ文学専攻修了，翻訳家　訳書にフィン『駅伝マン』，リーバンクス『羊飼いの暮らし』（以上早川書房刊），ヒル＆ガディ『プーチンの世界』（共訳）他多数

HM=Hayakawa Mystery
SF=Science Fiction
JA=Japanese Author
NV=Novel
NF=Nonfiction
FT=Fantasy

黒《くろ》い迷宮《めいきゅう》
ルーシー・ブラックマン事件の真実
〔上〕

〈NF502〉

二〇一七年七月二十日　印刷
二〇一七年七月二十五日　発行

（定価はカバーに表示してあります）

著　者　リチャード・ロイド・パリー
訳　者　濱《はま》野《の》大《ひろ》道《みち》
発行者　早川　浩
発行所　株式会社　早川書房
郵便番号　一〇一 - 〇〇四六
東京都千代田区神田多町二ノ二
電話　〇三 - 三二五二 - 三一一一（大代表）
振替　〇〇一六〇 - 三 - 四七七九九
http://www.hayakawa-online.co.jp

乱丁・落丁本は小社制作部宛お送り下さい。
送料小社負担にてお取りかえいたします。

印刷・三松堂株式会社　製本・株式会社明光社
Printed and bound in Japan
ISBN978-4-15-050502-8 C0198

本書は活字が大きく読みやすい〈トールサイズ〉です。